프랑스 패션 스쿨의
기초 패턴 수업

프랑스 패션 스쿨의 기초 패턴 수업

초보자도 차근차근 쉽게 배우는
옷 패턴 설계 가이드

테레자 길레츠카 지음
박민정 옮김

유엑스리뷰

목차

서문	007

기초 — Généralités

가상선 — 010
패턴에 사용되는 주요 선들 — 011
옷본에서 완성 패턴까지 — 013
패턴의 특징 — 015

신체 치수 재는 법 — 018
상의 제작을 위한 치수 재기 — 018
스커트 제작을 위한 치수 재기 — 026
바지 제작을 위한 치수 재기 — 027

상의 — Le buste

상의 패턴 설계하기 — 032
뒤판 제도하기 — 033
앞판 제도하기 — 035
골반선 — 036
치수 확인하기 — 038
네크라인 — 039
어깨 경사와 어깨너비 — 041
앞진동과 뒤진동 — 042
기본 다트 — 045
네크라인의 모양 — 063
진동 확인하기 — 064
기본 여유분 — 066
시접 — 067

완성 가봉 패턴 — 068
재단하기 — 069

패널 연결하고 가봉하기 — 071
패널 연결하기 — 071
가봉하기 — 071
가봉용 상의 연결하기 — 072
상의 가봉하기 — 078
패턴에 수정 사항 옮기기 — 085

완성 기본 원형 패턴 — 086
동일한 설계도 위 두 가지 패턴 — 086

소매 — La manche

소매의 특징 — 092
소매 제도에 필요한 치수들 — 093

소매산 설계하기 — 095
소매산 치수 — 096
소매 다트 — 105
앞소매 길이 — 108
뒷소매 길이 — 109

완성 패턴 — 111
원단 재단하기 — 111

패널 연결하기 — 112
소매 봉제하기 — 112
진동 봉제하기 — 113

패널 연결 순서	114

가봉과 수정 — 115
소매의 핏 — 116
가장 흔히 하는 실수 — 117

스커트 — La jupe

스커트 패턴 설계하기 — 121
뒤판 제도하기 — 121
앞판 제도하기 — 123
허리 다트 — 124
허리선 — 129

완성 기본 원형 패턴 — 131
재단하기 — 131
스커트 패널 연결하기 — 132
가봉하기 — 132
다트의 위치 — 133
스커트의 핏 — 133
허리선 조정하기 — 135
패턴에 수정 사항 옮기기 — 135

바지 — Le pantalon

바지 패턴 설계하기 — 138
앞판 제도하기 — 140
뒤판 제도하기 — 143
밑단 너비 — 146
테두리 그리기 — 147

패턴 확인하기 — 148
치수 적용하기 — 148
시접 — 153

재단하기 — 153

패널 연결하기 — 154
옆선 재봉하기 — 154
인심 재봉하기 — 155
시리 재봉하기 — 155

가봉하기 — 156
가봉용 바지를 입어보기 전에 — 156
바지의 핏 — 157
뒷시리 — 158
앞시리 — 159
가장 자주 발생하는 오류 — 161
옆선 — 163
허리선 — 163
도안을 체형에 맞춰 수정하기 — 164

기본 원형 패턴 변형하기 — Transformation des patrons de base

확장 — 169
높이 확장하기 — 169
너비 확장하기 — 170

패턴 수정하기 — 172
상의 변형하기 — 172
소매 변형하기 — 177
스커트 변형하기 — 183
바지 변형하기 — 186
패턴 제도에 사용되는 도구들 — 187

서문

이 책을 써야겠다고 생각한 건 2014년 콜마르에 패션 교육 센터 Centre de formation de mode, FDM를 연 후부터 였습니다. 3년 동안 CAP-BP(중등 교육 과정을 마치고 일반 고등학교를 진학하는 대신 취득할 수 있는 기술 자격증) 과정을 듣는 다양한 학생들과 이야기를 나눌 기회가 있었습니다. 많은 학생이 맞춤형 패턴 설계 방법에 큰 관심을 보였고, 일반 대중도 편하게 볼 수 있는 관련 도서가 필요하다는 생각이 들었습니다.

교육자라는 신분으로 학생들이 어떤 의문을 품고, 어떻게 관찰하는지 또 어떤 생각을 하는지 알 수 있었고, 덕분에 양재를 배울 때, 특히나 패턴을 구상할 때 쉽게 다룰 수 있는 부분과 조금 더 복잡한 부분들을 구분할 수 있게 되었습니다. 여러분이 보고 있는 이 책은 경험으로 만들어졌습니다. 패턴을 설계하는 법을 배우고자 하는 이유가 일 때문이든 혹은 취미를 즐기기 위한 것이든 간에 이 책을 통해 검증된 학습법을 배울 수 있을 것입니다. 처음 시작하거나, 이미 경험이 있는 사람이라도 누구든 상관없이 저의 모든 학생은 각자의 속도에 맞추어 자신만의 패턴을 만드는 법을 익혔습니다.

이 책은 수업에서 가르쳤던 기본 원형 패턴 설계법을 다룹니다. 각각의 옷(상의, 소매, 스커트, 바지) 소개, 설명 그리고 순서에 대해 깊이 생각해 본 뒤 학생들에게 꼼꼼히 적용해 보았습니다. 페이지를 넘기면서 자세하고 정확한 설명을 통해 각 선의 제도와 단계의 체계적인 연속성이 지니는 역할과 중요성을 이해할 수 있을 것입니다. 맞춤형 패턴 설계법은 필연적으로 한 가지 논리를 따릅니다. 이 책을 통해 빠르고 단단하게 발전해 나갈 수 있습니다.

이 기회를 빌려 패션 교육 센터 학생들(2014-2016)에게 이 책의 복잡한 주제를 집필하는 데 많은 도움을 주어 마음 깊이 감사하다는 말을 전합니다. 학생들의 조언, 제안, 의견 그리고 그들이 만들어낸 디자인은 제게 정말 큰 도움이 되었습니다.

테레자 길레츠카

기초

Généralités

개인 치수로 기본 원형 패턴을 제도하는 기법과 표준 치수로 제도하는 기법은 크게 다르지 않다. 다른 점이 있다면 첫 번째 경우에는 치수를 적용할 때 체형에 맞추어야 한다는 것이다. 따라서 실루엣의 특징을 잘 살피고, 정확한 치수를 측정하고, 어떻게 적용해야 기본 원형 패턴이 체형에 잘 맞는가를 이해하는 것이 매우 중요하다. 정확성과 세심함을 요하는 작업이다. 다음 페이지에서는 체형을 정확히 본떠 실루엣을 평면의 옷본에 옮기기 위해 각 제도선과 맞춤형 패턴 설계에 필요한 요소의 사용 및 적용에 대해 자세하게 다룰 것이다.

가상선

옷본에는 정확한 신체 실루엣이 담긴다. 측정한 실루엣의 치수를 바탕으로 너비와 길이가 표시된다. 옷본은 신체의 모양과 볼륨이 종이 위 평면 도안 위에 옮겨진 것으로 '평면 패턴'이라 불린다.

평면 도안은 실루엣에 적용하는 가상선을 이용해 만드는데, 이때 가상선은 길이와 너비를 표기하는 기준이 된다. 각각의 선은 저마다 맡는 역할이 뚜렷하기 때문에 꼭 필요하다. 단 하나의 선이라도 빠지면 패턴의 모든 구조가 왜곡될 수 있다.

수직선 혹은 연직선 등길이, 앞길이, 유장 등 길이와 관련된 모든 치수를 읽을 수 있다. 품선, 진동선, 골반선 등 가로선의 올바른 표기를 위해서도 필요하다. 그뿐만 아니라 다트의 위치를 정확하게 표기하는 데 도움이 된다.

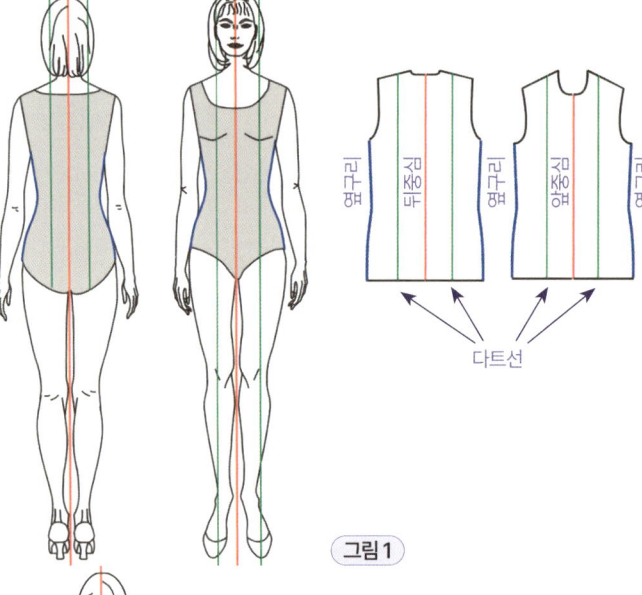

그림 1

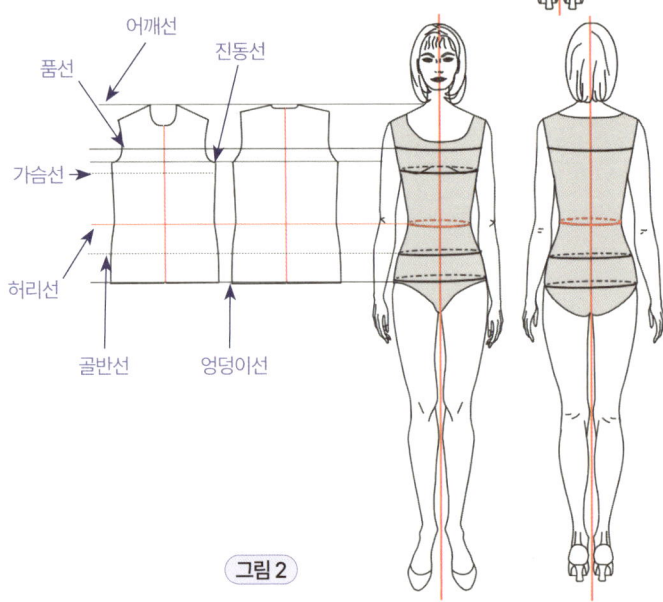

그림 2

수평선 혹은 횡단선 해당 선에 (가슴 혹은 엉덩이 등의) 둘레와 (등, 품 혹은 유폭 등의) 너비를 기입한다. 수직선과 정확히 직각으로 교차하도록 그리는 것이 중요하다(직각자를 이용하기). 그렇지 않으면 옷이 제대로 된 핏으로 떨어지지 않을 수 있다.

패턴에 사용되는 주요 선들

패턴에는 여러 종류의 선이 사용된다. 치수를 표시 및 적용하고 원형 패턴을 변형해 완성하는 등 그 목적에 따라 다르게 작용한다. 체형에 맞는 패턴을 만들기 위해서는 모든 기초선과 (개인에 따라 다른) 기초선의 비율을 설계도에 기입해야 한다. 실루엣 위에 그린 가상선과 종이로 옮긴 선이 정확하게 일치하는 것이 중요하다. 각 선이 맡은 역할을 구분해 소개한 아래 내용을 참고하자.

기초선

반드시 필요한 선으로 패턴 구상의 기본이다. 측정한 모든 신체 치수를 적용하는 기준이 된다. 수직으로 그려진 두 기초선은 뒤중심선과 앞중심선이다. 두 선은 신체를 오른쪽과 왼쪽으로 나눈다. 이를 기준으로 곡선의 너비와 둘레 치수를 측정할 수 있다.

세 번째 기초선은 수평으로 그어지는 허리선으로 신체를 상부(몸통)와 하부(다리)로 나눈다. 필요에 따라 허리까지 (예를 들어, 조끼 패턴에서는 등길이) 혹은 허리부터(예를 들어, 치마나 바지 길이) 치수를 잰다. 마찬가지로 측정한 치수를 패턴 설계도에 적는다.

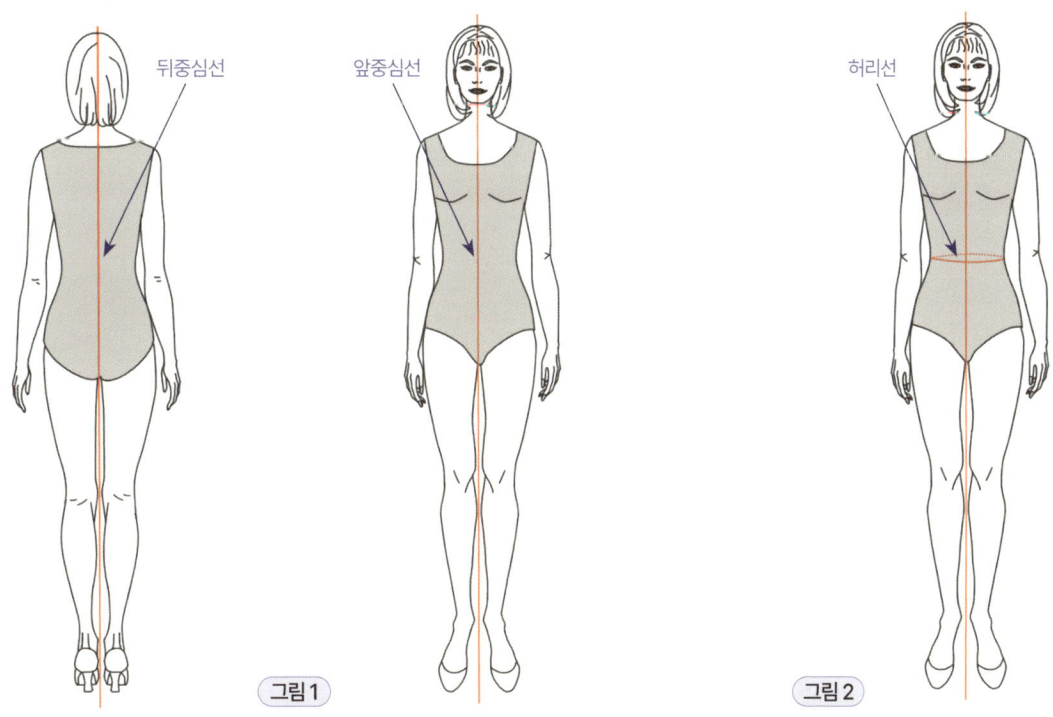

그림 1   그림 2

구성선

어떤 치수를 측정해 적용하느냐에 따라 수평 혹은 수직으로 그린다(그림 3). 윤곽선(엉덩이둘레를 표기하기 위한 엉덩이선), 높이선(유장), 길이선(등) 또는 너비선(앞품)을 들 수 있다. 구성선의 위치는 비율, 체형, 실루엣의 옷본, 패턴에 따라 달라진다.

안내선

필요에 따라 그리거나 그리지 않아도 되는 선이다. 예를 들어, 치마에 요크나 주머니가 있다면 골반선을, 상의에 다트가 들어간다면 가슴선을 그린다(그림 4). 이와 같은 디테일이 없다면 그리지 않는다. 안내선이 많을 경우 불필요하게 무거워지거나 패턴을 읽기 어려울 수 있다.

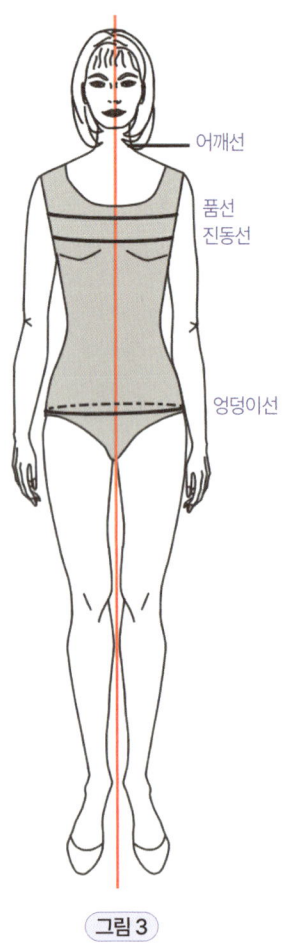

그림 3

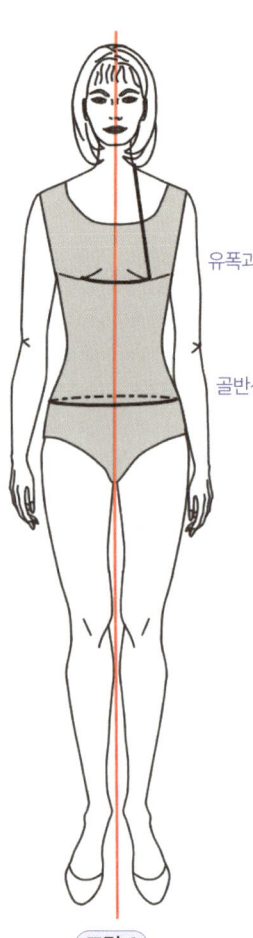

그림 4

알아두면 좋아요

원형 패턴 구성에서 한 걸음 더 나아가려면 구성선의 유용성과 목적을 이해할 필요가 있다. 기초 단계로 이어지는 모든 구성 작업이 이를 바탕으로 진행된다.

옷본에서 완성 패턴까지

패턴은 신체 위에 임의로 그려지는 모든 수직선과 수평선을 포함한다. 여러 구성 단계를 거친 뒤에야 원단을 원하는 조각으로 재단할 수 있는 패턴을 만들고 원하는 샘플(완성 패턴)을 만들 수 있다. 단계마다 새로운 선이 추가되며 추가되는 선은 용도에 따라 구분된다. 원형 패턴과 가봉 패턴(기본적인 보정 및 확인), 수정 사항을 반영하는 선, 그리고 재단 패턴에 사용되는 선을 구분한다.

원형 패턴을 구성 단계마다 다시 그리는 일은 드물다. 평면 패턴을 조금씩 완성 패턴(재단 패턴)으로 수정하여 사용하는데 이때 모든 선은 대개 같은 도면 위에 그린다. 최종 도면이 명료하고 쉽게 읽히려면, 각 단계의 선을 알아보기 쉽게 구분할 필요가 있다. 예를 들어, 해당 도서에서 사용한 색깔 코드를 적용해 볼 수 있다.

- 기초선: _____ 빨강
- 원형 구성선: _____ 검정
- 여유선: _____ 초록
- 변형선: _____ 파랑

평면 패턴

평면 패턴은 신체를 형태와 비율, 두 가지로 표현하는 동시에 측정한 신체 치수를 바탕으로 배치한 다트를 표시하는 설계도다. 재단하거나 수정 사항을 반영하는 용도로는 사용하지 않는다. 평면 패턴은 다음 페이지의 그림 2와 같이 곡선의 둘레와 일부 높이를 측정하고 최소한의 여유분을 더한 후 사용할 수 있다.

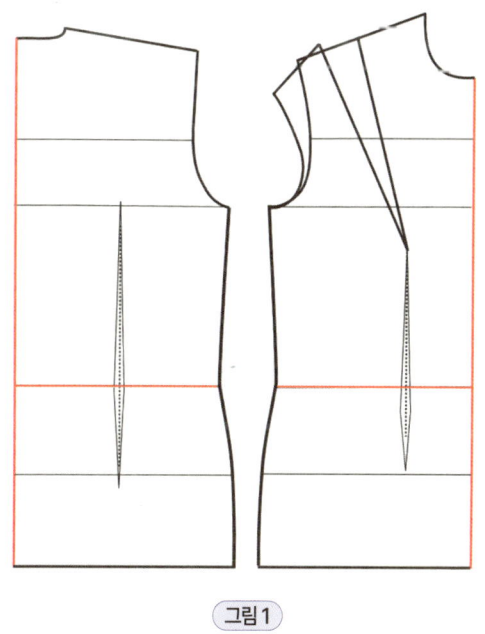

그림 1

가봉 패턴

신체 치수를 측정하여 만든 옷본은 자주 수정할 수밖에 없다. 정확한 치수를 측정했더라도 등이나 엉덩이의 곡선이 반영되지 않을 수 있기 때문이다. 상의를 입은 후 옷의 떨어지는 핏을 수정할 수 있으려면 최소한의 여유분을 더해야 한다(그림 2의 초록색 선). 최소한의 여유분에는 옷감의 두께와 시접이 포함된다. 수정 사항을 기록한 가봉 패턴에서 시작해 이 책의 목적인 기본 원형 패턴을 완성할 수 있다.

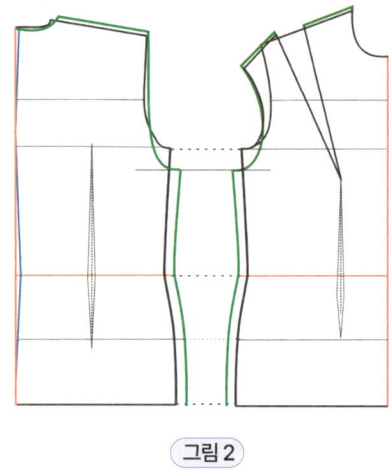

그림 2

변형 패턴

이미 전 단계에서 수정하고 조정한 패턴을 변형하는 단계로, 원하는 샘플 도안을 설계할 수 있다. 평면 패턴의 선들은 한눈에 알아볼 수 있도록 평면패턴선(검은색), 여유선(초록색), 변형선(파란색)을 각각 다른 색으로 표시한다. 동일한 도안에 다른 색깔(여기서는 주황색)로 안단과 같은 요소를 구분한다. 이제 해당 선을 따라 패턴의 각 파트를 옮겨 그리는 일은 식은 죽 먹기다.

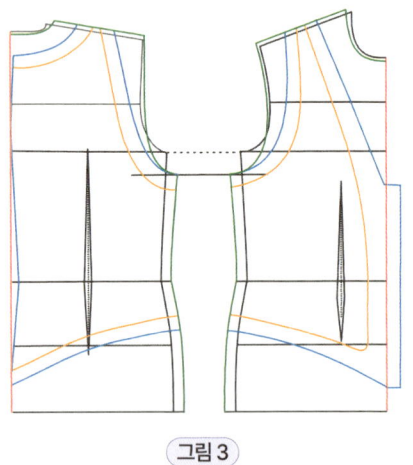

그림 3

완성 패턴

샘플 도안의 완성본이다. 기본 원형 패턴에 적용된 모든 수정 사항뿐 아니라 시접, 기준너치, 결합너치, 원단결선 grain line 또는 셀비지 selvage 등이 담겨 있다.

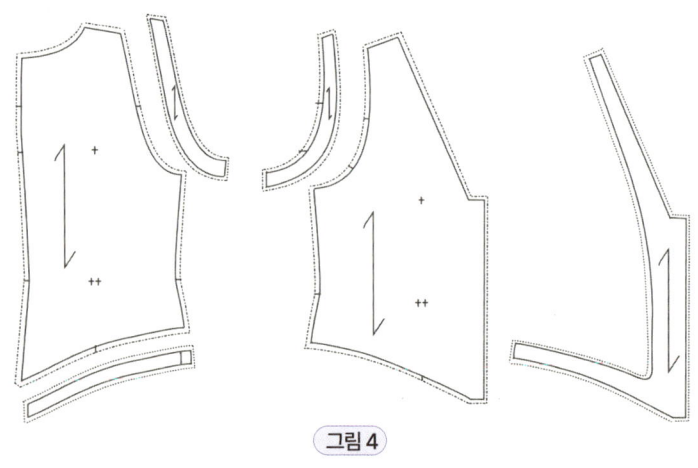

그림 4

패턴의 특징

도안을 제도하기에 앞서 패턴을 구성할 때 나타날 수 있는 오류나 오차를 피하기 위해 몇 가지 요소를 짚고 넘어갈 필요가 있다.

앞판과 뒤판 구성

모든 기본 원형 패턴은 상의, 스커트, 바지 등 주제와 상관없이 앞판과 뒤판의 절반만을 그린다(그림 1). 패턴을 변형하거나 비대칭인 옷을 구상하는 경우에만 그려둔 절반의 패턴을 뒤중심선과 앞중심선의 반대쪽에 다시 그려 앞판 또는 뒤판 전체에 해당하는 패턴을 그린다.

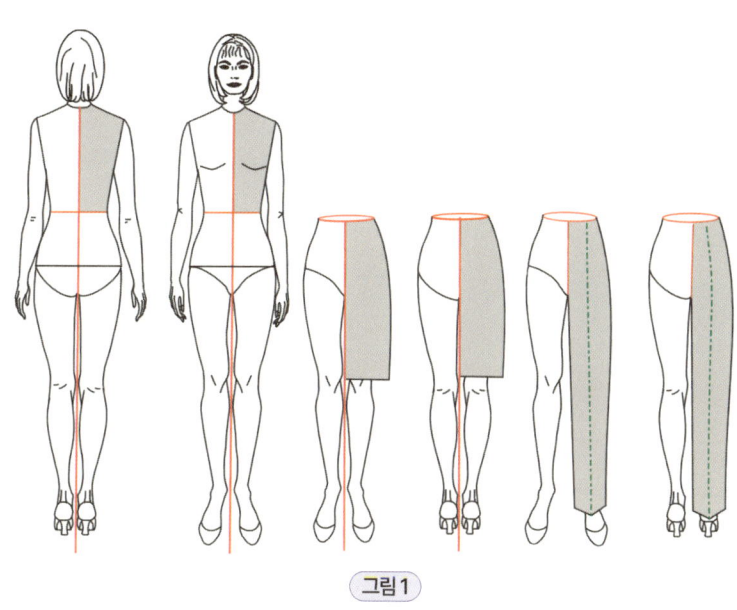

그림 1

소매 구성

예외적으로 소매는 위에 명시한 규칙에 해당하지 않는다. 소매의 기본 원형은 상의 진동 모양과 치수를 바탕으로 만들어진다. 소매 패턴에는 앞판과 뒤판이 함께 그려지며, 앞판과 뒤판은 반드시 어깨선(그림 2의 빨간색 선)에 해당하는 기준선으로 나누어진다.

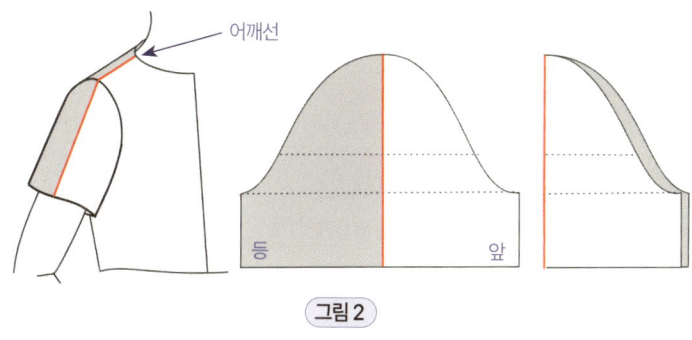

그림 2

다른 구성과 다르게 소매 패턴에는 중심선이 없다. 앞진동둘레와 뒤진동둘레는 대부분 상이한데 체형에 따라 어깨 경사가 다르게 나타나기 때문이다. 소매를 따라 그린 수직선(그림 2의 빨간색 선)을 기준으로 치수(소매산, 앞진동둘레, 뒤진동둘레)를 측정해야 소매의 핏이 예쁘게 떨어진다.

옆선의 위치

앞진동선과 뒤진동선의 둘레를 설정하고 패턴 도안에 옆선을 표시하려면 가슴둘레를 4로 나누는 것이 합리적이다. 하지만 이 계산법을 따라 만들면 옆선이 지나치게 앞쪽으로 치우치게 된다(그림 1).

그림 1에 그려진 것처럼 옆선 때문에 진동 곡선(앞진동과 뒤진동의 모양이 균일하지 않다)이 흔들리고 소매를 구성할 수 없게 된다. 따라서 옆선을 다시 등 쪽으로 옮기는 작업이 필요하다. 옆선을 올바른 위치에 두려면 뒤진동둘레는 가슴둘레를 4로 나눈 뒤 1㎝를 빼주고 반대로 앞진동둘레는 가슴둘레를 4로 나눈 후 1㎝를 더한다(그림 2).

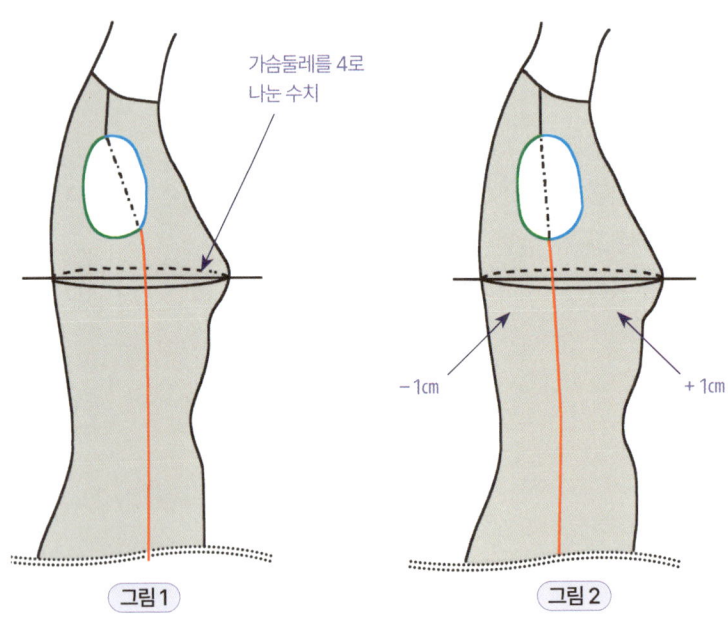

평탄화

곡선 끝에 위치한 평평한 구간은 겹쳐서 재단한 옷감을 펼치거나 재봉할 때 뾰족하게 튀어나오거나 파이는 부분이 생기지 않도록 해준다. 뒤중심, 앞중심, 진동(그림 3의 초록색 원)과 맞닿는 선은 평평해야 한다.

그림 4는 정확히 반대의 경우를 보여준다. 평탄화가 이루어지지 않은 경우 소매와 진동을 봉합하기 어렵다.

패턴 도안에서는 가슴의 돌출부, 다트, 허리 등 여러 부분에서 이 점을 신경써야 한다.

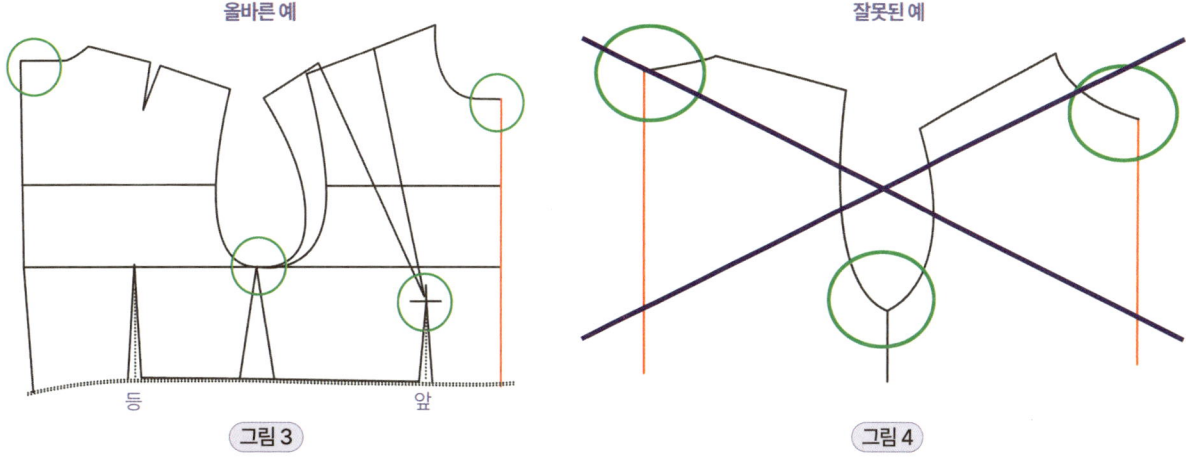

너치 notch

너치는 옷감을 결합할 때 중요한 역할을 한다. 완성 패턴에 표시한 뒤 실제 재단할 때 옷감 위로 옮겨준다. 패턴에서는 선의 윤곽을 따라 작게 표시하는 반면 옷감에서는 가장자리에 2~3㎜ 가량의 작은 가위집으로 표시한다.

- **결합너치**는 옷의 두 부위를 동일한 수평선상에서 이어줄 때 사용된다. 정해진 규칙은 없다. 원칙적으로는 모든 구성선에 기입해야 하지만 편의상 옷감이 딱 맞아떨어지도록 결합하기 위한 목적으로 필요에 따라 표시한다.
- **기준너치**는 패턴 조각의 위치를 잡아주는 역할을 한다. 예를 들어, 소매산에 기준너치를 표시해 두면 앞뒤를 수월하게 구분할 수 있다. 여러 개의 비슷한 조각으로 구성된 주름 스커트를 예로 들면 기준너치를 이용해 각 조각을 구분함으로써 혼동하지 않을 수 있다.

알아두면 좋아요

패턴의 도안이 틀리지 않았다 하더라도 너치의 이음새를 제대로 지키지 않고 재봉하면 구성이 변형되어 옷이 원하는 모양으로 떨어지지 않을 수 있다.

신체 치수 재는 법

옷본 및 실루엣과 최대한 유사하게 맞춤형 패턴 도안을 만들기 위해서는 정확한 신체 치수를 측정해야 한다. 이때는 주저하지 말고 다른 사람에게 도움을 요청하는 것이 좋다. 물론 수치를 잘못 측정했더라도 차후 가봉을 통해 수정할 수 있다. 하지만 길고 피곤한 작업이 될 수 있고 같은 일을 여러 번 반복해야 하는 수고로움이 있다. 실제로 신체 치수를 바탕으로 패턴을 다시 그리고, 재단하고, 가봉하고, 옷감에 수정 사항을 반영한 뒤 패턴에 기입하는 작업을 진행한다. 그리고 또다시 옷감을 자르고, 다시 확인하기 위해 가봉한다. 그래도 여전히 잘 맞지 않는다면 (예를 들어, 상체 핏에 문제가 있다면) 이 모든 과정을 다시 한 번 거쳐야 한다. 이런 작업들을 반복하기 전에, 처음부터 신체 치수를 정확하게 확인한다면 시간 절약과 정확성을 한 번에 잡을 수 있다.

신체 치수를 재는 단계에서 미리 여유분을 두는 재단사도 있다. 이런 방식이 적합하지 않다고 단호하게 말할 수는 없지만 이렇게 만들어진 패턴은 재사용하거나 변형하기가 어려워진다는 것을 염두에 두어야 한다. 실제로 여유분은 옷의 유형과 스타일(코트, 헐렁한 옷, 여성용 정장 혹은 튜닉* 등), 옷감의 질, 취향(딱 맞거나 품이 넉넉한 옷)에 따라 달라진다.

상의 제작을 위한 치수 재기

등

등길이

등길이를 재는 일은 간단해 보이지만 패턴을 구성할 때 중요한 부분을 차지하기 때문에 특히 주의를 기울여야 한다. 보통 첫 목뼈에서 시작해 등중심을 따라 허리까지 측정하라고 권하는 경우가 많다. 목뼈의 튀어나온 부분은 정확한 기준점이 되고 쉽게 알아볼 수 있기에 쉬운 측정법이다. 하지만 이러한 방법으로 길이를 재면 견갑골 부분의 굴곡진 부분을 놓치게 된다. 등의 굴곡은 체형에 따라 달라지기 때문에 길이 측정에 반영되어야 한다. 따라서 등길이를 잴 때는 첫 목뼈가 아닌 어깨선의 옆목점을 기준으로 허리까지 측정한다(그림 1).

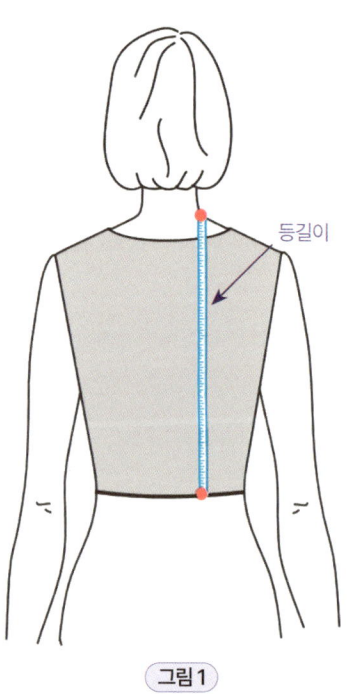

그림 1

* 엉덩이를 덮는 기장의 헐렁한 여성 상의.

어깨너비 혹은 등너비

두 가지 중 어떤 것을 선택할지는 체형에 따라 달라진다. 마르고 대칭적인 체형이라면 어깨너비를 재는 것이 적합하다. 하지만 어깨너비는 목이 짧고 굵거나 등의 굴곡이 큰 체형에는 적용하기 까다롭다. 또 어깨너비에는 굴곡이 포함되지 않기 때문에 측정에 오류가 생길 수 있다.

- 어깨너비: 목부터 어깨 끝의 튀어나온 뼈까지(견봉肩峯)(그림 2 왼쪽)
- 등너비: 앞 어깨 끝의 튀어나온 뼈 사이(그림 2 오른쪽)

알아두면 좋아요

신체 전체의 길이를 잴 때는 한 번에 측정하지 않는다. 엉덩이나 가슴 곡선 등 볼륨이 있는 일부 신체 부위에서 왜곡될 수 있기 때문이다. 따라서 옷의 전체 길이는 허리 위쪽과 허리 아래쪽, 두 단계로 나누어 측정한다.

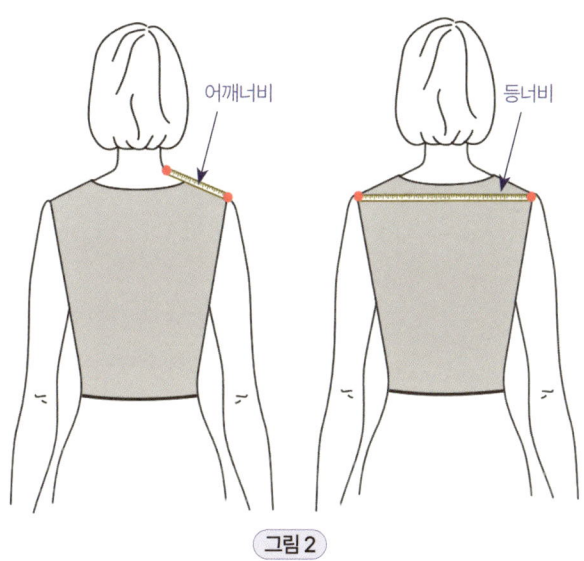

그림 2

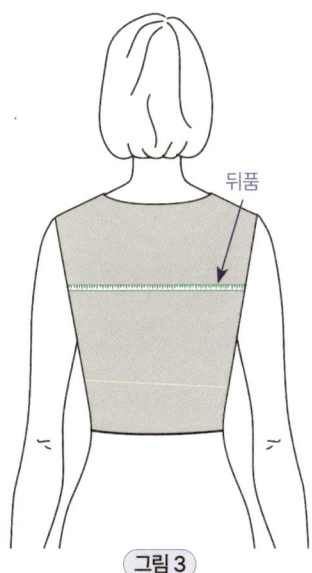

그림 3

뒤품 너비

뒤품 너비를 설정할 땐 양쪽 겨드랑이와 몸통이 만나는 지점 사이의 길이를 잰다. 이는 진동 곡선의 시작점부터 옆선을 결정짓는 역할을 한다. 뒤품 너비를 바탕으로 소매산 너비가 정해지고 이에 따라 소매핏이 완성되기 때문에 뒤품 너비 측정은 그만큼 중요하다. 뒤품 너비가 올바르게 측정되지 않으면 소매산이 벌어지거나(소매산이 너무 큰 경우) 팔을 움직일 때 불편할 수 있다(소매산이 너무 작은 경우).

앞판 치수 재기

앞길이

어깨선 위 옆목점부터 가슴 돌출부를 지나 허리까지의 길이를 측정한다(그림 1). 가슴 부분의 볼륨을 고려해 반드시 가슴 돌출부를 지나야 한다(줄자를 가슴 사이로 통과시키지 않는다).

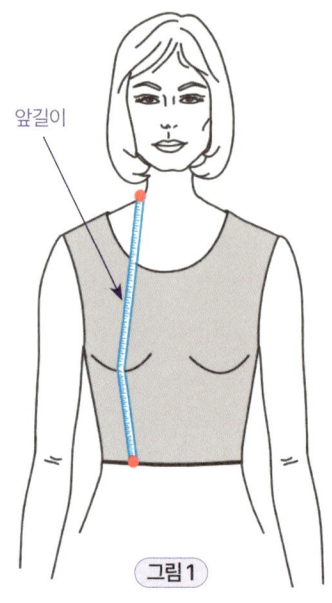

그림 1

유장

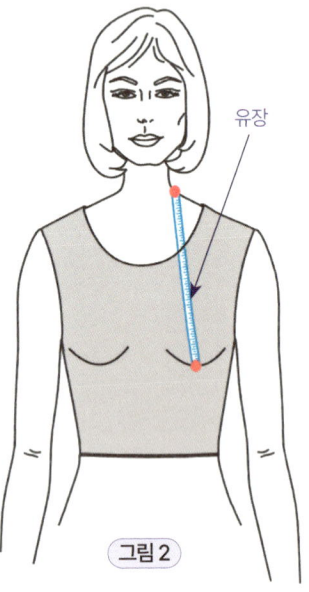

그림 2

어깨선 위 옆목점부터 가슴 돌출부까지의 길이를 측정한다. 유장을 기반으로 허리 다트 높이, 어깨 프린세스 절개나 암홀 프린세스라인의 경우에는 가슴 곡선의 형태와 위치가 설정된다. 단, 패턴을 제도할 때 가슴 부분의 모양이 예쁘게 잡히도록 곡선의 평탄화 지점을 고려해야 한다.

앞품 너비

뒤품 너비와 마찬가지로 양쪽 겨드랑이와 몸통이 만나는 지점 사이의 거리를 측정한다. 앞품의 너비가 뒤품의 너비보다 항상 좁게 나온다는 것을 기억하자. 만일 앞품과 뒤품의 너비가 동일하게 나왔다면 측정을 잘못했다는 뜻이니 다시 확인해야 한다. 뒤품 너비처럼 앞품 너비 역시 소매 구성에서 중요한 역할을 한다. 앞품 너비가 지나치게 넓으면 소매산이 벌어지고 지나치게 짧으면 소매산이 좁아져 팔을 편하게 움직일 수 없다.

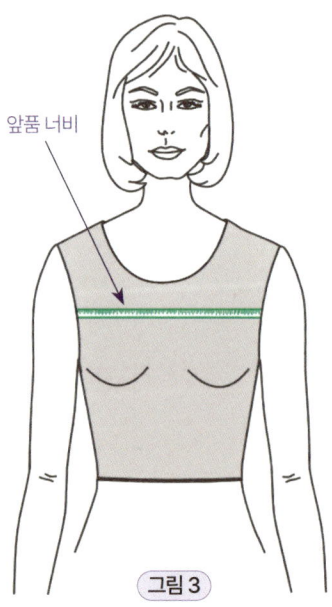

그림 3

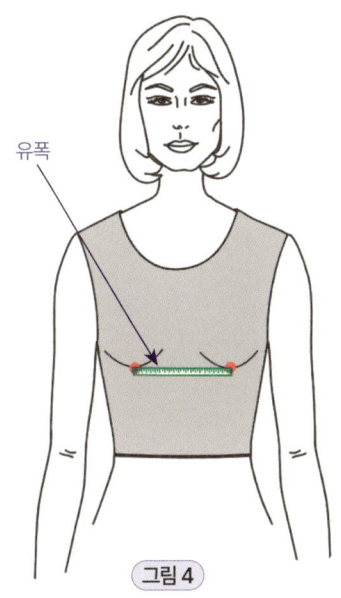

그림 4

유폭

가슴의 돌출부(유두점) 간 거리를 측정한다. 유폭에 따라 재단선과 다트선의 위치가 결정되므로 정확하게 측정해야 한다.

기타 수치 적용하기

패턴 도안에서 유두점(돌출부)은 기본 원형 패턴을 확인할 때 진동 깊이와 어깨 경사를 수정하는 기준점 역할을 한다. 진동 깊이와 어깨 경사는 패턴 구성에 포함되지 않으며 제도 단계에도 영향을 미치지 않는다.

목둘레 깊이의 높이

목둘레는 정확한 측정이 어렵기 때문에(22페이지. 그림 2) 목둘레 깊이의 높이로부터 목둘레 깊이를 설정한다. 목둘레 깊이의 높이는 쇄골 중앙점부터 가슴 돌출부까지의 길이다(그림 5A).

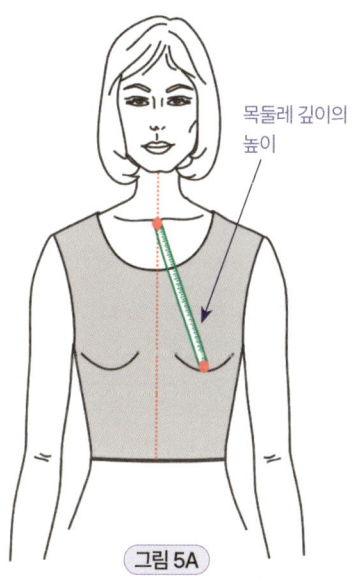

그림 5A

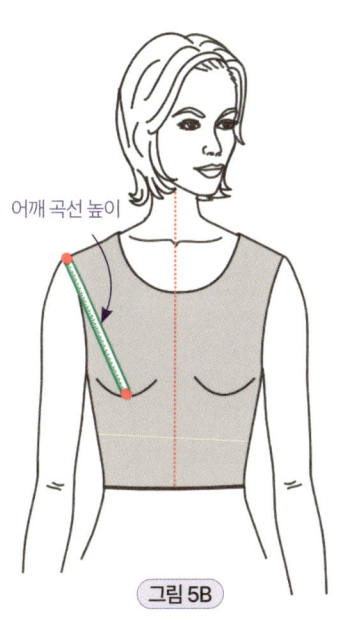

그림 5B

어깨 곡선 높이

가슴 돌출부부터 어깨 끝의 튀어나온 뼈까지의 길이를 측정한다. 유장과 어깨 곡선의 높이를 적용해 체형에 맞는 어깨 경사를 만든다.

둘레 치수 재기

줄자는 수평으로 유지하는 것이 어렵기 때문에 신체 둘레를 측정하기가 쉽지 않다. 흔히 둘레를 좀 더 수월하게 재기 위해 줄자와 신체 사이에 손가락을 두곤 한다 (그림 1A). 하지만 모든 곡선(가슴, 허리, 골반 등) 수치를 동일한 방법으로 측정하는 것은 불가능하며, 이런 방법으로 측정할 경우 사이즈가 늘어나거나 정확하지 않는 등 원치 않는 결과를 가져온다.

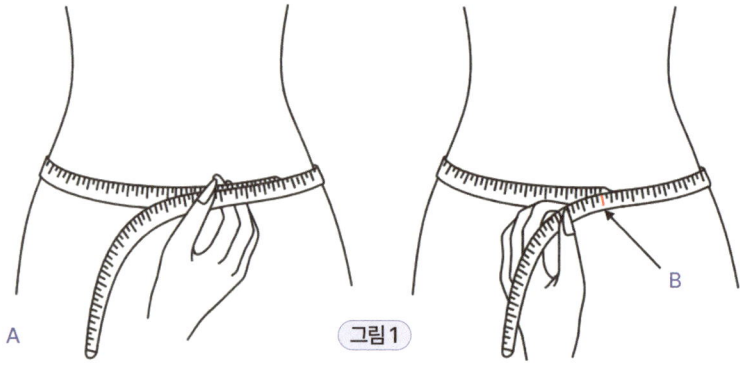

그림 1

둘레를 정확히 측정하는 방법은 그림 1B와 같다. 여유분은 옷의 종류(코트, 조끼, 와이셔츠)와 스타일에 따라 달라진다. 따라서 필요한 여유분은 기본 원형 패턴 즉, 제도한 샘플에 알맞게 차후 추가한다.

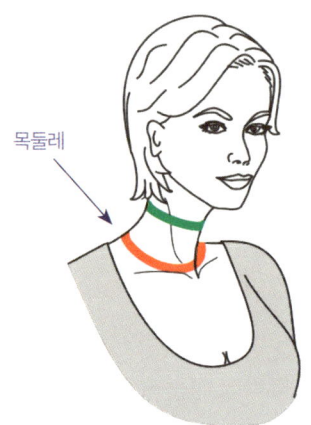

그림 2

목둘레

대부분의 신체 둘레와 마찬가지로 목둘레를 정확하게 측정하기란 어려운 일이다. 원칙적으로 목둘레는 목 가운데(그림 2, 초록색 선) 둘레를 의미한다. 하지만 목둘레는 뒤목둘레와 앞목둘레라는 평평하지 않은 두 부분으로 나뉘기 때문에 기본 원형 패턴 구성에서 앞과 뒤의 목둘레와 서로 다른 목깊이를 설정하기 위해 그림과 같은 목의 아래 부분(옆목점)에서 측정한다(그림 2, 빨간색 선).

품선의 신체 둘레

팔의 힘을 빼고 가볍게 벌린 상태에서 품선을 따라 줄자로 몸통 둘레를 측정한다. 이후 소매산을 구성할 때 소매산 너비를 확인하고 수정하는 데 사용된다. 원단결선으로 재단한 케이프^{cape}나 펠레린^{pelerine}을 제도할 때도 사용한다.

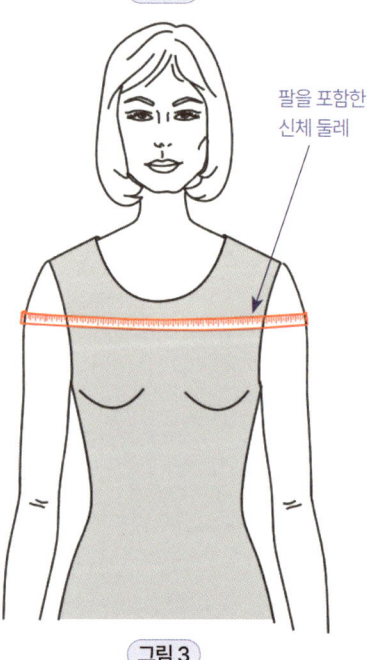

그림 3

가슴둘레

가슴둘레를 정확하게 측정하려면 줄자를 등 부분에 수평으로 두고 가슴의 가장 높은 부분(돌출부)을 지나도록 해야 한다. 기본 원형 패턴을 제도할 때 상체의 가장 높은 부분의 너비를 설정하는 데 쓰이기 때문에 정확한 측정이 중요하다.

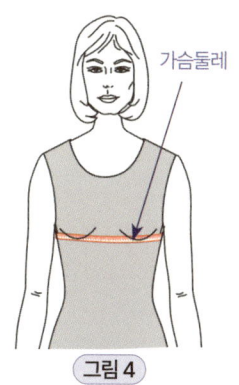

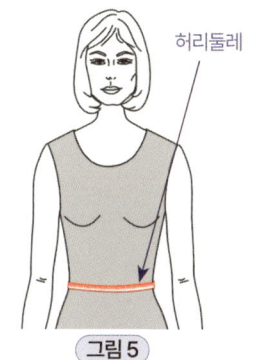

허리둘레

허리둘레를 정확하게 측정하려면 리본 끈이나 줄을 허리에 두르고 수평을 맞추어 준다(예를 들어, 살에 밀려 등이나 앞에서 아래로 내려가거나 위로 올라가지 않도록 한다). 그리고 선을 따라 줄자로 길이를 측정한다(그림 5).

엉덩이둘레

엉덩이둘레를 정확하게 측정하기 위해선 허리둘레와 마찬가지로 리본 끈을 활용한다. 이전 단계에서 이야기했던 엉덩이 높이에 끈을 두고 실루엣을 따라 허리선과 평행을 이루는지 확인한다. 끈이 제대로 수평을 이룬다면 다음으로 리본 끈을 따라 엉덩이둘레를 측정한다. 엉덩이둘레는 기본 원형 패턴에서 상체 하부의 너비를 설정하기 때문에 정확한 측정이 중요하다.

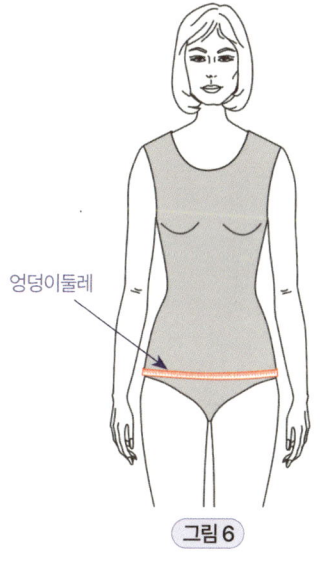

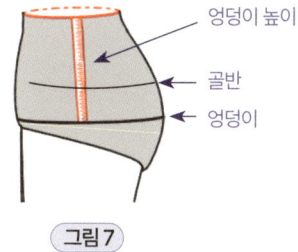

엉덩이 높이

엉덩이 높이는 허리와 엉덩이의 가장 높은 부분 사이의 거리다. 엉덩이 높이는 패턴을 제도할 때 엉덩이선을 설정하는 기준이 된다.

골반선 높이

골반선은 허리와 엉덩이 중간에 위치한다. 골반선은 구성선이 아니기 때문에 주머니나 요크, 혹은 재단선을 넣을 때처럼 필요한 경우에만 패턴에 그린다.

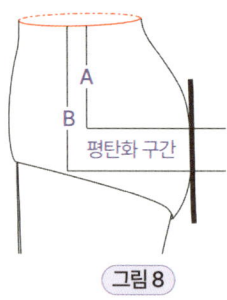

그림 8

알아두면 좋아요

골반의 높이는 엉덩이의 모양과 발달 정도, 일반적으로 5~8cm 정도인 엉덩이 평탄화 구간에 따라 달라지기 때문에 정확한 위치를 잡는 것이 어렵다. 따라서 골반의 높이는 엉덩이 평탄화 구간(그림 8)내에서 임의의 위치로 정해둔다. 보통 골반선은 허리와 엉덩이 중간에 위치하므로 엉덩이 높이(A와 B)에 따라 골반선이 달라질 수 있다. 표준 치수표를 규정하는 프랑스의류연맹Fédération Nationale de l'Habillement, FNH에 따르면 엉덩이 높이는 신장과 관계 없이 17~23cm다. 선의 위치를 잘못 설정하는 불상사를 피하기 위해 기본 원형 패턴을 구성할 때는 이를 염두에 두고 엉덩이 높이를 평균치인 20cm, 골반선 높이는 10cm로 고정하는 것이 좋다. 패턴사 대부분이 기본 원형 패턴 구성 방법과 테크닉에서도 평균치를 적용한다.

팔 치수 재기

신장과 체형에 따라 팔을 폈을 때와 접었을 때 약 2~3cm의 오차가 생기기 때문에 팔을 접은 상태에서 치수를 측정한다. 팔을 편 상태로 측정하면 (특히 소맷부리가 있는 소매의 경우) 소매 부분에서 불편함을 느낄 수 있고 팔의 움직임에 방해가 될 수 있다.

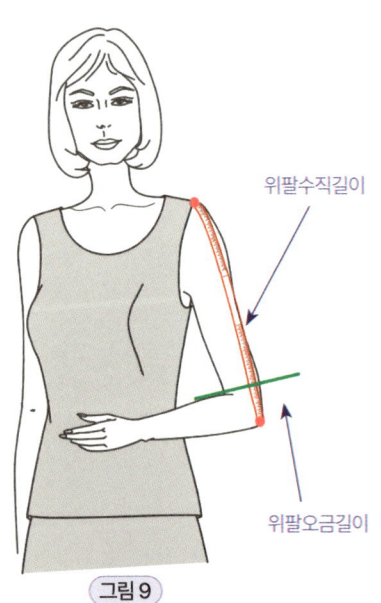

그림 9

위팔수직길이

어깨뼈(견봉)에서 굽힌 팔의 팔꿈치 뼈까지의 길이를 잰다. 위팔수직길이를 활용하면 원형 소매를 다트의 위치가 중요한 여성용 정장 또는 팔꿈치 모양으로 굽은 소매로 변형시킬 수 있다. 반면 짧은 소매의 경우 팔오금까지(그림 9, 초록색 선)의 길이를 측정하여 적용하면 팔의 움직임이 더욱 편안한 소매를 만들 수 있다.

팔 길이

팔을 굽힌 상태에서 팔꿈치를 염두에 두고 어깨뼈(견봉)에서 팔목까지의 길이를 잰다.

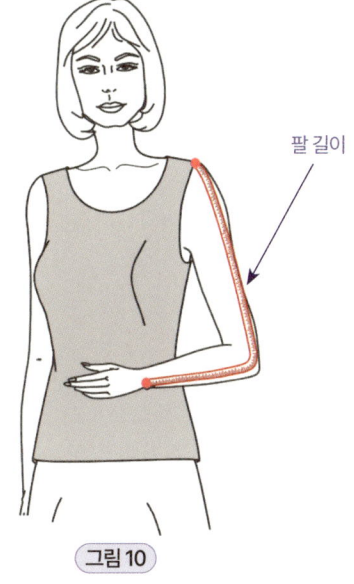

그림 10

팔둘레

팔에서 가장 굵은 부위의 둘레를 측정한다. 팔둘레를 통해 소매 너비를 확인할 수 있다. 이 책에서 소개한 방식을 따르면 소매 너비는 여유분과 진동 길이에 따라 달라진다. 하지만 팔둘레는 각각의 체형에 따라 달라질 수 있기 때문에 맞춤형 패턴을 구성할 땐 소매 너비와 팔둘레를 비교해 보는 것이 중요하다.

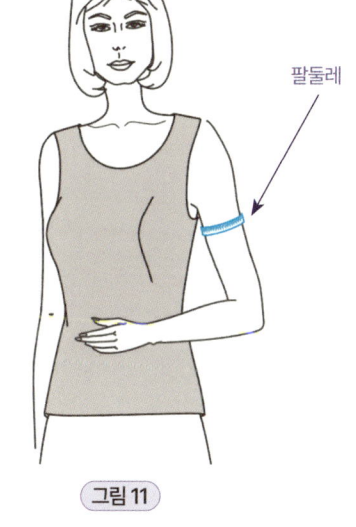

그림 11

손목둘레

줄자로 손목뼈 위치(가장 두꺼운 부분)에서 측정한다.

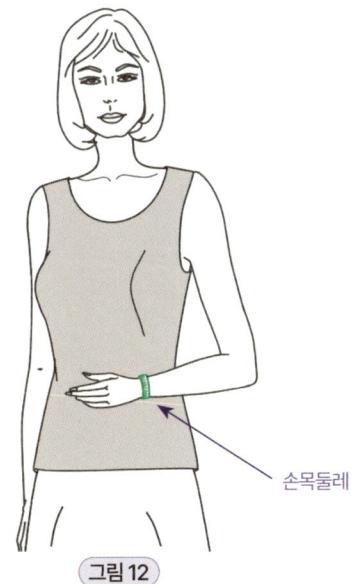

그림 12

스커트 제작을 위한 치수 재기

스커트 기본 원형 패턴 제작에 사용되는 치수는 대개 다음과 같다(그림 1).
- 유폭(21페이지, 그림 4), 즉 유두점 사이의 거리는 앞판에 다트를 배치할 때 사용된다. 유두점에서 출발해 유폭선과 수직으로 교차하는 수직선은 스커트 패턴의 허리 다트 축을 이룬다(상의 허리 다트에서도 동일하다).
- 허리둘레(23페이지, 그림 5)
- 엉덩이둘레(23페이지, 그림 6)
- 스커트 길이(그림 2)

일반적으로 **스커트 길이**는 옆선을 따라 허리부터 시작해 원하는 길이로 설정한다. 하지만 맞춤형 패턴을 제작할 땐 스커트 길이를 체형에 맞추어야 한다. 살집이 있거나 엉덩이가 발달한 경우라면 뒤중심과 앞중심에서 스커트 길이나 치수를 추가적으로 측정해야 허리선 곡선을 제대로 그릴 수 있다.

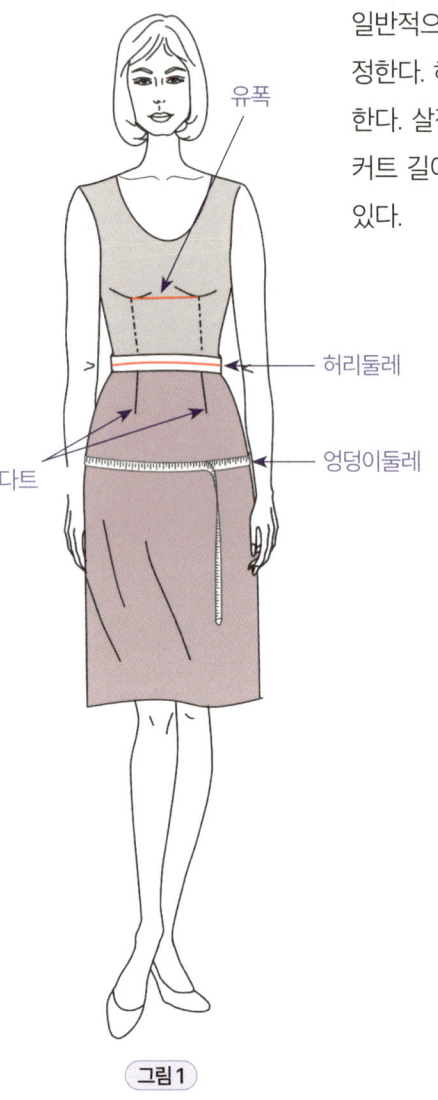

그림 1

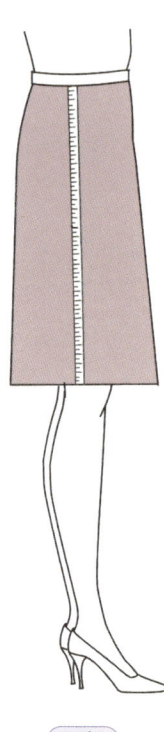

그림 2

바지 제작을 위한 치수 재기

바지의 기본 원형 패턴을 제작하기 위해서는 허리 아래 신체 부위의 치수를 측정해야 한다. 일부 수치는 바지 패턴 제작에 사용되지만 허벅지나 종아리 둘레 혹은 시리rise 등은 도안을 확인하는 용도로만 사용된다.

둘레 측정하기

① **허리둘레:** 상의 혹은 스커트와 동일한 방식으로 측정한다(23페이지, 그림 5).
② **엉덩이둘레:** 상의 혹은 스커트와 동일한 방식으로 측정한다(23페이지, 그림 7).
③ **허벅지둘레:** 허벅지의 가장 두꺼운 부분에 줄자를 둘러 측정한다. 기본 원형 패턴 제작 때 그려둔 밑위선 아래 외 다리 너비가 체형에 잘 맞는지 확인하는 데 사용된다(그림 3 참조). 개인 맞춤형 바지를 만들 때, 특히 허벅지 위쪽이나 엉덩이 아래쪽이 발달한 체형이라면 반드시 허벅지둘레를 잴 필요가 있다.
④ **종아리 둘레:** 종아리의 가장 두꺼운 부분의 둘레를 측정한다. 체형에 따라 무릎과 발목 사이에서 위치가 조금씩 달라질 수 있다.

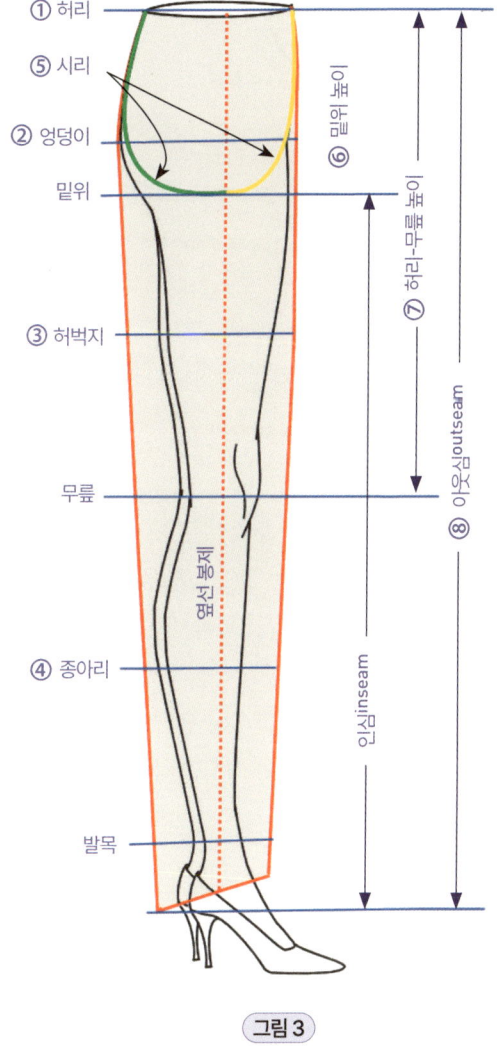

그림 3

바지 밑단 너비

추가적으로 바지(특히 밑단이 좁은 경우)를 쉽게 입으려면 발 둘레를 측정하여(그림 1) 밑단 너비를 충분히 확보해야 한다. 발 둘레는 바지를 입을 때처럼 발을 편 상태로 발뒤꿈치와 발목 사이의 둘레를 측정한다.

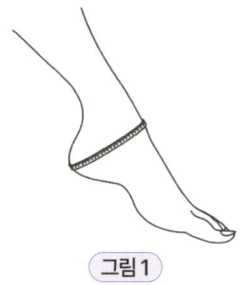

그림 1

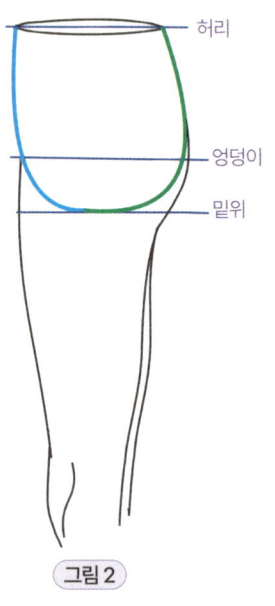

그림 2

높이 측정하기

⑤ **시리 길이:** 시리는 뒤판 허리 중간 지점에서 다리 사이를 지나 앞판 허리 중간 지점까지의 길이를 재는 것이 일반적이지만(그림 2, 초록색 선과 파란색 선) 이런 측정 방식에는 허점이 있다. 사람에 따라 가지고 있는 엉덩이 볼륨이 다르며, 엉덩이 굴곡의 중심을 지나가는 줄자가 치수에 포함되지 않기 때문이다. 해당 측정법은 책의 뒷부분에 시리 길이를 확인하는 용도로만 사용된다.

⑥ **밑위 높이:** 측정하는 것이 쉽지 않지만 밑위 높이를 정확하게 측정했는지 여부에 따라 시리가 달라지기 때문에 바지 패턴 제작에서 가장 중요한 부분이라 할 수 있다. 신장과 체형에 따라 달라진다. 현존하는 측정법 가운데 가장 간단하고 믿을 만한 방법은 평평한 의자 위에 앉은 뒤 자를 수직으로 두고 허리와 지지대 사이의 거리를 측정하는 것이다.

그림 3

⑦ **허리-무릎 높이:** 스커트 길이와 마찬가지로 옆선에서 측정한다. 좀 더 정확하게 재기 위해서 다리를 살짝 접은 채로 무릎의 둥근 부분을 측정한다. 특별한 경우를 제외한다면, 표준 치수를 기반으로 제작한 패턴에서 무릎 높이는 55~60㎝다.

⑧ **아웃심:** 간단하게 측정할 수 있어 보이지만 그렇다고 얕보아서는 안 된다. 대개 바지의 총기장은 일직선(그림 5A와 B)으로 재단하느냐, 비스듬히(그림 5C와 D) 재단하느냐에 따라 달라진다. 신발 굽의 높이에 따라서도 달라지는데 이를 모두 고려하여 총길이를 측정하는 것이 바람직하다.

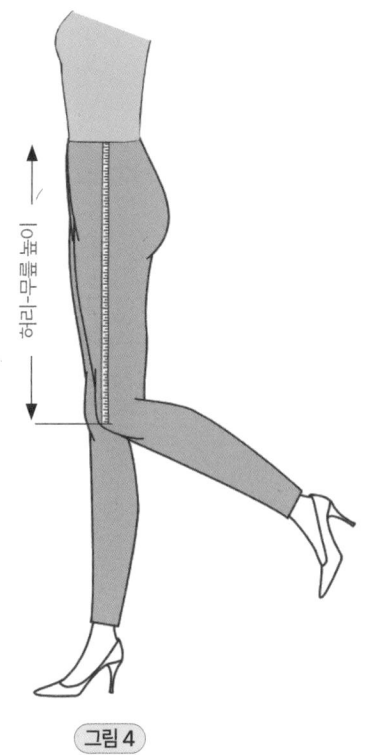

그림 4

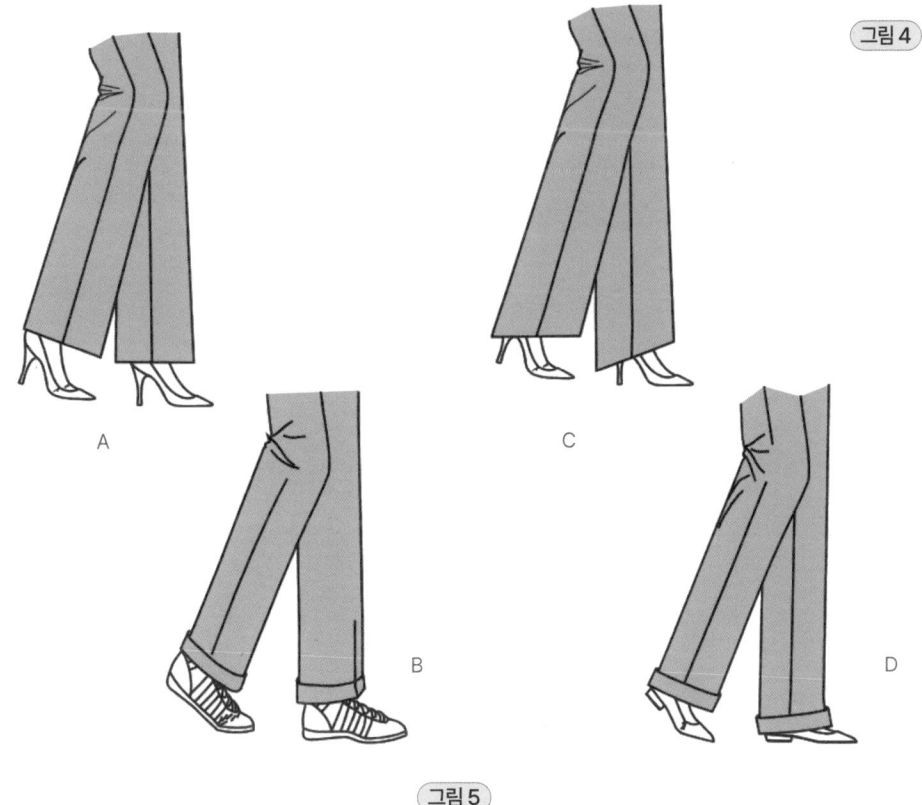

그림 5

상의

Le buste

개인적으로 측정한 치수를 적용한다 해도 이 선을 왜 그려야 하는지, 그 선이 패턴을 제작할 때 어떤 역할을 하는지, 그리고 선이 옷의 떨어지는 핏에 어떤 영향을 미치며 완성작에서 어떤 시각적 효과를 만들어내는지 이해한다면 원형 패턴을 설계하는 것이 어렵지만은 않을 것이다.

이번 챕터에서는 패턴 설계 과정을 한 걸음 한 걸음, 단계별로 자세한 설명과 함께 알아볼 예정이다. 안내 사항을 철저하게 따르고 준수한다면 패턴을 성공적으로 제작할 수 있다.

상의 패턴 설계하기

기본 원형 패턴 설계의 첫 단계에서는 옷본에 신체 실루엣을 두 가지 측면으로 나누어 구현한다. 패턴을 제도할 땐 항상 뒤판부터 시작한다. 앞판은 가슴의 볼륨감을 길이에 반영해야 하지만 뒤판은 볼륨의 영향을 거의 받지 않기 때문에 가장 믿을만하다. 따라서 뒤판 옷본에 진동선과 품선을 오차 없이 쉽게 넣을 수 있다.

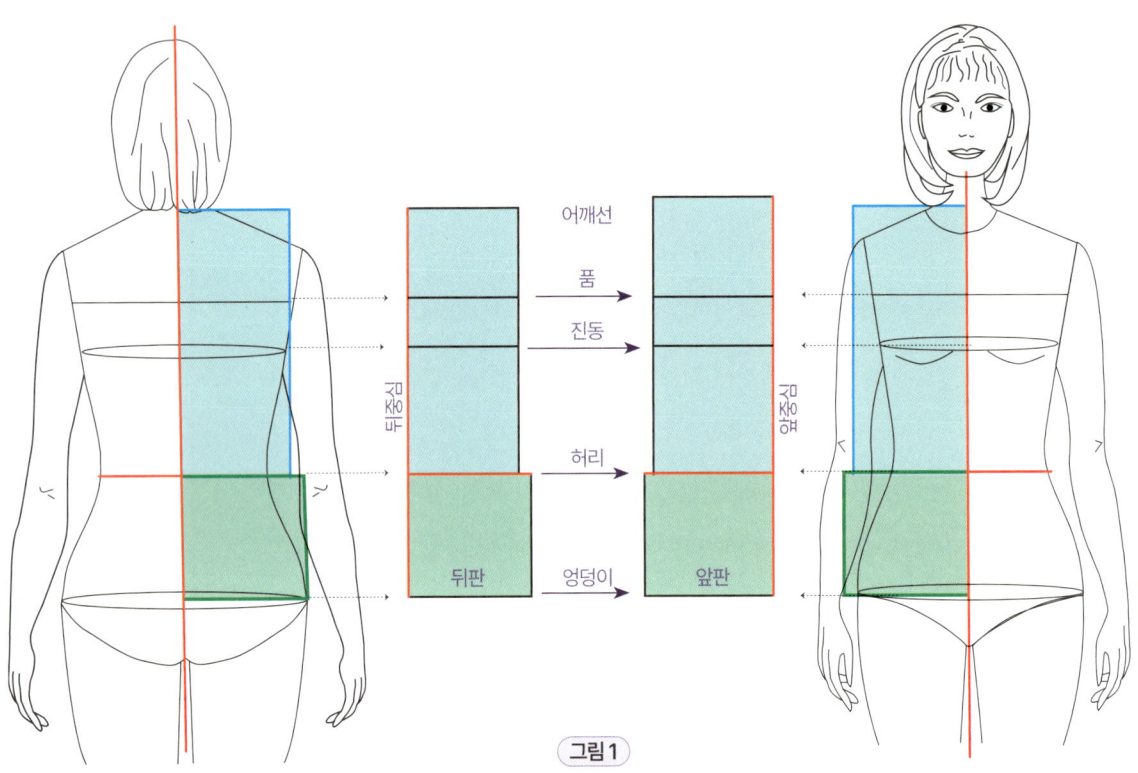

그림1

신체 위의 가상선과 대응되는 종이 위의 구성선.

뒤판 제도하기

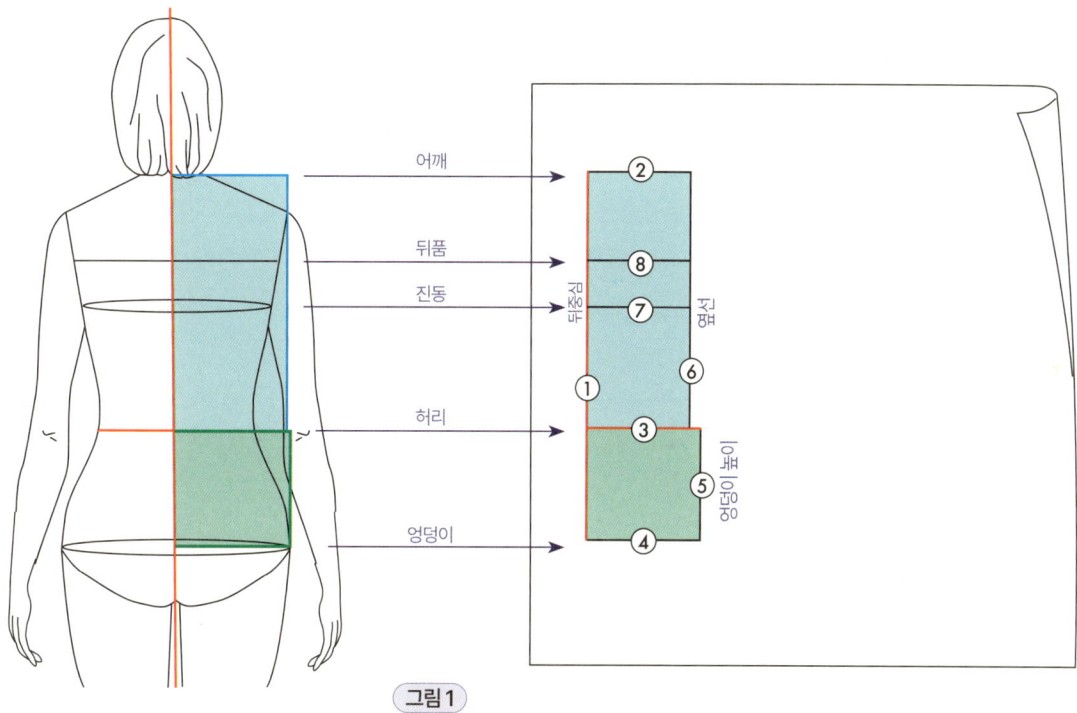

그림1

① 도안에 처음으로 그릴 선은 뒤중심의 기초선이다. 종이 가장자리에서 안쪽으로 5㎝가량 떨어진 위치에 60~70㎝ 정도 길이의 빨간색 선을 긋는다. 이 길이는 등길이와 엉덩이 높이를 더한 값으로 정확한 치수는 이후에 정해도 좋다.

② 그다음 종이 위쪽에서 7~10㎝ 떨어진 위치에 검은색으로 수평선을 그린다. 이는 어깨선에 해당한다.

③ 어깨선부터 등길이를 적어 넣고 해당 지점과 직각으로 교차하는 선을 그린다. 이는 허리선에 해당한다. 두 번째 기초선으로 빨간색으로 그린다.

④ 허리선에서부터 엉덩이 높이를 적어 넣고 뒤중심선과 직각으로 교차하는 또 다른 선을 그린다. 이는 엉덩이선에 해당한다. 뒤판 옷본 제작에서 5부터 8까지 그려지는 다른 선과 마찬가지로 검은색으로 표시한다.

알아두면 좋아요

상의 옆선은 두 가지 치수인 가슴둘레와 엉덩이둘레에 따라 달라진다. 상의 옆선을 그릴 땐 가슴둘레를 고려하여 어깨선부터 허리까지, 그리고 엉덩이둘레를 고려하여 허리부터 엉덩이선까지의 길이를 측정한다.

⑤ 엉덩이 높이에 해당하는 옆선 부분을 그릴 땐 엉덩이둘레를 4로 나눈 뒤 1㎝를 뺀다. 그 값만큼 엉덩이선과 뒤중심선의 교차점부터 길이를 재어 엉덩이선 위에 표시한다. 그리고 그 지점에서 시작해 허리선과 직각으로 교차하는 지점까지 선을 그린다.

⑥ 허리와 어깨 사이 길이에 해당하는 옆선 부분을 그릴 땐 가슴둘레를 4로 나눈 뒤 1㎝를 뺀다. 그 값만큼 어깨선과 뒤중심선의 교차점부터 길이를 재어 어깨선 위에 표시한다. 그리고 그 지점에서 시작해 허리선과 직각으로 교차하는 지점까지 선을 그린다.

⑦ 진동선은 어깨선과 허리선의 중간 높이에 수평선을 그린다. 수평선은 뒤중심선과 옆선을 이어준다.

⑧ 품선은 진동부터 어깨까지 거리의 3분의 1 위치에 그린다. 계산한 값은 진동선부터 뒤중심선으로 이어지는 선 위에 기입하고 옆선까지 수평선을 긋는다.

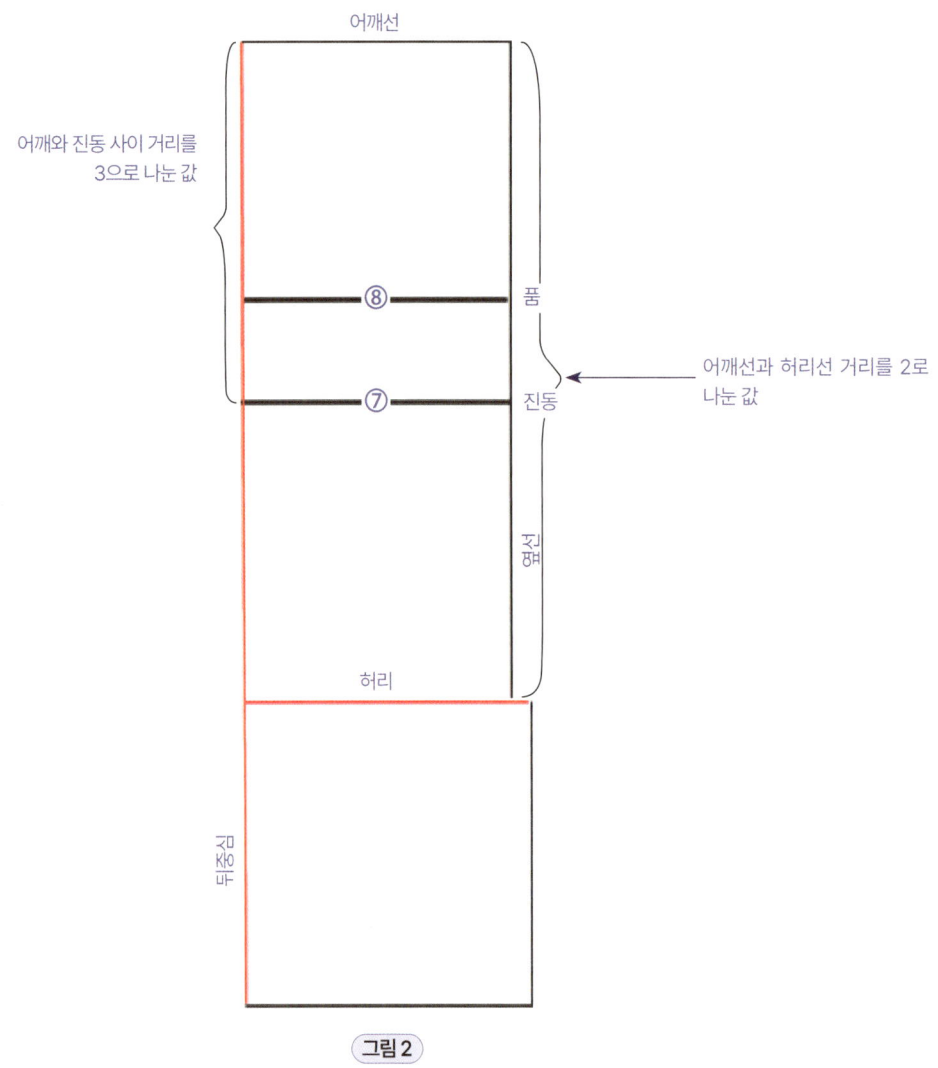

그림 2

앞판 제도하기

옷의 절반에 해당하는 등의 뒤판 옷본을 그렸으니 이제는 나머지 절반에 해당하는 앞판 옷본을 만들 차례다. 나중에 그려 넣을 어깨선을 제외하고(단계 10 참조) 거울로 비추듯이 뒤판 패턴의 모든 수평선(엉덩이, 진동, 품은 검은색, 허리는 빨간색으로)을 앞판 옷본으로 옮긴다.

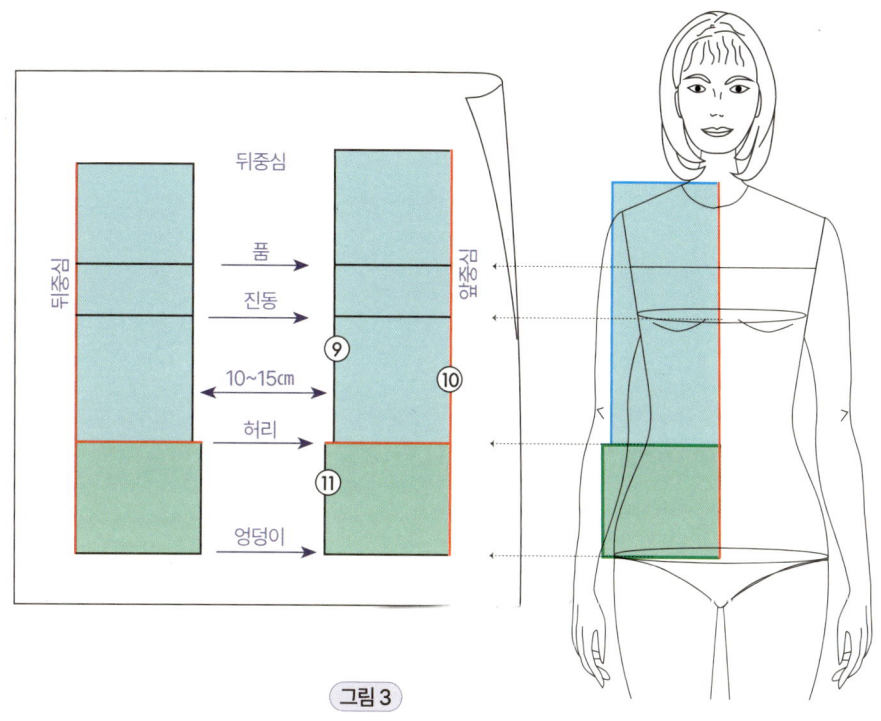

그림 3

⑨ 뒤판 옷본에 그린 옆선과 평행을 이루도록 하며 10~15cm의 간격을 두고 그 옆에 허리선까지 그린다.

⑩ 앞판 너비를 측정한다. 가슴둘레를 4로 나눈 뒤 1cm를 더한 값이다. 수치에 해당하는 만큼의 거리를 두고 옆선과 평행을 이루는 수직선을 그린다. 이것이 앞중심선이 된다. 기초선에 해당하므로 빨간색으로 표시한다. 앞중심선과 허리선의 교차점부터 위쪽으로 앞판 길이 만큼을 재어 앞중심선 위에 표시한다. 그 지점에서 앞판 옆선까지 수평선을 그으면 어깨선이 된다.

⑪ 상의 아랫부분 너비(그림 3 초록색 상자)를 설정할 땐 엉덩이둘레를 4로 나눈 뒤 1cm를 더한다. 그 값만큼 허리선과 앞중심선의 교차점부터 허리선을 따라 길이를 재어 허리선 위에 표시한다. 그 지점에서 엉덩이선과 수직으로 교차하는 선을 그린다.

골반선

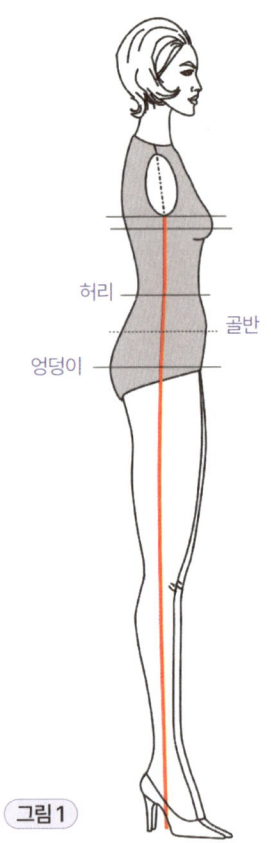

그림 1

기본 원형 패턴을 설계할 때 골반선은 전문가들 사이에서도 의견이 다르기 때문에 몇 가지 부연 설명이 필요하다. 논란이 되는 부분은 골반 둘레 측정과 골반선을 구성선으로 도안에 포함시킬지의 여부다.

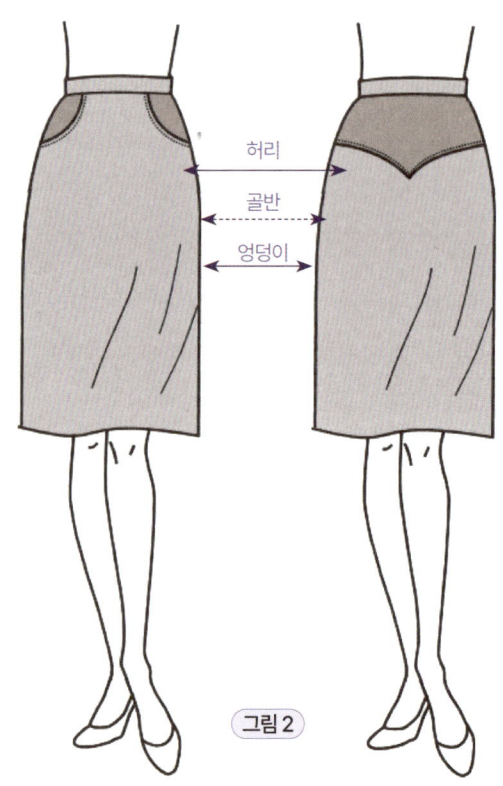

그림 2

이 책에서 소개하는 패턴 설계법에서는 골반선을 구성선이 아닌 (재단, 요크, 주머니 등을 표시하기 위한) 안내선으로 다룬다(그림 2). 골반 위치에서 신체 둘레를 측정할 경우 정확성이 떨어지는데, 이는 복부 볼륨과 엉덩이의 볼륨이 반영되지 않았기 때문이다(그림 1). 따라서 골반 위치에서 측정한 둘레는 앞판과 뒤판 너비를 설정하는 데 사용하기 어렵다. 결과적으로 허리둘레, 골반둘레, 엉덩이둘레를 모두 고려하면서 옆선의 위치를 그리면 대부분의 경우 여러 문제가 나타나게 된다.

다음으로 (복부 혹은 엉덩이가 발달한) 둥근 실루엣을 가지고 있는 체형을 위한 패턴 설계에 대해 살펴보자. 이는 특수한 경우로, 표준 옷본과 비교했을 때 비율이 일정하지 않은 체형일 수 있다. 복부 볼륨감을 반영하려면 (옆선부터 시작해) 골반 높이에서 부분적으로 치수를 측정한다(그림 3, 초록색 선). 그리고 옆선에서 시작해 엉덩이 높이에서 엉덩이 볼륨값(그림 3, 파란색 선)을 측정하며 복부의 치수를 보완한다.

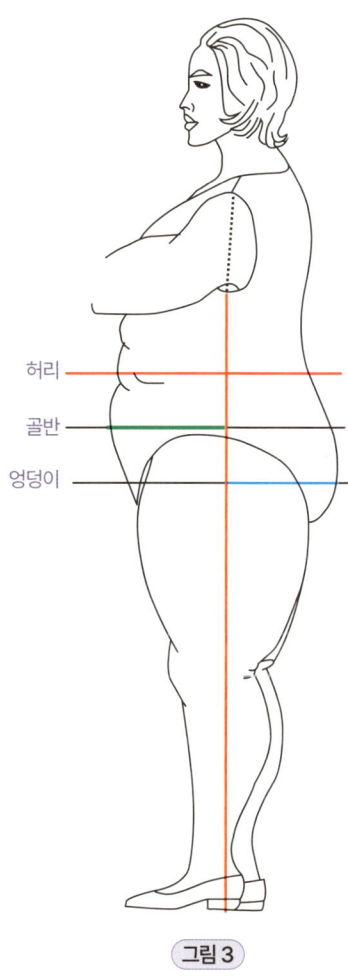

그림 3

치수 확인하기

지금까지 가로선과 세로선을 이용해 뒤판과 앞판 옷본을 그렸고, 옷본에 주요 구성선을 표시했다.

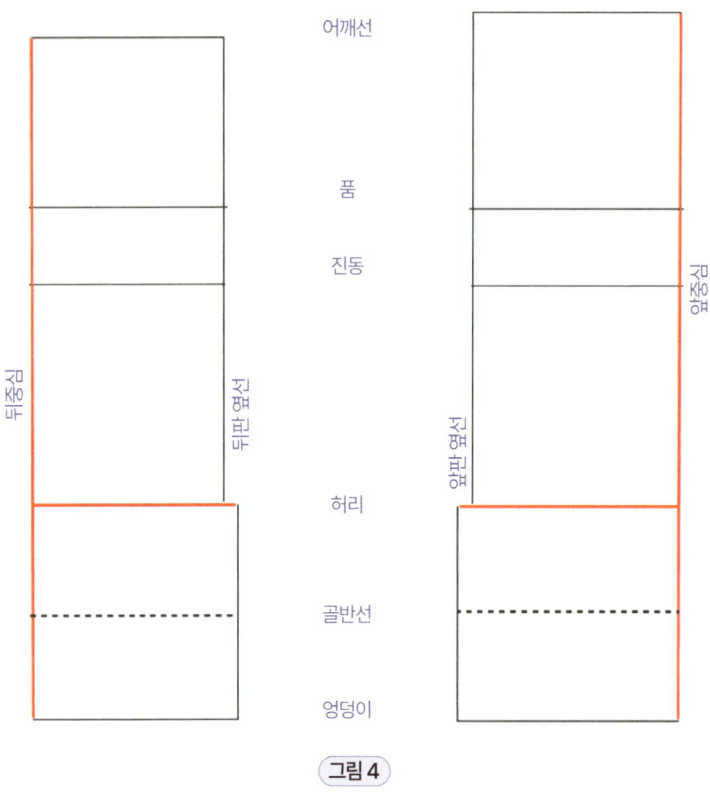

그림 4

다음으로 목과 진동을 그려볼 것이다. 다음 단계로 넘어가기 전 치수는 정확하게 기입했는지, (수직 및 수평의) 구성선을 올바른 위치에 그렸는지 확인하는 시간을 가져보자. 사실상 이 단계가 가장 중요하다. 만일 이 단계에서 오류가 발견되었다면 전체 설계가 잘못된 셈이니 계속 작업을 이어가는 것은 무의미하다. 그림 4를 보면 두 개의 옷본 패널에 골반선이 표시되어 있다. 허리와 엉덩이 중간에 위치한 골반선은 안내선에 해당한다.

네크라인

목둘레를 바탕으로 옷본과 네크라인의 모양이 결정된다. 목 패턴은 두 부분으로 나뉜다. 뒤중심 패턴의 등목둘레와 등목둘레(그림 5, 초록색)를 이용해 계산한 앞목둘레로 구성된다. 앞목둘레는 앞-등 중심 패턴과 앞판 패턴(그림 5, 파란색)에 표기한다. 이는 앞판과 뒤판의 어깨 경사도가 다르기 때문인데 필요한 경우 어깨선 위치의 평탄화 구간을 유지하면서 앞판과 뒤판의 이음매를 확인하고 수정한다.

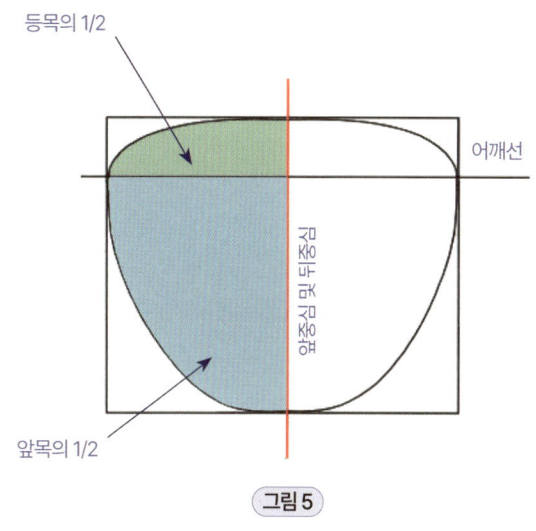

그림 5

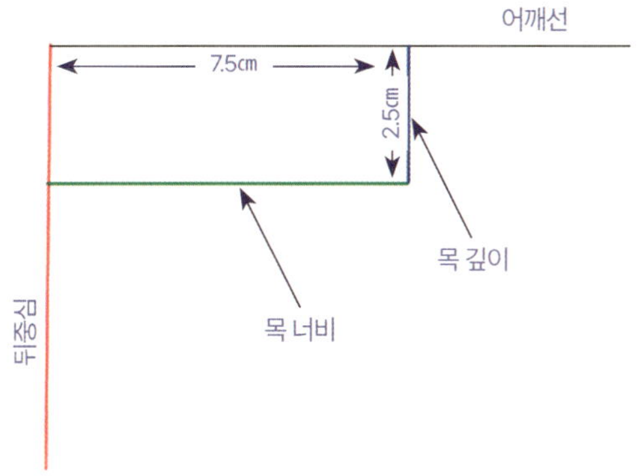

등목둘레

목 너비(그림 6, 초록색 선)와 목 깊이(그림 6, 파란색 선)는 네크라인의 모양을 결정하는 데 반드시 필요한 치수다.

목 너비

목 너비는 측정한 목둘레를 6으로 나눈 뒤 1cm를 더한다. 예시: 목둘레=38cm, 38/6=6.33+1=7.33 (소수 첫째 자리에서 반올림할 수 있다, 해당 예시에서 목둘레는 7.5cm다).

뒤중심선(그림 6, 빨간색 선)부터 어깨선을 따라 계산한 값을 재어 표시한다. 그다음 짧은 수직선(그림 6, 파란색 선)을 긋는다. 그 위에는 다음에 계산할 목 깊이를 적는다(다음 단계 참조).

그림 6

목 깊이

목 깊이는 목둘레를 측정한 뒤 16으로 나눈다. 예시: 목둘레=38㎝, 38/16=2.38㎝(소수 첫째 자리에서 반올림할 수 있다, 해당 예시에서 목 깊이는 2.5㎝다). 수직선 위에(그림 6, 파란색 선) 계산한 값을 적는다. 일반적으로 사이즈 38, 46~48의 경우 목 깊이는 2~3㎝가 나온다. 하지만 최대한 잘 맞는 도안을 제작하려면 정확한 수치를 바탕으로 작업하는 것이 좋다. 때문에 여러분이 이처럼 수고롭게 계산하고 있는 것이다.

앞목둘레

앞중심선부터 어깨선 위로 등목 너비를 적는다(앞에 7.5㎝ 예시를 적용해 보자). 끝점에서 어깨선과 직각을 이루는 선을 긋는다. 앞판에서 목 깊이는 목 너비에 2㎝를 더한 값이다. 예시: 목 너비 7.5㎝+2=9.5㎝ 계산해서 얻은 값을 수직선(파란색) 위에 적는다. 끝점에서 앞중심선까지 직각을 이루는 선을 그린다(그림 2, 초록색 선).

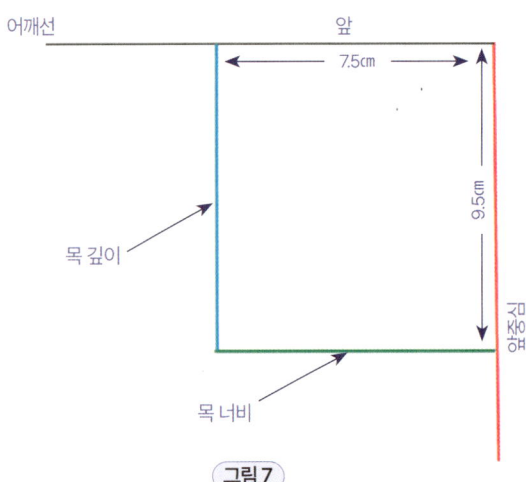

그림 7

 알아두면 좋아요

이 단계에서는 목둘레를 직선으로만 표시한다. 네크라인 곡선은 패턴을 확인하는 단계에서 그린다.

어깨 경사와 어깨너비

등어깨

첫 번째 장에서 목과 어깨 사이 거리보다 양 어깨 끝점 사이의 등 너비를 측정하는 것이 더 효율적일 수 있다는 것을 배웠다. 이번에는 등 패턴에서 두 수치를 활용해 어깨 경사를 설정하는 방법을 자세하게 살펴보자.

어깨너비 적용하기

어깨선 위 목 너비 끝점에서 어깨선과 18°의 각도를 이루는 직선(파란색 선)을 긋는다. 그은 선 위에 어깨너비를 적고 수직선(그림 1, 초록색 점선)으로 길이를 설정한다.

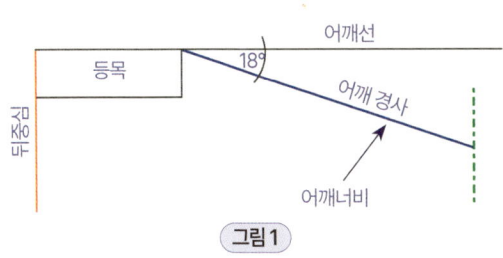

그림 1

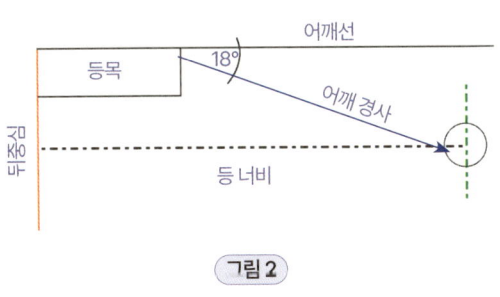

그림 2

등 너비 적용하기

우선 뒤중심부터 시작해(빨간색 선) 등 너비(그림 2, 검은색 점선)를 적는다. 그다음 수직선(초록색 점선)으로 길이를 설정한다. 목 너비 끝점에서 두 개의 점선이 교차하는 지점(원)까지 어깨선과 18°의 각도를 이루도록 직선(파란색 선)을 긋는다. 치수를 정확하게 측정했다면 첫 번째 방법과 동일하게 18°의 경사가 나올 것이다. 만일 다른 결과가 나왔다면 치수를 다시 확인해야 한다.

앞 어깨

어깨선 위 목 너비 끝점에서 어깨선과 26°의 각도를 이루는 직선(파란색 선)을 긋는다. 그다음 직선 위에 등어깨 너비를 적는다. 수직선(그림 3, 초록색 점선)으로 길이를 설정한다.

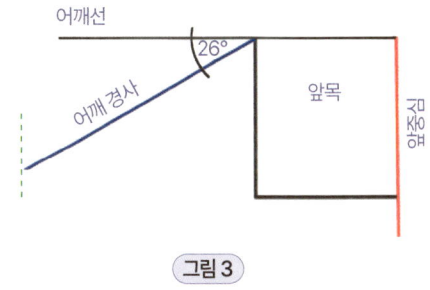

그림 3

앞진동과 뒤진동

아래 표시된 단계별 순서를 잘 따르는 것이 중요하다. 뒤판 위 점 4개와 앞판 위 점 4개의 위치를 잘 잡아야 진동의 모양을 정확하게 만들 수 있다.

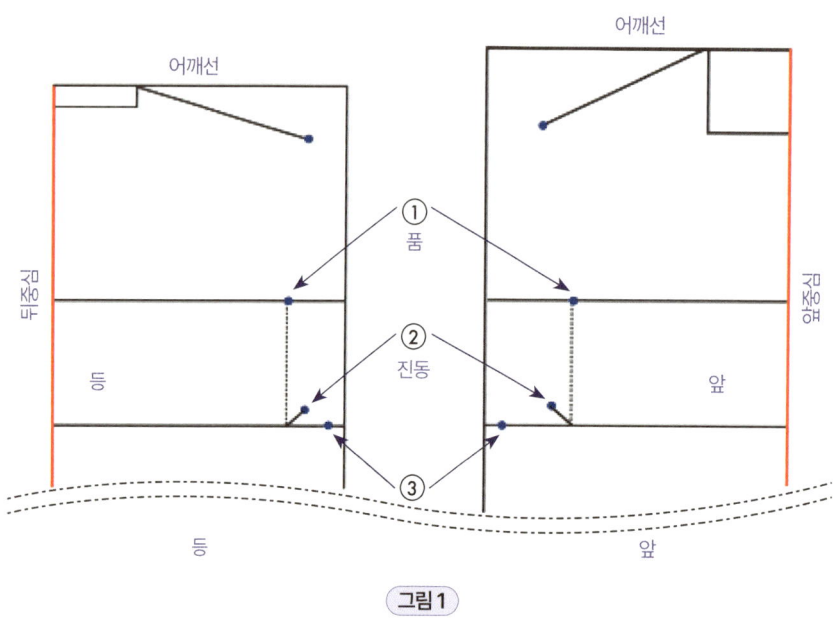

그림1

① 뒤중심선에서부터 품선 위로 뒤품 수치의 절반을 적는다. 그다음 해당 너비에서 진동선까지 직각을 이루는 선을 그린다(검은색 점선). 동일한 방법으로 앞판에 앞품의 절반에 해당하는 수치를 적고 진동선까지 수직선을 긋는다.

알아두면 좋아요

이등분선 위에 적어둔 수치를 기준으로 삼을 수는 있지만 진동 곡선을 그리면서 바뀔 수 있다. 해당 수치는 개인의 체형에 따라 달라질 수 있고, 뒤품 너비, 앞품 너비 또는 가슴둘레를 적용하는 수치에 따라서도 달라질 수 있다.

② 뒤판에서는 1.5㎝, 앞판에서는 2㎝를 측정해 이등분선 위에 표시한다(파란색 점).

③ 진동선에 평탄화 구간을 만드는 것이 중요하다. 진동선 위에서 옆선에서 1㎝ 떨어진 지점을 표시한다. 평탄화 구간은 필요한 경우 가봉 단계에서 수정할 수 있다.

운형자 사용하기

점 8개를 이어서 진동을 그린다. 시중에 판매되는 커브 모양의 도구를 사용해 진동 곡선을 그린다. 다음에 소개할 운형자에 새겨진 곡선은 여러 옷본에 손쉽게 적용할 수 있다. 선들은 끊김 없이 이어지면서 어깨너비, 품 너비, 진동 평탄화 구간 위 고정된 점들을 지나가야 한다. 필요에 따라 이등분선에 표기한 값을 변형해도 좋다.

운형자의 위치

어깨너비, 품 너비, 가슴둘레를 옷본 위에 꼼꼼하게 기입했다 하더라도 운형자를 제대로 사용하지 못했다면 진동선의 모양이 제대로 나오지 않는다. 따라서 운형자를 올바른 위치에 두고 진동선을 결정하는 점들을 이어 곡선을 그리는 것이 매우 중요하다. 운형자를 사용해 두 번에 걸쳐 진동선을 그린다. 우선 어깨선부터 품선까지 그린 뒤(그림 2), 품선부터 진동선까지 그려준다(그림 3).

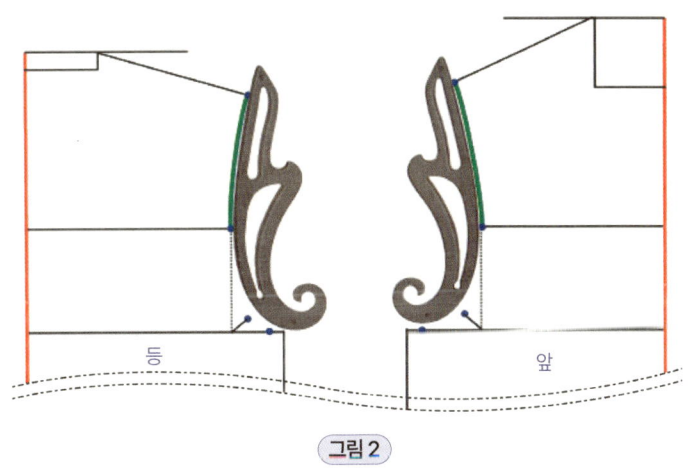

그림 2

진동 제도 1단계

앞판과 뒤판에서 그림 2와 같이 운형자를 둔 상태에서 어깨 끝점에서 시작해 진동선을 그려나간다. 진동선은 품선에 가까워질수록 살짝 둥근 형태를 띤다.

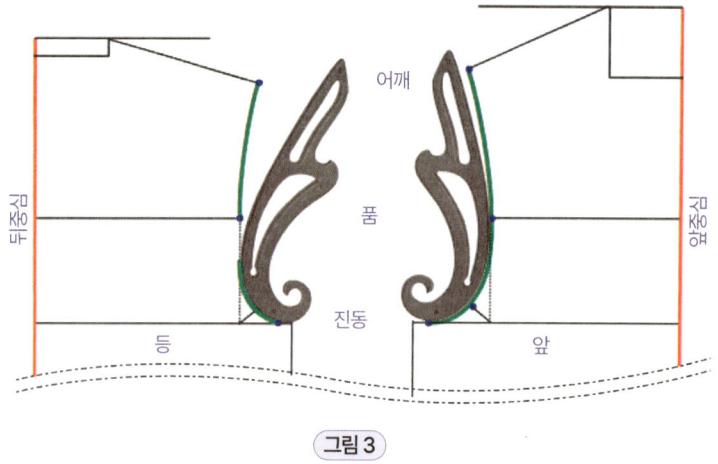

그림 3

진동 제도 2단계

진동의 두 번째 부분은 둥글게 그려야 하기 때문에 (그림 3과 같이) 운형자에서 곡선에 맞는 부위를 찾아 위치시킨다. 곡선은 반드시 품선, 평탄화 구간, 진동선 위에 표시한 기준점을 지나야 한다. 단, 평탄화 구간과 이등분선 길이는 변형 가능하다.

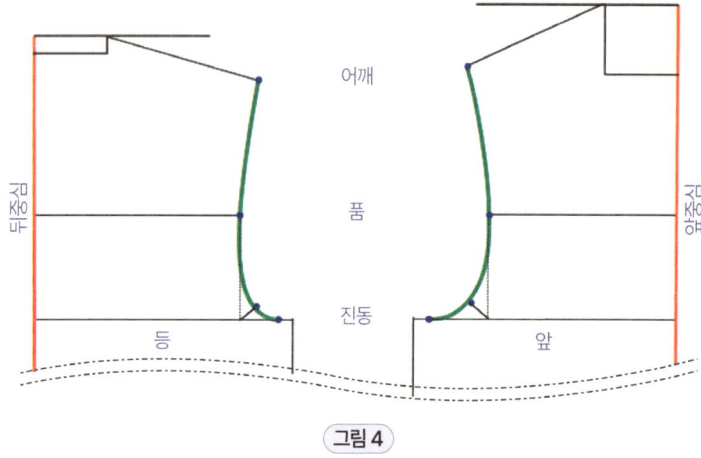

그림 4

기본 다트

평면 패턴 위에 체형을 재현하려면 가슴, 허리, 견갑골에서 초과로 발생하는 볼륨감을 고려하며 그려야 한다. 때문에 모든 기본 원형 패턴에는 다트가 포함된다. 기본 원형 패턴을 변형할 때는 만들고자 하는 모델에 따른다. 예를 들어 일직선으로 떨어지거나 넉넉한 옷을 만든다면 다트를 옮기거나 생략할 수 있다. 하지만 일반적으로 각각의 패턴에는 다음과 같이 주요 다트가 들어간다.

- 뒤어깨 다트
- 숄더 다트
- 허리 다트

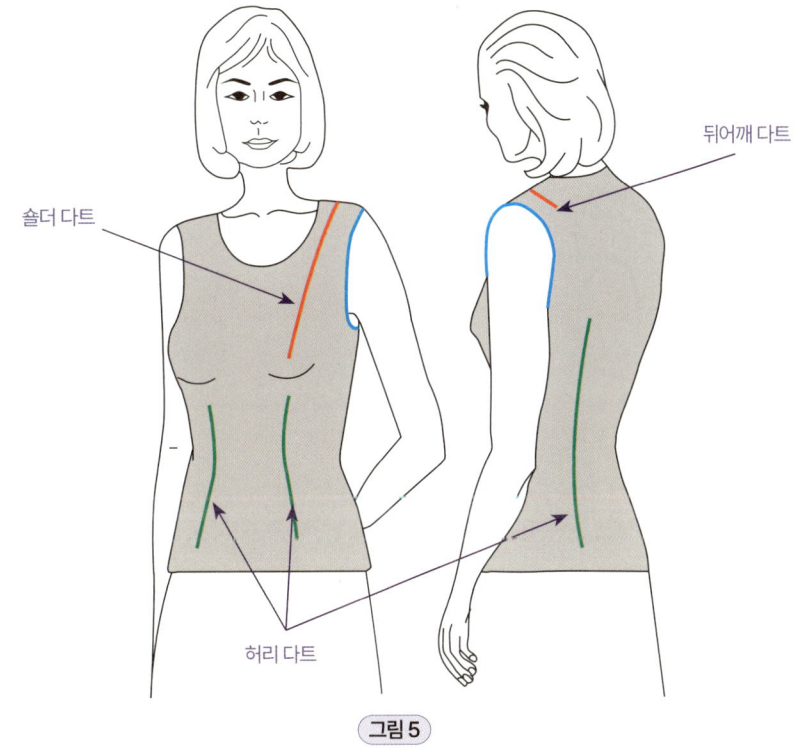

그림 5

알아두면 좋아요

다트량, 위치, 높이, 길이를 어떻게 설정하느냐에 따라 핏이 예쁘게 떨어지는 편한 옷을 만들 수 있다. 다음 페이지에 이어지는 설명을 그대로 잘 따라간다면 기본 원형 제작 패턴에서 각 다트가 맡는 역할을 효과적으로 이해할 수 있을 것이다.

뒤어깨 다트

뒤어깨 다트의 분량은 약 1~2cm로 매우 미미한 탓에 상의 원형 패턴을 그릴 때 잊어버리기 쉽다. 하지만 뒤어깨 다트가 들어가지 않는다면 사이즈가 맞지 않는 등 즉각적으로 나타나는 오류를 체감하게 된다. 민소매 모델의 경우 진동 부분에 여유가 있다면 주름이 잡힌다(그림 1B). 진동 테두리를 안단이나 경사로 마무리한다고 해도 이러한 문제를 해결할 수 없는 경우가 대부분이다. 소매가 있는 옷은(그림 1C) 어깨 다트가 없을 때 생기는 옷감의 여유분이 진동의 아래쪽으로 처지게 되고, 소매의 무게 때문에 뒤판 옷감의 핏이 눈에 띄게 변형된다. 소매산의 모양이 달라지기도 한다. 따라서 예쁘게 떨어지는 핏을 얻으려면 기본 원형 패턴에 뒤어깨 다트를 넣어야 한다.

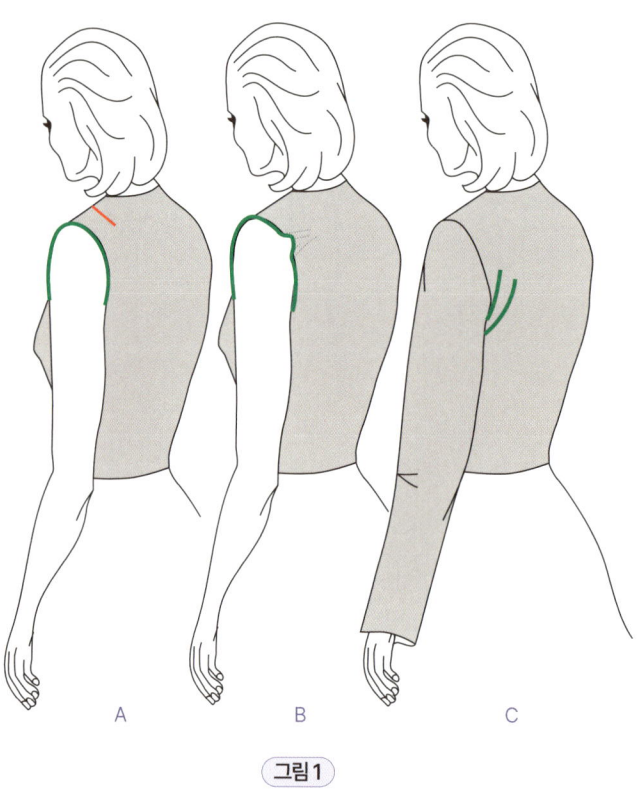

그림 1

뒤어깨 다트의 다양한 위치

뒤어깨 다트는 옷 패턴 제작에서 반드시 필요한 요소이지만 초기 단계에 들어가기 때문에 미적으로 보기에 좋지는 않다(그림 1A). 때문에 암홀 프린세스 절개에서 뒤중심 재단(그림 2)이나 진동(그림 3)과 같이 눈에 덜 띄는 위치로 옮길 때가 많다.

뒤중심 쪽으로 이동시킨 다트

정장 재킷처럼 뒤중심에 절개가 들어간 옷에서 자주 보이는 변형이다. 초반에 설정한 사이즈를 유지하기 위해 변형의 영향을 받는 모든 부분 즉, 목둘레, 어깨선, 진동(그림 2, 파란색 선)을 수정해야 한다.

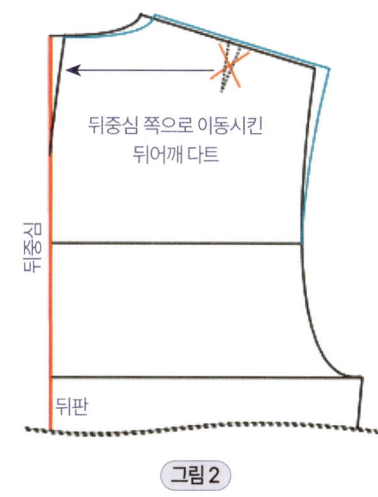

그림 2

진동 쪽으로 이동시킨 다트

만일 절개가 진동에서 시작해 (프린세스 절개라고 불리는) 허리 다트로 이어진다면 뒤어깨 다트량을 허리 다트로 옮길 수 있다(그림 2). 미적인 이유로 허리 다트를 품선 높이로 옮기는 것이 일반적이지만 품선보다 낮거나 높이 둔다고 해서 구성이 달라지지는 않는다. 이러한 변형을 적용할 때는 어깨선과 마찬가지로 다트의 두 선을 동일한 길이로 그려야 한다는 것을 잊으면 안 된다. 다트를 딛고 진동 곡선을 다시 그린다.

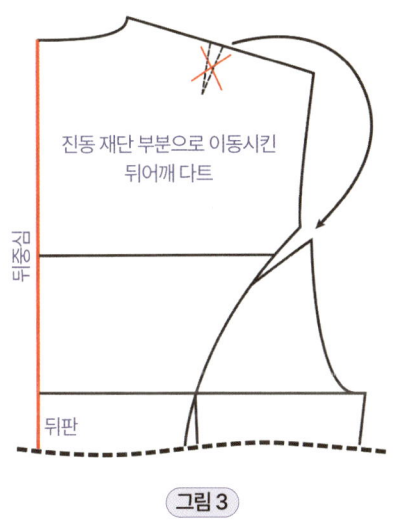

그림 3

흡수된 다트량

진동 혹은 뒤중심에 절개가 없다면 다트량을 앞판 어깨너비에 포함시킬 수 있다(그림 4). 옷을 구상하거나 패널을 맞출 때 자주 쓰는 방법이다. 이때 앞판과 뒤판의 어깨너비는 다르다. 두 어깨의 가장자리는 비 바이어스로 재단하여 쉽게 늘어나기 때문에 길이는 다르지만 쉽게 맞추어 재봉할 수 있다.

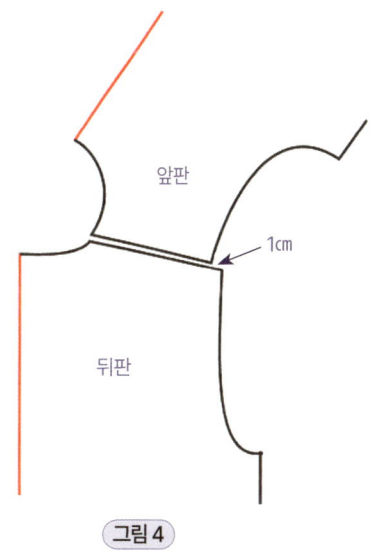

그림 4

뒤어깨 다트 만들기

어깨너비 중간의 다트축을 따라 7㎝ 길이의 수직선을 긋는다. 다트축 양쪽으로 1㎝씩 떨어진 곳에 표시한 뒤 각 점에서 다트축 끝을 이어주면 다트선이 완성된다. 다트 길이와 너비 값은 참고용이며 실제로는 각각의 체형에 따라 달라질 수 있다. 예를 들어, 등이 둥근 체형이라면 다트 너비를 2㎝까지 늘리고 길이는 5㎝로 줄일 수 있다.

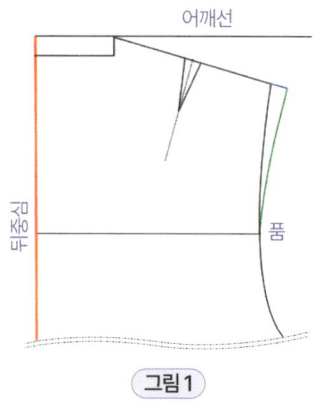

그림 1

다트량은 가봉 단계에서 알맞게 수정한다. 다트를 닫으면 다트 너비량이 옷에 흡수되기 때문에 기존에 설정한 수치에 맞게 어깨너비를 재조정해야 한다. 다트량이 1㎝라면 어깨끝점을 1㎝만큼 늘려준다(그림 1, 파란색 선). 그다음 진동선(그림 1, 초록색 선)을 품선까지 다시 그린다.

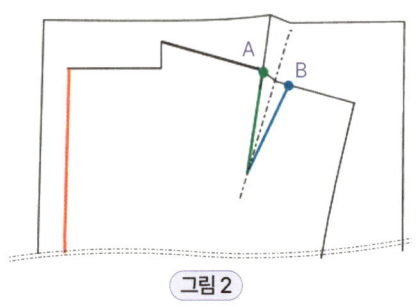

그림 2

어깨선 조정하기

다트의 너비나 길이와 상관없이 다트를 닫으면 어깨 경사선에 변형이 생길 수밖에 없다(그림 2). 결국 어깨 경사선을 다시 그려야 한다.

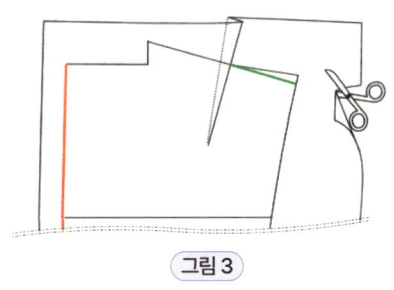

그림 3

어깨 경사선을 다시 그리기 위해서는 점 A를 점 B에 포개면서 앞중심쪽으로 다트 분량만큼을 핀으로 고정한다(그림 2). 그 다음 다트를 접은 상태에서 자를 사용해 기존의 경사 18°를 유지하며 어깨경사선을 다시 그린다(그림 3, 초록색 선). 여전히 다트를 접은 상태에서 새로 그린 선을 따라 종이를 오린다.

알아두면 좋아요

기본 원형 패턴을 제작할 때 진동선을 올바르게 그리려면 반드시 뒤어깨 다트를 포함시켜야 한다. 뒤어깨 다트를 깜빡하거나 무시해서는 안 된다.

숄더 다트

뒤어깨 다트와 마찬가지로 숄더 다트는 진동선이 벌어지는 것을 막아준다. 특히 몸에 꼭 맞는 옷을 만들기 위해서는 기본 원형 패턴에 반드시 적용해야 한다. 어깨경사선 위에 들어가는 다트로 해당 위치에서 숄더 다트의 기본값을 도출할 수 있다.

숄더 다트는 가슴 볼륨이나 가슴둘레에 따라 달라진다. 표준 치수를 기반으로 패턴을 제작할 경우, 기본값에 1㎝를 더하지만 맞춤형 패턴은 가봉할 때 다트 분량을 가슴 볼륨에 맞춰 늘리거나 줄이는 작업을 진행한다. 숄더 다트가 어깨선에 있다 하더라도 사용하는 절개 혹은 만들고자 하는 모델에 따라 가슴 주위의 어떤 곳으로도 위치를 옮길 수 있다(그림 1). 숄더 다트의 방향 전환과 위치 이동에 대한 자세한 설명은 이후에 다룰 가슴 변형과 관련된 내용을 참고한다.

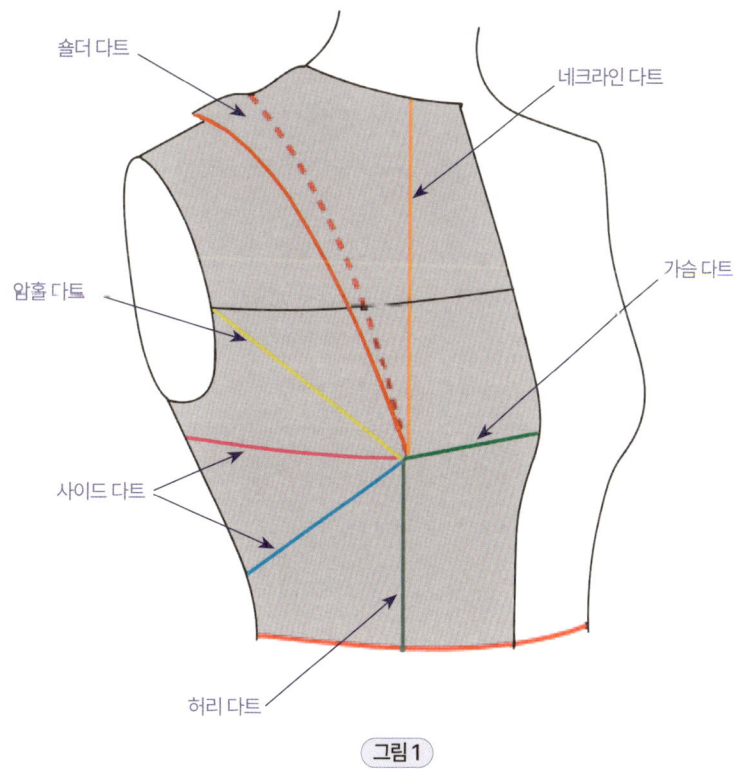

그림 1

숄더 다트 그리기

숄더 다트의 두 번째 역할은 가슴을 덮을 수 있는 볼륨감을 주는 것이다. 숄더 다트를 그릴 땐 유장, 유폭, 가슴둘레가 필요하다.

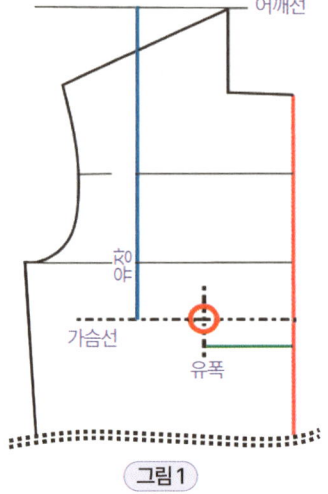

그림 1

어깨선에 임의의 점을 찍어 직각을 이루는 선을 유장의 길이만큼 그린다. 그리고 앞중심선까지 수평선을 그어 가슴선(그림 1, 검은색 점선)을 긋는다. 가슴선 위에서 앞중심선으로부터 유폭의 절반 너비만큼 이동한다. 두 선의 교차점이 바로 유두점이 된다(그림 1, 빨간색 원).

패턴이 읽기 쉽고 명료하게 보일 수 있도록 작은 십자가를 제외한 유두점을 설정하는 데 쓰인 모든 선을 지운다(그림 2).

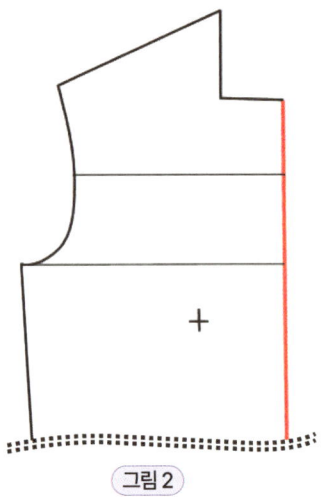

그림 2

도면 확인하기

다트를 넣는 단계로 넘어가기에 전에 목둘레선과 어깨경사선이 측정한 사람의 체형에 잘 맞게 그려졌는지 확인한다. 필요하다면 추가적으로 치수를 측정하여 숄더 다트를 넣기 전에 상의 패턴을 확인하고 수정한다. 숄더 다트는 어깨선과 네크라인의 곡선 모양을 변형시키기 때문에 이후 작업에서는 확인이 불가능하다. 따라서 이때 오류가 발생했다면 패턴 제작을 이어나가기 어렵다.

목둘레 깊이 확인하기

표준 치수를 바탕으로 패턴을 그린다면, 옆목점 둘레로 시작해 목둘레 너비와 깊이를 그리기 위한 계산에 오류가 있을 가능성은 낮다. 하지만 맞춤형 패턴이라면 체형에 맞춘 패턴을 제작해야 한다. 따라서 유두점부터 앞 중심까지의 목둘레 깊이와 높이를 반영해야 한다. 필요하다면 목둘레 깊이를 높이거나 낮추며 원하는 핏으로 수정한다(그림 3, 초록색 선).

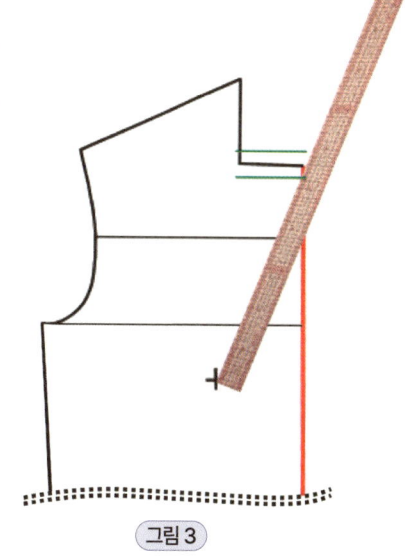

그림 3

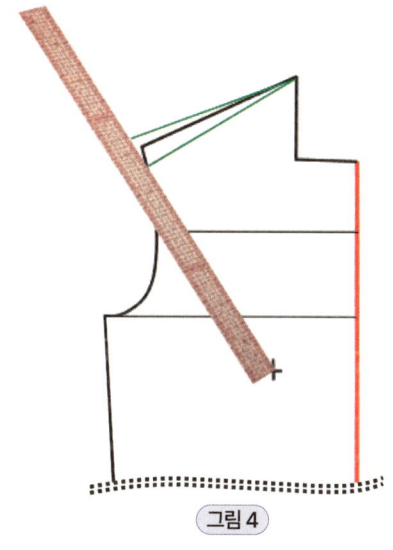

그림 4

어깨경사 확인하기

어깨경사는 상의 패턴을 제작할 때 중요한 역할을 한다. 어깨경사의 각도가 너무 좁으면 진동 부분이 벌어지고, 반대로 각도가 너무 크면 옷감의 앞판이 옆으로 왔다 갔다 움직이게 된다. 표준 패턴에서 앞판 어깨경사는 26°로 설정한다. 하지만 맞춤형 패턴으로 제작할 땐 어깨 곡선 높이를 추가로 적용하는 것이 좋다. 어깨 곡선 높이 즉, 가슴 돌출부부터 견봉까지의 길이를 패턴에 반영한다. 필요하다면 경사를 높이거나 낮춘다(그림 4, 초록색 선). 그린 선을 확인하거나 필요에 따라 수정했다면 숄더 다트를 넣는 다음 단계로 넘어간다.

알아두면 좋아요

패턴에 그린 선을 수정한 뒤에는 필요하지 않은 선은 지운다. 패턴을 간결하게 만들어주고 이후에 혹시 모를 혼란을 막을 수 있다.

숄더 다트 분량

어깨 길이를 반으로 나누고 한가운데에 점을 찍는다. 해당 점에서 가슴 돌출부(50페이지, 그림 1과 2에서 그려둔 작은 십자가)까지 직선(그림 5, 초록색 선)을 그린다. 숄더 다트 분량은 가슴둘레에 따라 달라지는데 가슴둘레에 1㎝를 더한 값을 20으로 나눈 값과 같다. 어깨선의 중간 점부터 시작해 계산한 값을 옮겨 적는다. 숄더 다트 분량에 해당하는 값만큼 반대편 끝점 쪽으로 이동한 뒤 가슴 돌출부까지 직선을 그린다(그림 5, 파란색 선). 초록색으로 그린 다트의 첫 번째 선의 길이를 참고해 다트의 두 선(초록과 파랑)의 길이를 맞춘다.

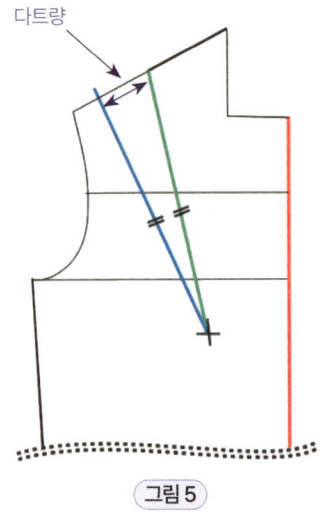

그림 5

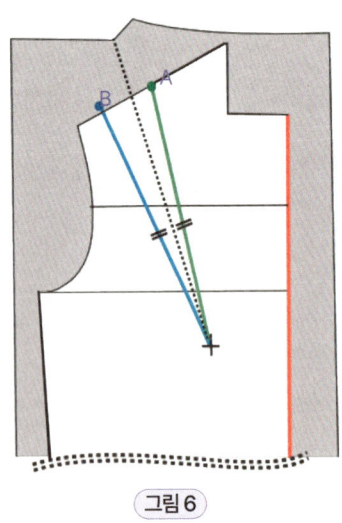

그림 6

다트 닫기

다트 분량이 앞중심선 쪽으로 눕도록 숄더 다트를 접는다. 다트의 첫 번째 선(그림 6, 초록색 선)을 접은 뒤 다트의 두 선이 포개지도록 접는다(그림 6, 점 B 위에 점 A).

어깨선 재설정하기

핀이나 테이프로 다트를 닫아둔다. 초반에 설정한 어깨 경사각 26°를 유지하며 자를 이용해 어깨 길이의 절반을 다시 그린다(그림 7, 초록색 선).

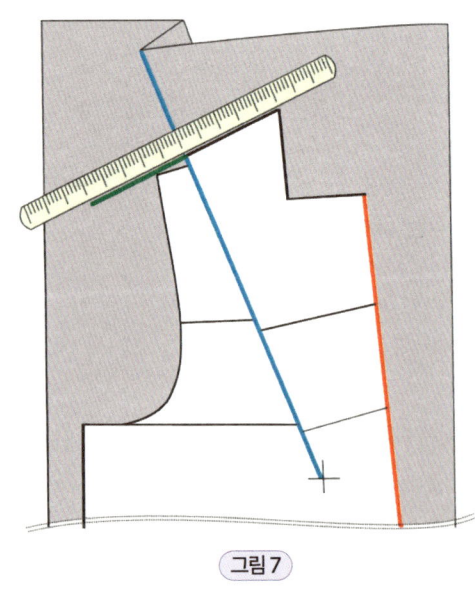

그림 7

치수 재설정하기

숄더 다트를 펼치고 품선과 진동선에서 다트량을 측정한다. 숄더 다트를 닫으면 앞품 너비와 상의 윗부분 너비가 그만큼 줄어들기 때문에 치수를 다시 재야한다. 진동 곡선부터 치수를 확인하며 품선과 진동선 위에 옮긴다(그림 8, 파란색 화살표). 진동의 평탄화 구간을 유지하며 점 1, 2, 3(그림 9)을 이어 새로운 진동 곡선을 그리면 다트를 닫더라도 품 너비와 진동 너비가 기존의 치수 그대로 유지된다.

다시 한번 짚어보자면 몸에 꼭 맞는 원형 패턴 샘플을 만들기 위해서는 반드시 숄더 다트가 필요하다. 반면 넉넉하거나 사이즈가 큰 샘플 또는 신축성이 있는 옷감으로 샘플을 만들 때는 숄더 다트가 꼭 들어가야 하는 건 아니다. 이러한 경우에는 원형 패턴을 이용한다.

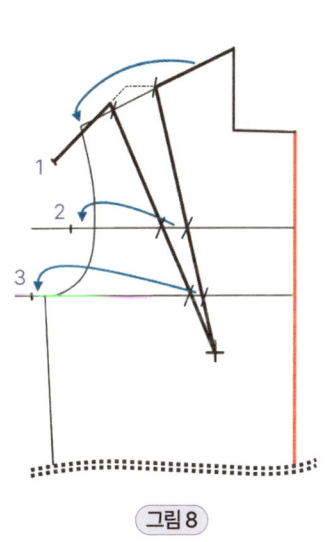

그림 8

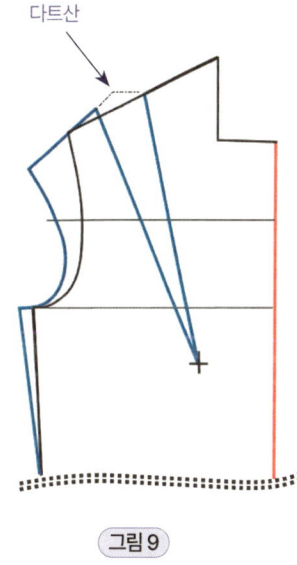

그림 9

허리 다트

숄더 다트가 상의 진동핏을 조정하는 역할을 하는 것처럼 허리 부분에 들어가는 다트도 같은 역할을 할까? 핏을 조정하는 데 여러 다트를 활용할 수 있지만, 일반적으로 네 가지 주요 다트를 넣는다(45페이지, 그림 1). 이 규칙을 따르지 않으면 옷 핏이 균일하게 떨어지지 않을 수 있다.

허리에 들어가는 첫 번째 다트는 가슴 아래 다트다. 다음으로는 두 개의 사이드 다트가 있다. 앞판과 뒤판을 재봉하면 하나의 사이드 다트가 남게 된다. 뒤중심에 들어가는 네 번째 다트는 선택 사항으로 몇몇 종류의 샘플에만 적용된다. 다섯 번째 다트는 뒤절반 중심 다트다. 허리에 들어가는 기본 다트는 기본 원형 패턴을 기반으로 하여 만들고자 하는 모델에 따라 수정하거나 이동시키며 변형할 수 있다.

허리 다트의 위치

허리 주변에 들어가는 다트는 구조적인 것은 물론이고 시각적으로도 중요한 역할을 한다. 몸의 실루엣, 상의 앞판의 가슴 라인 등을 따라 다트를 넣는다. 반면 뒤판에서는 다트를 일정한 간격으로 넣어야 더 예쁜 결과물을 얻을 수 있다.

① **가슴 아래 다트:** 유장과 유폭에 따라 위치가 달라진다. 먼저 가슴 돌출부에서부터 수직선(그림 1, 검은 점선)을 그어 다트의 축을 만든다. 그 축을 기준으로 양쪽의 다트량을 똑같이 나눈다.

② **앞판 사이드 다트와 ③ 등판 사이드 다트:** 기본 원형 패턴에서 (앞판과 등판에서) 두 사이드 다트의 선과 분량은 정확하게 일치한다. 따라서 앞판 사이드 다트를 먼저 그린 뒤 똑같이 뒤판 사이드 다트를 그린다. 체형이나 샘플에 따라 두 다트가 정확한 대칭을 이루지 않을 수도 있다.

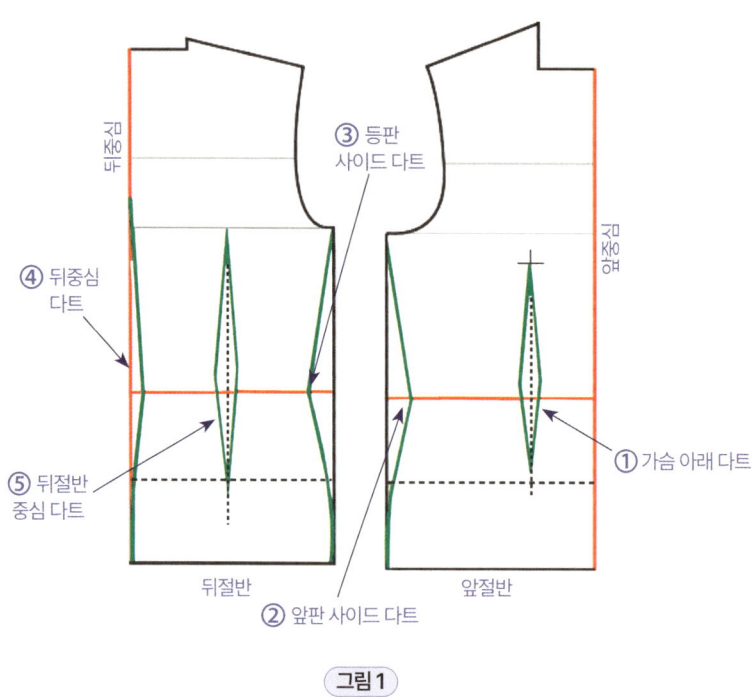

그림 1

④ **뒤중심 다트:** 뒤중심에 절개가 들어갈 때 넣는 다트로 옷감을 반으로 접어 뒤판을 재단한 모델에는 드물게 사용된다.
⑤ **뒤절반 중심 다트:** 미적인 효과를 위해 뒤판 중앙에 넣는다. 뒤절반 중심 다트를 효과적으로 넣으려면 우선 사이드 다트를, 그다음으로는 뒤중심 다트(가 있다면)를 넣는 것이 중요하다. 두 다트 사이 거리를 절반으로 나눈 위치에 다트의 축을 그린다. 축을 기준으로 양쪽의 등 다트량을 똑같이 나눈다.

허리 다트량

옷이 떨어지는 핏은 허리 다트에 흡수되는 너비에 따라서도 달라진다. 가슴과 허리 치수의 차이에 해당하는 분량을 다트를 이용해 허리 주변에 일정하게 분산시켜야 한다. 각각의 다트에 나름의 분량을 할당해야 옷의 균형이 유지된다.

가슴 아래 다트: 다트의 길이는 허리선 밑으로 9㎝를 초과하지 않고 너비는 3㎝를 넘지 않는다.
사이드 다트: 각 사이드 다트의 분량은 4㎝를 넘지 않는다. 사이드 다트의 살짝 둥근 형태는 골반 높이에서 끝난다.
뒤중심 다트: 다트의 너비는 1~2㎝를 넘지 않고 진동선과 골반선(그림 2, 검은색 점선) 사이에 위치한다.
뒤절반 중심 다트: 다트의 길이는 허리선 밑으로 11㎝를 넘지 않고 너비는 2㎝를 넘지 않는다.

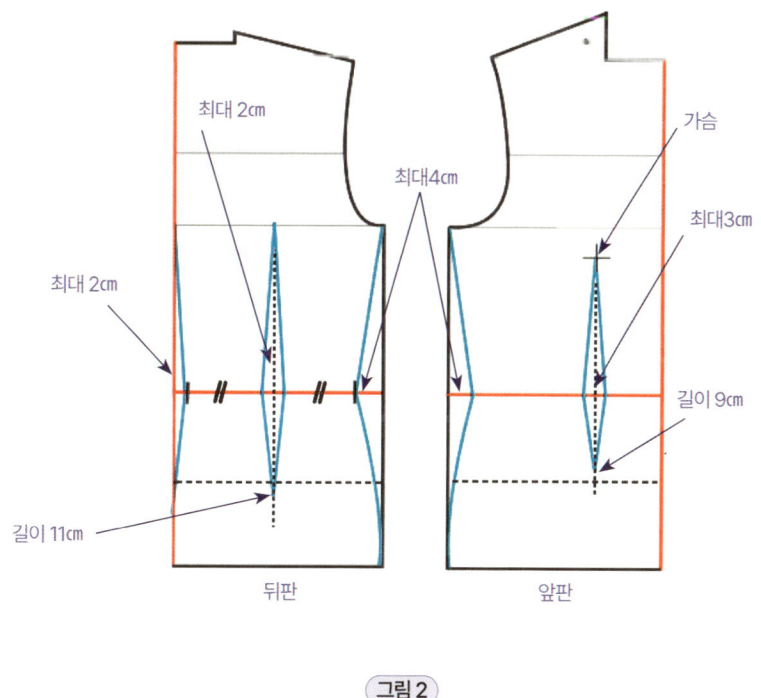

그림 2

알아두면 좋아요

허리 다트를 그릴 때는 최대 너비를 지키는 것이 중요하다. 다트량이 적으면 허리 라인이 충분히 살지 않는다. 반대로 다트량이 너무 많으면 허리의 위아래로 옷에 변형이 생긴다. 그리고 옷이 앞으로 벌어질 때 다트가 옷을 양쪽으로 잡아당기면서 두 개의 앞절반 패널이 예쁘게 떨어지지 않는다.

허리 다트량 계산하기

허리에 들어가는 다트의 분량은 둘레 치수의 차이에 따라 달라진다. 허리에 흡수되는 값은 다트량을 허리와 가슴 치수의 차이로 계산하는 것과 허리와 엉덩이 치수의 차이로 계산하는 두 가지 방법이 있다. 두 계산법으로 나오는 값은 같지 않기에 언제 어떤 계산법을 선택해야 하는지 알고 있어야 한다.

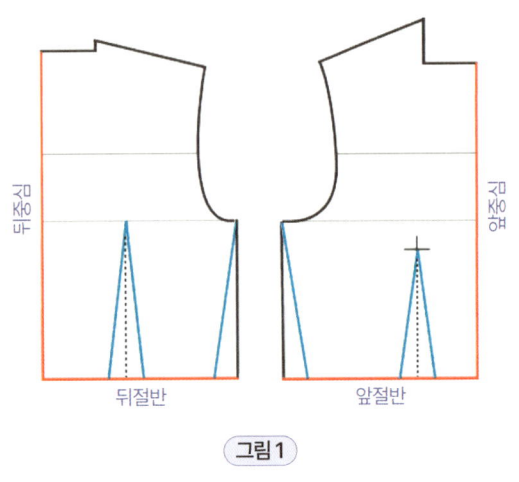

그림 1

상체에서 허리까지

허리에서 끝나는 옷(퍼펙토 자켓perfecto jacket, 짧은 조끼 등) 패턴의 경우, 둘레 수치는 가슴과 허리둘레 단 둘뿐이기 때문에 큰 문제가 없다. 따라서 두 치수의 차이를 계산한다. 예시: 가슴둘레=88㎝, 허리둘레=68㎝. 이 경우, 허리 주변에서 흡수되어야 하는 분량은 88-68=20㎝가 된다. 각각의 패턴 조각에 20/4=5㎝씩 즉, 앞절반에서 5㎝, 뒤절반에서 5㎝가 흡수된다.

상체에서 엉덩이까지

엉덩이까지 내려오는 옷의 경우, 가슴, 허리, 엉덩이둘레를 잴 수 있다. 가슴둘레와 허리둘레의 차이는 허리둘레와 엉덩이둘레의 차이와 다르다. 그림 2 예시의 계산 단계를 따라가면 이번 패턴 제도 단계를 한층 더 이해할 수 있을 것이다. 예시: 둘레 치수: 가슴둘레=88㎝, 허리둘레=68㎝, 엉덩이둘레=92㎝. 허리 주변에서 흡수되어야 하는 분량은 가슴둘레와 허리둘레의 차이=88-68=20㎝가 된다. 혹은 엉덩이둘레와 허리둘레의 차이인 92-68=24㎝가 된다. 계산법에 따라 다트량이 달라진다.

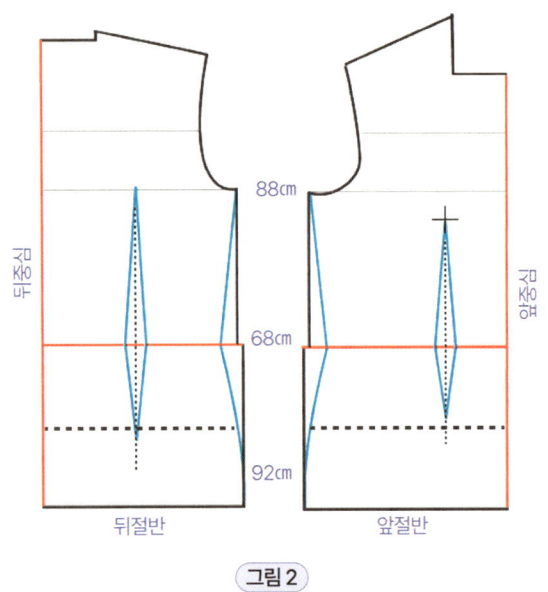

그림 2

패턴 설계도에 하나는 상의 윗부분에 다른 하나는 상의 아랫부분에 계산한 값을 기입한다. 두 계산법 중 어느 것을 선택해도 좋다. 두 경우 모두 분산돼야 하는 총 분량의 1/4 값이 뒤절반에서 흡수된다.

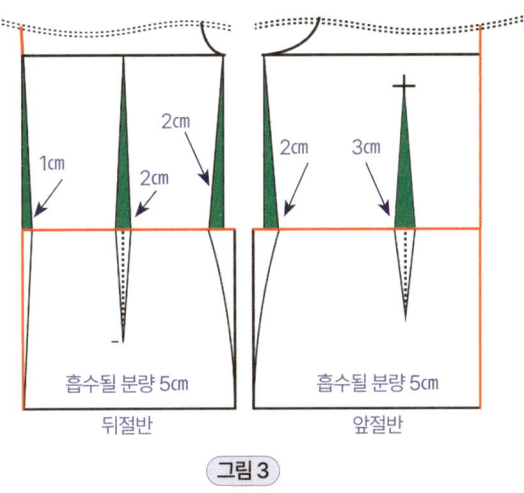

그림 3

첫 번째 계산법(가슴둘레와 허리둘레 차이)에 따르면 20/4=5㎝가 나온다. 각 패턴 윗부분의 1/4에 해당하는 조각에 흡수돼야 하는 값이다(그림 3). 두 번째 계산법(엉덩이둘레와 허리둘레 차이)에 따르면 24/4=6㎝가 나온다. 패턴 아랫부분의 1/4에 해당하는 조각에 흡수돼야 하는 값이다(그림 4). 두 계산법에서 도출되는 다트량은 다르지만 같은 결과의 패턴(그림 3과 4)이 나온다.

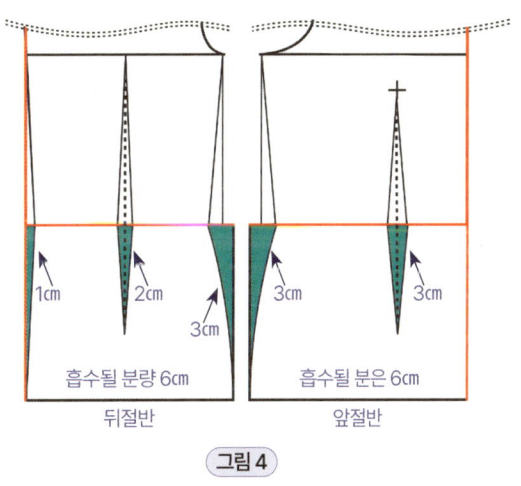

그림 4

유의할 점

가슴둘레와 허리둘레 차이를 적용한다면 상의 윗부분의 옆선부터 다트량을 넣는다(그림 3, 초록색 다트). 엉덩이둘레와 허리둘레의 차이를 적용한다면 상의 아랫부분의 옆선에서부터 다트량을 넣는다(그림 4, 초록색 다트).

허리에 들어가는 추가 다트

허리에 흡수되어야 하는 다트량이 너무 많다면 추가로 다트를 넣는다. 앞판과 뒤판의 추가 다트는 핵심 다트보다 2cm가량 더 짧다(그림 5).

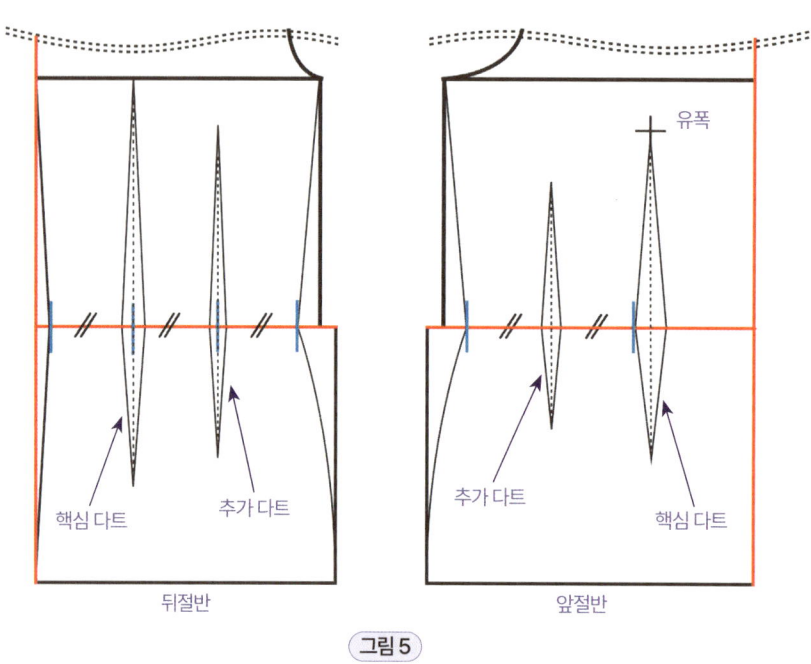

그림 5

뒤판의 추가 다트: 사이드 다트의 다리와 뒤중심 다트 다리 사이의 길이를 3으로 나누고, 3분의 1에 해당하는 위치에 다트축을 그린다(그림 5, 파란색 선). 축의 양옆으로 다트량을 동일하게 나눈다.

앞판: 유폭 다트 다리와 사이드 다트 다리 사이의 길이를 2로 나누고, 다트 축 양 옆의 다트량을 동일하게 나눈다.

다트 평탄화 구간 적용하기

옷은 체형에 맞춰져야 한다. 때문에 허리에 다트를 그리며 허리를 평평하게 만들어야 한다. 평탄화 구간의 짧은 길이는 허리선의 실루엣에 따라 달라진다. 일반적으로 허리 다트의 평탄화 구간은 2~4cm다. 다트량이 크다면(예를 들어, 3cm) 평탄화 구간은 2cm, 다트량이 1 혹은 1.5cm에 불과하다면 평탄화 구간은 3cm 이상이 된다.

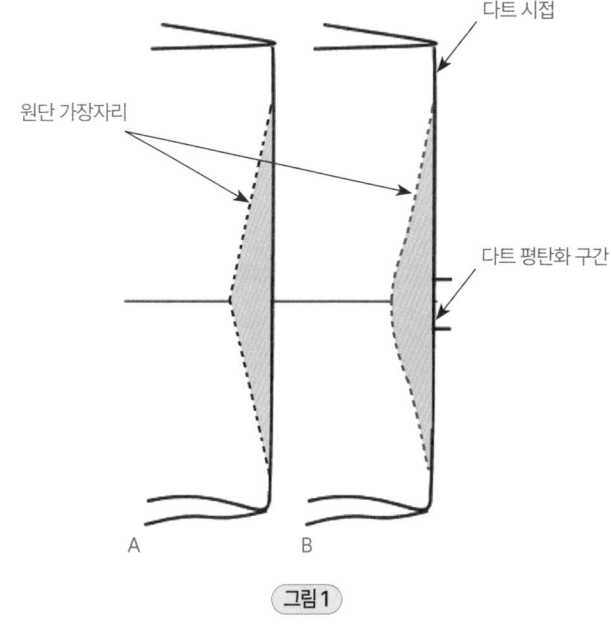

그림 1

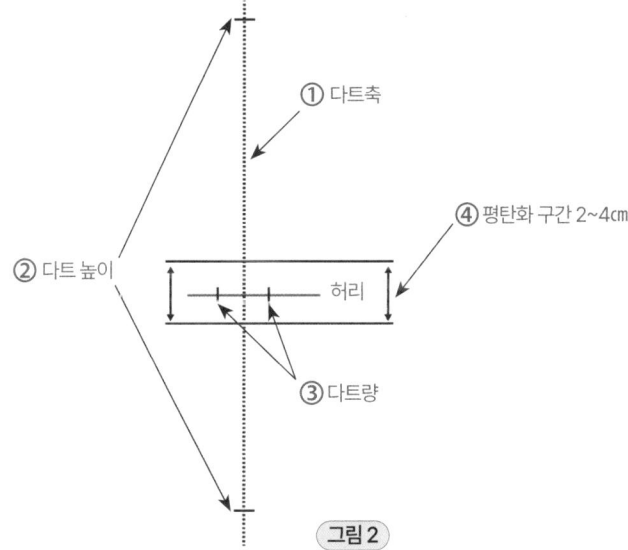

그림 2

기술적인 이유로 생각해도 평탄화 구간은 꼭 필요하다. 다트 시접은 허리선에서 무조건 둥근 형태를 띤다(그림 1B). 재봉틀을 사용한다면 허리선까지 일직선으로 박은 뒤 (그림 1A) 재봉틀을 멈추고 편물을 뒤집은 다음 다트의 끝까지 계속해서 일직선으로 봉제한다.

재봉하는 동안 별도의 표시 없이 다트를 평평하게 만든다. 옷감 위에는 어떠한 표시도 하지 않는다. 오직 다트량만 표시되어 있다. 반면 도안 설계도에는 평탄화 구간의 너비를 기입한다.

① 우선 허리선에 다트축을 그린다.
② 다트의 끝점을 표시하며 다트의 높이를 설정한다.
③ 그리고 다트량을 적는다.
④ 허리선의 위아래로 동일하게 분배될 평탄화 구간의 너비를 표기한다.

허리 다트의 모양

다트의 높이와 너비의 끝점에 자를 대고 다트의 평탄화 구간을 결정하는 선(그림 3A, 검은색 선)까지 일직선(그림 3A, 초록색 선)을 긋는다. 허리선 위와 아래에 다트 너비의 양쪽과 동일한 작업을 반복한다. 평탄화 구간 너비 높이에서 멈춘 다트의 두 다리는 살짝 굴곡진 선으로 이어진다. 이를 위해 다트의 위아래 다리가 다트의 너비를 나타내는 허리선에 위치한 점을 지나 만날 수 있도록 운형자의 위치를 조정하여 그린다(그림 3B).

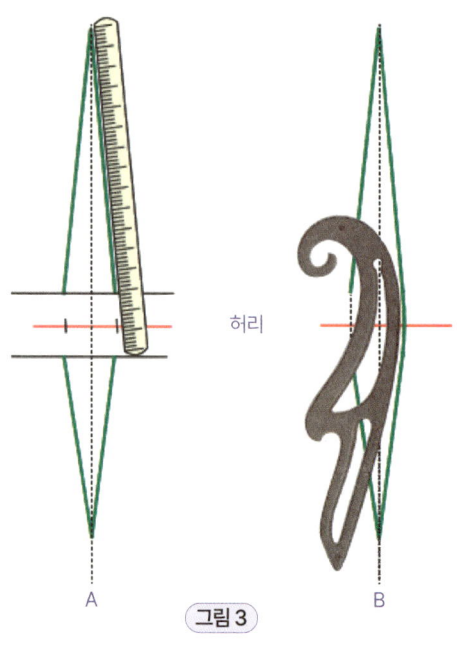

그림 3

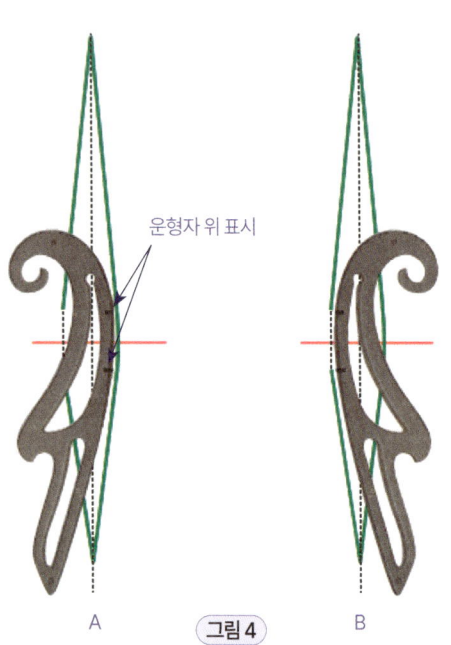

그림 4

축의 양쪽에 동일한 형태의 다트를 만들면서 다트의 첫 번째 다리를 평평하게 그리며 운형자 가장자리에 평탄화 구간의 너비를 표시한다(그림 4A). 운형자를 뒤집어 다트의 두 번째 다리를 그릴 때도 마찬가지로 평탄화 구간 너비를 표시해둔 지점이 다트의 두 직선 끝점과 겹치도록 한다(그림 4B).

사이드 다트의 모양

상의의 옆선에 들어가는 사이드 다트는 앞판과 뒤판 허리에 놓이는 다트와 동일한 방식으로 그린다. 허리선에 다트량을 기입하고, 허리선의 위와 아래로 평탄화 구간 너비를 동일하게 분배한다. 그리고 다트량을 표시한 점에 맞추어 옆선 위 진동 끝점과 평탄화 구간 선이 만나도록 자를 사용해 다트의 윗부분을 그린다(그림 6, 초록색 선). 다음으로 허리의 아랫부분을 엉덩이까지 그린다. 이 선은 상의나 치마에 그려진 선과는 다른 형태를 띤다. 상의를 연결할 때 뾰족하게 튀어나오지 않도록 만들기 위해 완만한 곡선을 그린다. 이를 위해 운형자를 그림 7과 같이 둔다.

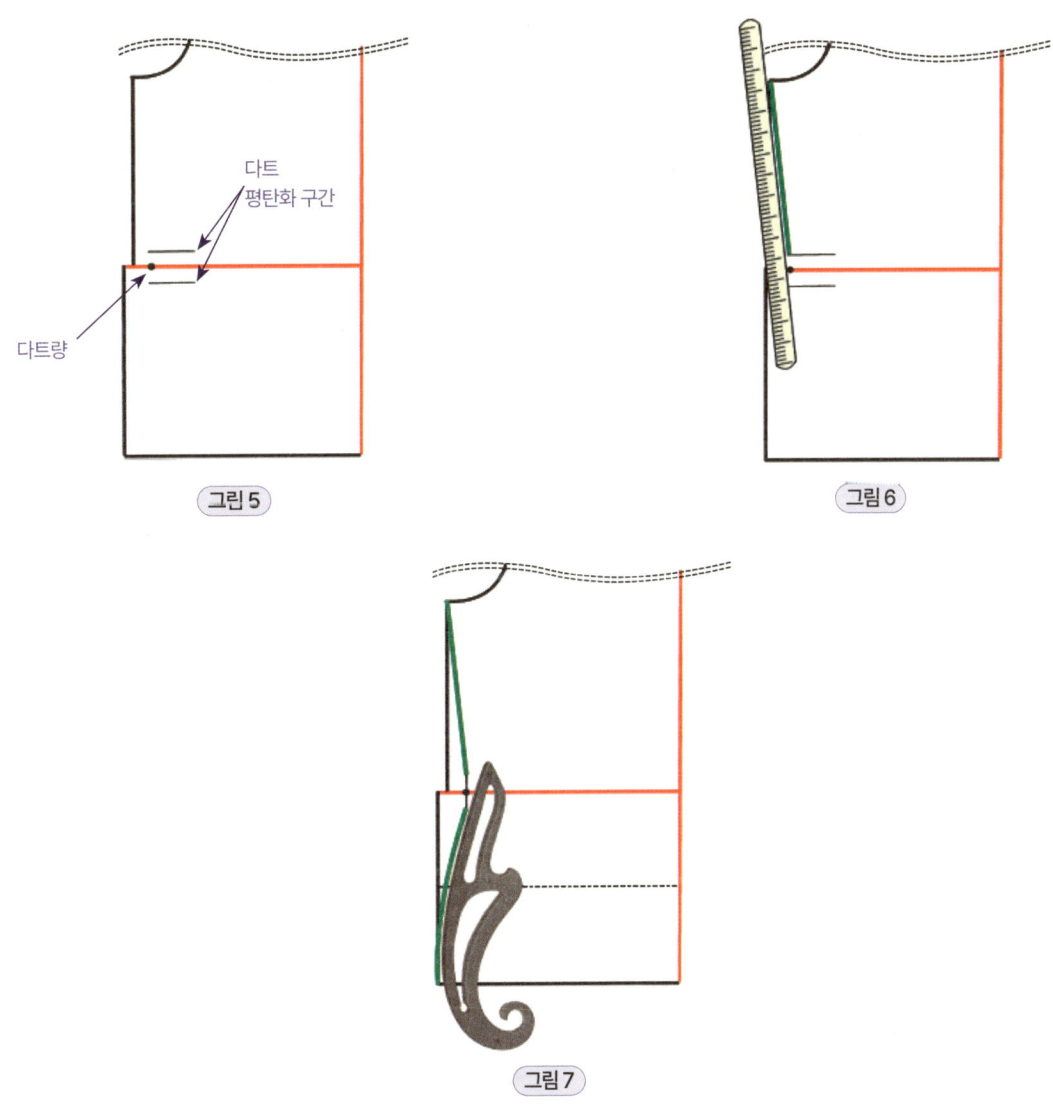

허리 위 평탄화 구간 너비선 위치에서 멈춘 다트의 두 다리(위와 아래)를 살짝 굴곡진 선으로 이어준다. 다트의 위 아래 선이 다트의 너비를 나타내는 허리선에 위치한 점을 지나 만나도록 운형자의 위치를 조정한다. 다트선은 허리 높이에서 거의 직선이었다가 골반선 밑에서 살짝 굽은 형태로 옆선과 만난다(그림 8). 단, 그림 9와 같은 모양으로 두지 않도록 주의한다.

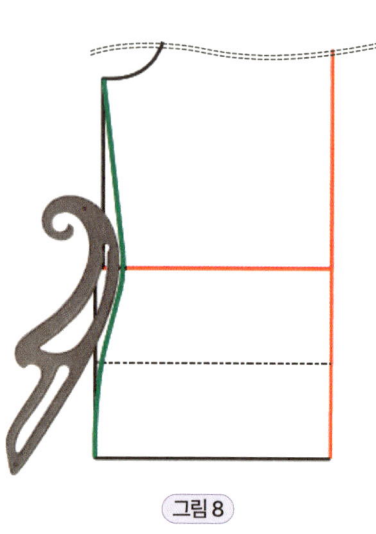

그림 8

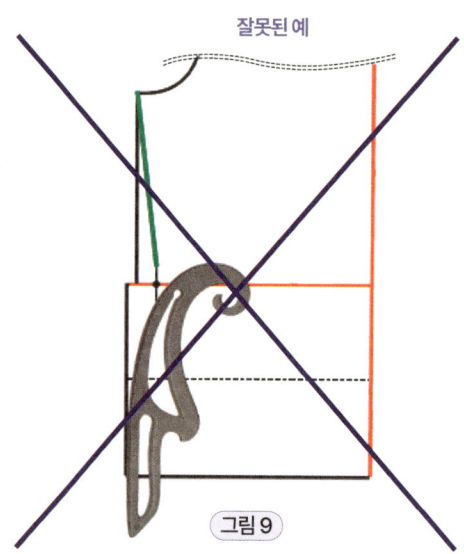

잘못된 예

그림 9

유의할 점

상의 패턴 설계도를 만들 때 모든 사이드 다트의 분량은 동일하다. 앞판과 뒤판의 다트량 역시 축을 기준으로 양 옆에 동일한 값을 분배한다. 작업을 원활하게 진행하고 실수를 예방하기 위해 앞판에 다트를 그릴 때 운형자 가장자리에 평탄화 구간 너비를 표시한다. 운형자를 뒤집어 평탄화 구간 너비를 표시해둔 부분이 다트의 직선 끝점에 닿도록 둔다면 뒤판에도 완벽하게 동일한 곡선을 그릴 수 있다.

네크라인의 모양

앞판과 뒤판의 목둘레 곡선을 따로 그리면서 네크라인 모양을 제대로 잡는다는 것은 어려운 일이다.

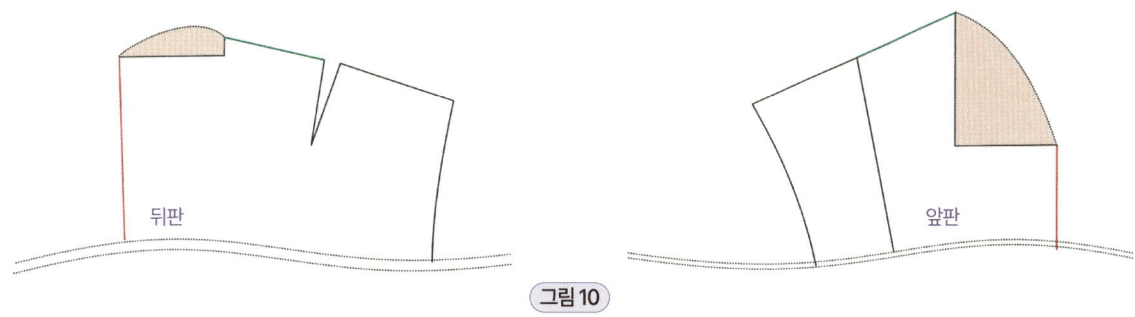

그림 10

잘 들어맞는 앞판과 뒤판의 도안을 만들기 위해서는 미리 그려둔 어깨 경사(그림 10, 초록색)를 따라 가슴, 뒤판, 앞판의 윗부분부터 그려보자. 그다음 네크라인에 넉넉한 여유분을 두고(그림 10, 갈색) 가슴, 뒤판, 앞판의 윗부분을 자른다. 뒤어깨선과 앞어깨선의 다트까지 잘 겹쳐지도록 주의하며 패턴의 뒤판과 앞판을 위치시킨다(그림 11, 초록색).

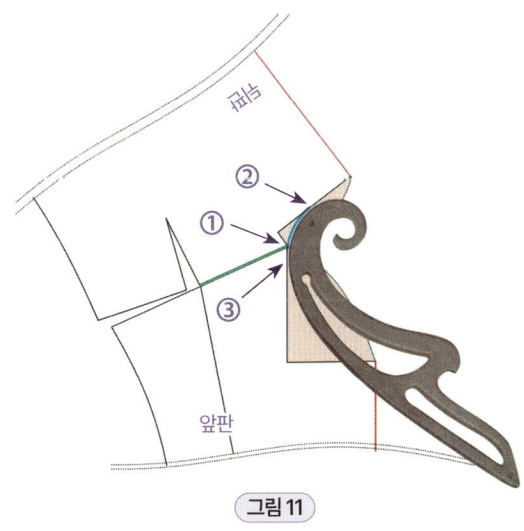

그림 11

등목둘레의 모양

등목둘레의 곡선에는 뒤중심부터 들어간 매우 넓은 평탄화 구간이 포함된다. 어깨끝점에서 목둘레 깊이에 평탄화 구간을 두는 일은 흔하지 않다. 네크라인이 너무 깊이 파이지 않도록 운형자를 올바르게 두어야 한다.

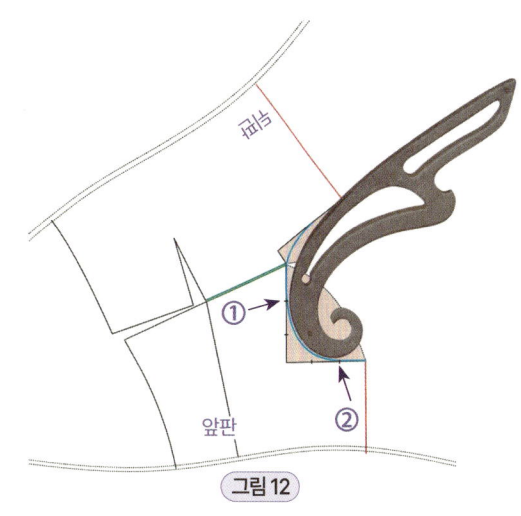

그림 12

운형자의 곡선 부분을 등목둘레 너비의 가운데에 위치하도록 가깝게 두고(그림 11의 2번), 어깨 끝점에 닿도록 한다(그림 11의 1번). 운형자는 앞판에서 목둘레의 수직선과 2~3㎝가량 포개진다(그림 11의 3번). 운형자의 위치는 측정한 치수와 체형에 따라 달라진다.

앞목둘레의 모양

앞목둘레 역시 지나치게 파여서는 안 된다. 여유분을 두고 재단하는 것이 가봉 단계에서 부족한 부분을 수정하는 것보다 더 쉽다. 앞목둘레의 평탄화 구간은 목둘레 너비의 약 3분의 1(그림 12, 1번), 목둘레 깊이의 약 3분의 1(그림 12, 2번)까지가 된다. 운형자의 가장자리가 표시한 위치에 닿도록 두고(그림 12) 앞목둘레선을 그린다. 뒤판처럼 앞목둘레의 모양은 목둘레 높이와 깊이에서 평탄화 구간 길이와 마찬가지로 치수와 체형에 따라 달라진다. 목둘레선은 앞판과 뒤판(파란색 선)에서 전체적으로 이어져야 한다. 목둘레선을 따라 종이의 남은 부분(갈색)을 오려낸다(그림 13).

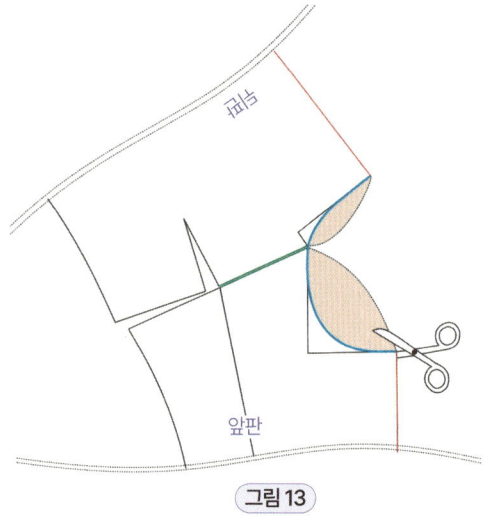

그림 13

진동 확인하기

진동 모양 수정하기

숄더 다트와 뒤어깨 다트를 닫고 그림 14와 같이 두 어깨선을 조정한다. 앞진동곡선과 뒤진동곡선은 살짝 굴곡진 채로 이어지지만 뾰족하거나 (그림 15, 빨간 동그라미) 파인 부분이 있어서는 안 된다.

그림 14

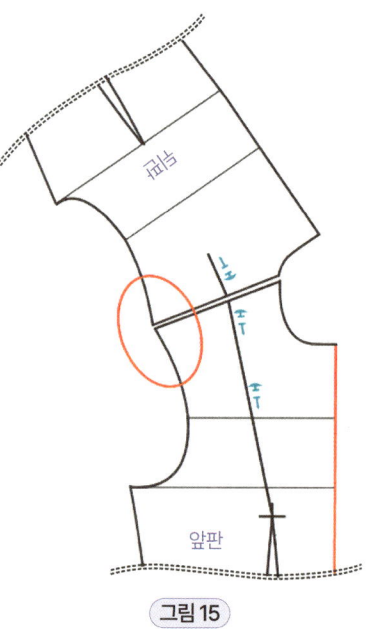

그림 15

진동선 수정하기

진동선에 이어지지 않고 끊기는 부분이 있다면(그림 15) 앞품너비와 뒤품너비를 유지하며 그림 16과 같이 운형자를 사용해 진동선을 다시 그린다.

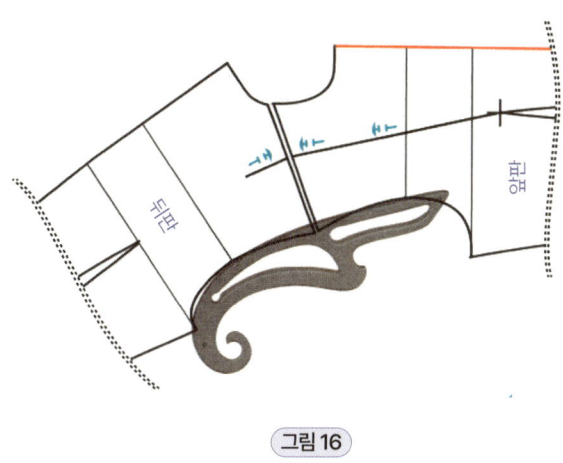

그림 16

진동 너비 수정하기

진동 모양을 수정한 뒤에는 앞진동길이와 뒤진동길이를 따로 확인한다. 원칙적으로 잘 그려진 진동선은 1~2cm 정도 차이가 생긴다. 체형에 따라 뒤판이 앞판보다 더 길 수 있고 반대의 경우가 생길 수도 있다. 만약 길이 차이가 1~2cm 미만이거나 초과된다면 평면 도안에서, 혹은 가봉 단계에서 설계를 확인해야 하며 필요하다면 수정 작업을 진행한다.

이 단계에서 오류가 발생하면 진동에서 소매산을 그리기 어렵거나 불가능해질 수 있고, 소매핏이 균일하게 떨어지지 않을 수 있다. 이런 오류는 대개 어깨경사선에서 나타나거나 가슴둘레 치수를 뒤판과 앞판에 잘못 분배했을 때 나타난다.

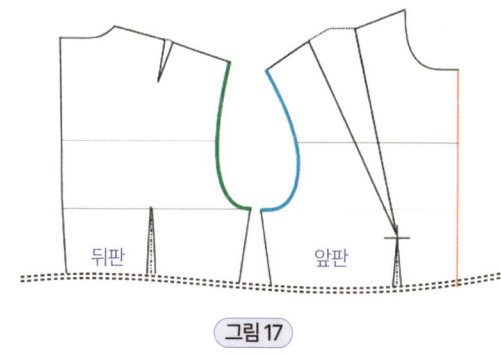

그림 17

기본 여유분

패턴 설계에 사용하는 신체 치수는 실루엣이 그대로 담긴 옷본과 일치한다. 때문에 상의를 착용했을 때 혹시 모를 수정 사항을 반영하기 위해서는 높이와 너비에 기본적인 여유분을 주는 것이 좋다(그림 1, 초록색 선). 여유분은 주로 옷감이나 천의 두께, 시접으로 생기는 부피를 함께 포함한다. 일반적으로 시접 역시 가봉 패턴에만 들어간다. 옷에 더해지는 여유분은 옷의 스타일(여성용 정장, 스포츠 의류, 품이 넉넉한 옷), 샘플, 옷감의 두께, 착용감 등 개인적인 선호도에 따라 달라질 수 있다. 가봉 패턴 도안에 기본 여유분을 더하는 방법은 다음과 같다.

① 어깨선과 1㎝ 거리를 두고 평행선을 그린다(파란색 선).
② 진동선을 2㎝ 밑으로 평행하게 옮긴다(파란색 선).
③ 2단계에서 그린 선 위에서 앞판과 뒤판의 옆선에서 1㎝ 떨어진 곳을 표시한다. 표시한 지점에서 옆선과 평행을 이루는 선을 그린다(초록색 선).

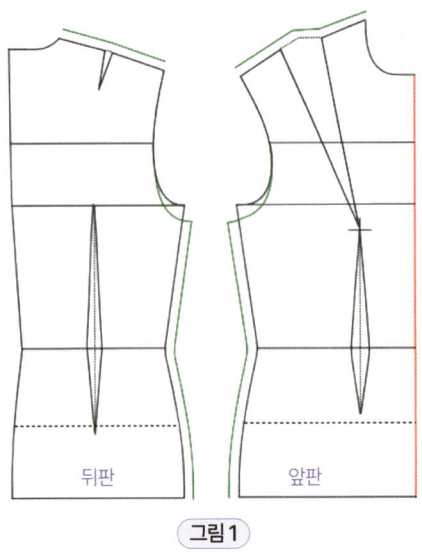

그림 1

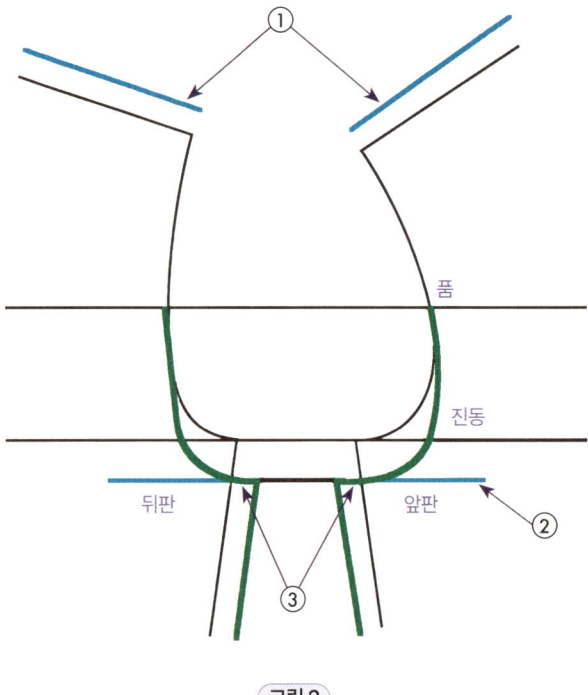

그림 2

시접

모든 패턴에는 시접이 들어간다. 보통 1㎝ 정도를 잡지만 필요에 따라 달라지기도 한다. 가봉 패턴에서 옆선의 시접은 더 크다. 예를 들어, 수정 사항을 쉽게 반영할 수 있도록 2~3㎝ 더 여유를 둔다. 따라서 여유선(초록선)에 맞춰 앞판과 뒤판에 시접(그림 3, 검정색 점선)을 더한다. 샘플에 따라 뒤판을 제도한 뒤 두 가지 방식으로 옷감을 재단할 수 있다.

A 뒤중심 다트가 들어간 경우. 두 번 재단한 등 패턴에는 시접이 가운데에 들어가야 한다. 따라서 뒤중심에 시접을 넣는다(그림 3A).

B 뒤중심 다트가 없는 경우. 옷감을 반으로 접어 접힌 부분을 등 중심으로 두고 뒤판을 재단한다. 이 경우는 등중심에 시접이 들어가지 않는다. 하지만 가봉 패턴에서는 샘플에 등 다트가 있더라도 다시 옷감을 접어 한 번에 재단한다(그림 3B). 반으로 접어 재단한 뒤중심을 재봉하면 가봉을 하는 동안 수정 작업이 어렵지 않고 뒤중심을 따라 두께가 생기지도 않는다.

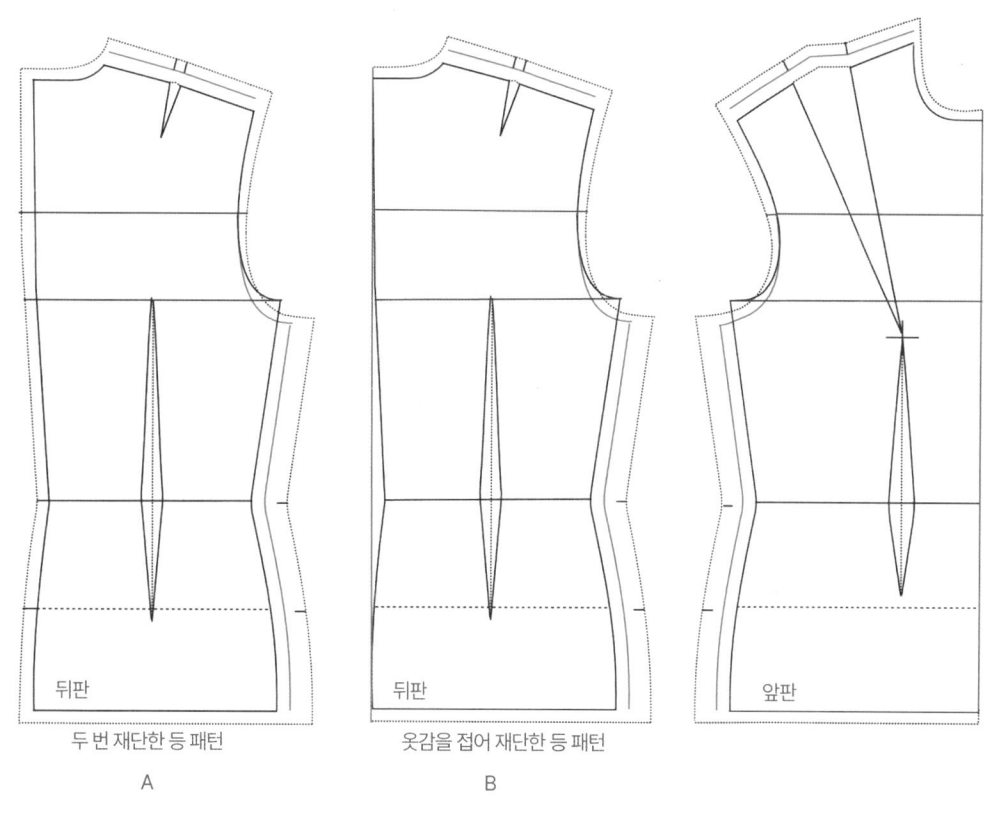

그림 3

완성 가봉 패턴

각각의 패턴에는 재단에 필요한 정보가 표시된다.

- 식서 혹은 셀비지
- 패널을 조합하는 데 사용되는 너치
- 패턴 배치에 사용되는 정보

  접어서 재단: 패턴의 어느 부분이 옷감의 접힌 곳에 위치하는지 알려준다. 접어서 재단할 경우 안정적인 대칭을 이룬 결과물을 얻을 수 있다. 예를 들어, 뒤판에서 뒤중심선은 옷감의 접힌 부분에 배치할 수 있다.

  2X(2번) 재단: 두 장의 옷감 위에 패턴을 두고 함께 재단해 두 개의 동일한 결과물을 얻는다.

- 여밈단, 앞중심선에서 약 2~3cm에 달하는 부분으로 앞판을 재봉하는 데 사용된다.

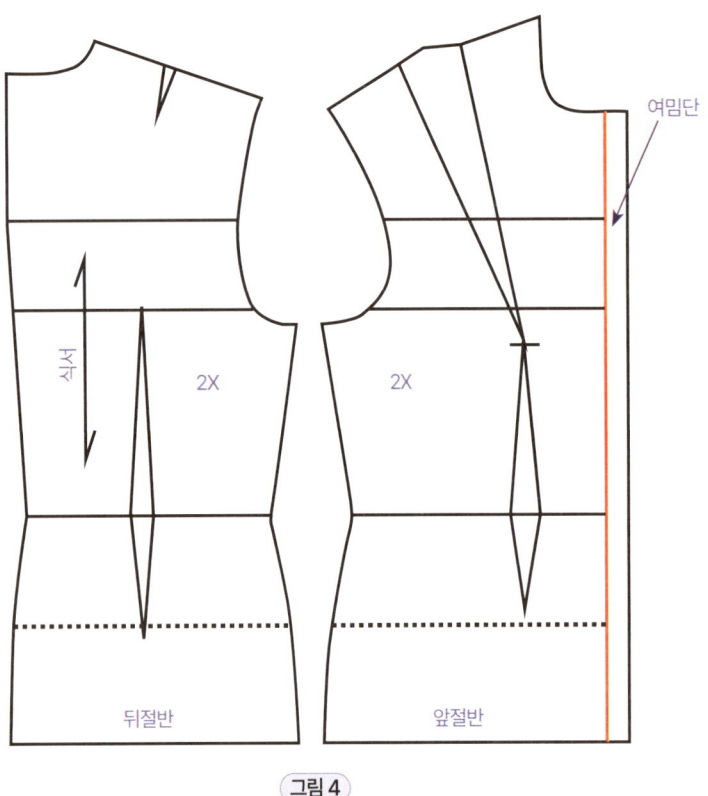

그림 4

알아두면 좋아요

다트를 옮기고, 확장하거나 줄이는 등 필요한 수정 사항을 적절하게 반영할 수 있도록 가봉 패턴에서 옷감의 다트 표시는 없애지 않는다.

재단하기

패턴을 체형에 맞춰 올바르게 수정하려면 직조된 옷감으로 가봉 패턴을 재단해야 한다. 옷감은 지나치게 두껍거나 빳빳해서는 안 된다. 반대로 지나치게 유연하거나 탄력적이라 쉽게 늘어나 결과물을 변형시키는 옷감을 선택하는 것도 바람직하지 않다. 이상적인 옷감은 입체 재단에 사용하는 광목 원단이다.

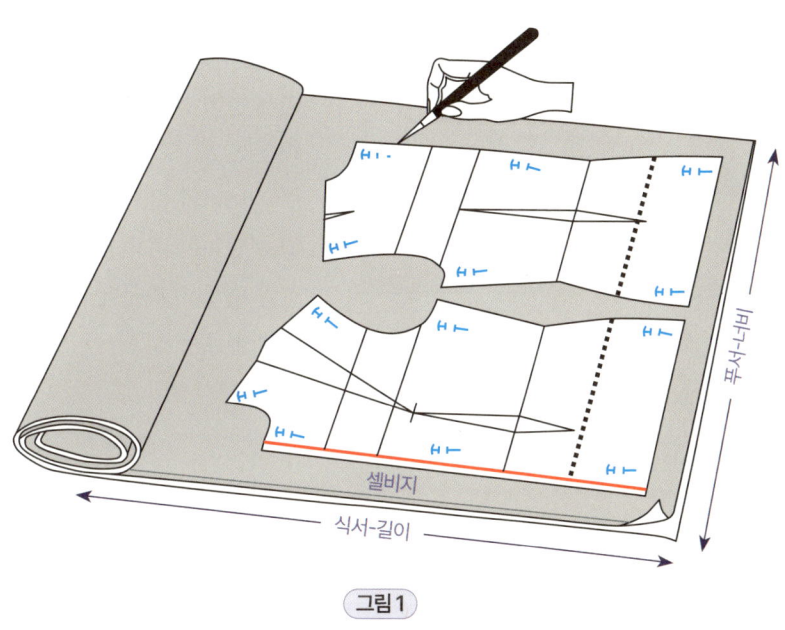

그림 1

가봉 패턴의 위치

왼쪽과 오른쪽에 해당하는 앞절반과 뒤절반을 2개씩 한 번에 재단하기 위해 옷감을 접는다. 원단의 셀비지와 평행을 이루는, 패턴에 표시된 식서 방향은 꼭 맞추어야 한다. 원단과 함께 패턴의 여러 부분을 옷핀으로 고정한다(그림 1). 너무 단단하지 않은 색연필이나 분필과 같은 도구를 활용해 옷감 위에 패턴 테두리를 따라 그린다.

알아두면 좋아요

원단 위에 패턴을 따라 그릴 때 너치와 구성선의 위치를 표시해둔 곳은 잊지 말고 옮겨야 한다. 이후 원단 위에 직접 수정 사항을 표기할 때 꼭 필요한 부분이다.

다트량 표시하기

가봉 패턴에는 숄더 다트, 어깨 다트, 허리 다트 등 기본 다트가 포함된다. 따라서 패턴에 표시한 다트량과 다트의 형태를 원단 위에 옮겨야 한다. 옷핀을 사용해 종이와 옷감을 함께 통과시켜 다트 끝점에 꽂는다(그림 2). 옷핀이 그 자리에 그대로 꽂혀있도록 종이를 조심스럽게 들어 올리고 그 아래로 색연필을 집어넣어 원단 위 해당 점에 작은 표시를 남긴다. 다트의 너비와 길이를 표시하는 점마다 같은 작업을 반복한다. 가봉을 진행하면서 다트를 수정할 수 있기 때문에 체크한 점을 직선으로 연결할 필요는 없다.

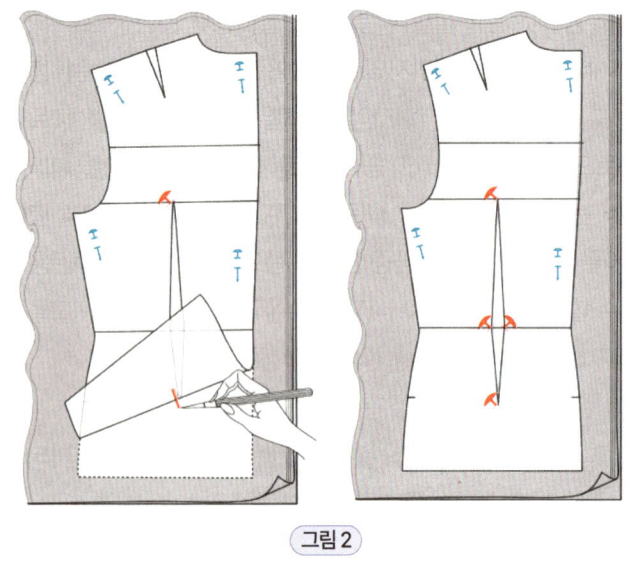

그림 2

원단을 재단하기 전

패턴을 떼어낸다. 재단하는 동안, 또 표시해둔 점을 옮겨 적을 때 두 겹으로 접은 원단이 움직이지 않도록 패턴 안쪽 여러 부분에 옷핀을 꽂는다. 너치, 다트 위치를 알려주는 점들, 기초선, 구성선(그림 3, 중심선, 허리선, 품선 등) 등 종이 패턴의 모든 내용을 옷감 위에 꼼꼼하게 옮겼는지 확인한다.

상의 가장자리선을 따라 재단한다. 표시해둔 대로 (테두리로부터 약 3~5㎝ 길이의) 가위집을 내는 것 또한 잊지 않는다. 다트와 선의 위치를 나타내는 점은 아래에 놓인 두 번째 뒤절반과 앞절반 패널에도 반드시 표시해야 한다. 미리 표시해둔 점에 옷핀을 꽂아 두 겹의 원단을 모두 통과시키고, 반대편으로 옷핀이 튀어나온 위치에 연필로 표시를 남긴다. 원단의 두 패널(위 아래)이 동일한 형태를 띨 때까지 작업을 반복한다.

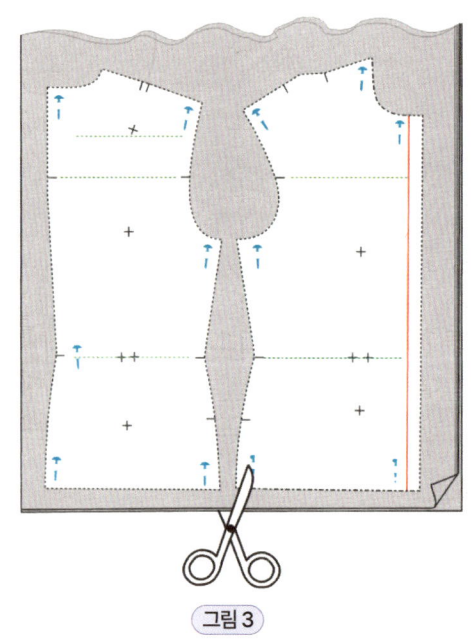

그림 3

패널 연결하고 가봉하기

패널 연결하기

이전 페이지에서 살펴본 것처럼 정성 들여 꼼꼼하게 작업해야 잘 맞아떨어지는 기본 원형 패턴을 제작할 수 있다. 가봉 패턴이 완성되면 다음 단계로 넘어간다. 다음 단계에서는 원단을 이어준 뒤, 설계하는 과정에서 미흡했던 부분을 찾아내고 수정하는 가봉 작업을 진행한다. 재단한 상의 패널을 조립하는 방법에는 여러 가지가 있다. 만족스러운 결과물이 나오거나 수정 작업이 수월하며, 기본 원형 패턴을 쉽게 손볼 수 있다면 모두 좋은 방법이라고 할 수 있다. 여기에서 소개할 방법은 가장 자주 사용되는 방식으로 간단하고, 효율적이며, 명료하고 깔끔한 결과물을 만들어준다. 여러 디자인 및 모델링 국립 교육 과정에서 채택한 방식이기도 하다.

알아두면 좋아요

가봉용 상의를 연결할 땐 재봉틀을 사용하지 않는다. 수정할 부분이 생기면 박은 부분을 뜯어야 하는데 이때 제봉틀을 사용하면 작업이 길어지고 복잡해질 수 있기 때문이다.

가봉하기

가봉에는 많은 노력을 기울여야 한다. 지시 사항을 잘 이해하고 최대한 심혈을 기울여 따를 수 있도록 한다.

가봉용 상의 연결하기

책에서 소개하는 방법은 다수의 숙련된 패턴사가 인정한 것으로, 잘못된 부분을 쉽게 찾을 수 있어 수정이 편리하고 깔끔하게 정돈된 결과물을 얻을 수 있다. 예를 들어, 다트량을 늘리거나 줄여야 한다면 옷핀을 몸체에서 직접 옮기기만 하면 된다. 시접선이 안쪽에 위치해 수정 작업에 방해가 되지 않으며, 시접선과 시접의 가장자리를 다시 그리기도 쉽다. 시접 위치에서 옷감의 두께가 너비와 높이에 미치는 영향을 살펴보는 것 역시 중요하다.

알아두면 좋아요

약간의 경험치가 있어야 해당 기법을 잘 활용할 수 있다. 처음에는 핀을 일정한 간격으로 꽂고 가장자리의 뉘어진 부분의 너비를 균일하게 만드는 것이 쉽지 않을 것이다.

패널 연결 실전편

책에서 소개하는 가봉용 패턴의 연결 기법에서 시접은 늘 누워있고, 옷감의 반으로 접힌 부분 가장자리는 비스듬하게 핀을 꽂아 고정한다. 안전을 위해 핀의 끝부분은 아래쪽을 향하게 하고 머리 부분은 위쪽을 향하도록 한다.

① 재봉할 패널 하나를 (예를 들어, 테이블 따위의) 평평한 표면 위에 두고, 정해둔 너비에 맞춰 두 번째 패널의 시접을 접어 첫 번째 패널과 포개지도록 한다. 접은 부분 가장자리에 핀을 꽂는다.

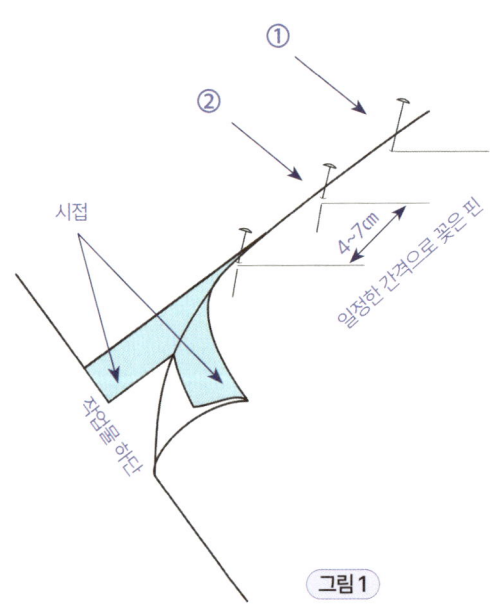

그림 1

② 약 2~3㎜ 두께의 옷감에 약 45° 각도로 핀을 꽂는다. 이때 일정한 간격(4~7㎝)으로 꽂는 것이 중요하다. 핀 사이 간격은 너무 넓어도, 너무 좁아서도 안 된다. 자칫 가장자리가 무거워질 수 있기 때문이다.

패널 연결 순서

가봉용 상의는 뒤판과 두 개의 앞판, 즉 세 가지 패널로 구성된다. 기본적인 의류 연결법과 마찬가지로 작업 순서를 잘 지켜야 작업이 원활하게 진행되며 제대로 된 결과물을 얻을 수 있다. 만약 순서를 무시한 채 옆선과 어깨를 먼저 핀으로 고정하면 허리 다트를 닫는 것이 어려워진다. 따라서 다음 페이지에 설명한 대로 가봉용 상의 연결 순서를 정확히 따라가야 한다. 먼저 숄더 다트, 뒤어깨 다트 그리고 허리 다트 순으로 모든 다트를 접는다. 마지막으로 옆선과 어깨 다트를 접는다.

알아두면 좋아요

핀을 옷감 가장자리와 평행이 되도록 꽂지 않고, 두께가 2~3㎜를 넘는 옷감은 핀과 함께 사용하지 않는 것이 중요하다. 조립한 옷감의 유연성이 떨어져 잘 펼쳐지지 않을 수 있고, 핀으로 고정했기 때문에 임시로 바느질한 부분이 팽팽해질 수 있다.

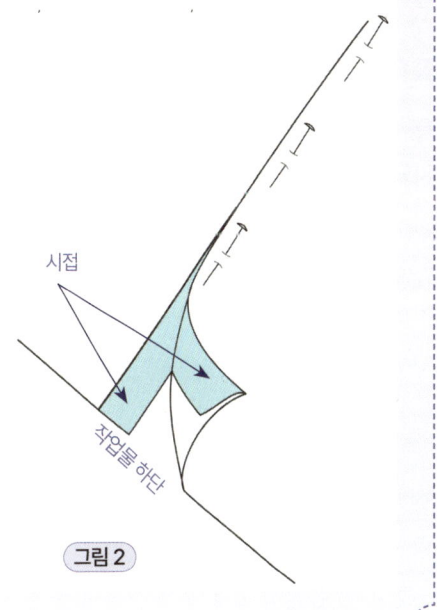

그림 2

허리 다트 닫기

가봉용 상의를 연결할 땐 제일 먼저 허리선에 있는 다트부터 닫는다(그림 1). 다트 여유분(접어서 생긴 단)을 가운데로 눕힌다. 핀으로 앞판과 뒤판 허리선에 있는 모든 다트를 동일한 방법으로 꽂는다.

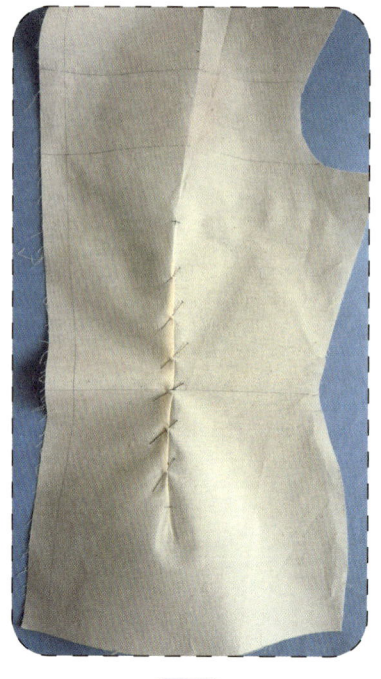

그림 1

숄더 다트 닫기

숄더 다트는 어깨선부터 닫는다. 패턴을 제도할 때 생긴 다트산은 어깨 경사와 숄더 다트량을 유지시키는 역할을 한다. 숄더 다트 가장자리를 맞춘 뒤 첫 번째 핀을 꽂는다(그림 2). 해당 다트량을 앞중심 쪽으로 눕힌다. 다트선을 포개면서 다트를 따라 4~5cm 간격으로 핀을 꽂는다. 가슴 평탄화 구간은 약 2cm로 유지한다.

알아두면 좋아요

숄더 다트를 닫고 난 뒤의 어깨선은 직선이어야 한다. 자를 이용해 직선이 맞는지 확인한다(그림 2). 필요한 경우, 26°를 유지하며 어깨선을 수정할 수 있다.

그림 2

가슴 평탄화 구간

앞판 설계도에서 숄더 다트와 허리 다트는 하나의 선으로 이어진다. 하지만 실제로는 가슴 돌출 부분에서 끊긴다. 끊기지 않을 경우, 닫힌 숄더 다트와 허리 다트 때문에 뾰족하게 튀어나오게 된다. 가슴 돌출부 높이에서 튀어나오는 부분이 생기지 않도록 하려면 각각의 다트 끝에 약 2㎝ 정도의 평탄화 구간을 두어 두 다트 사이에 간격을 벌려야 한다. 평탄화 구간의 정확한 분량은 가슴의 볼륨에 따라 달라지므로 체형에 맞춰 수정을 진행한다.

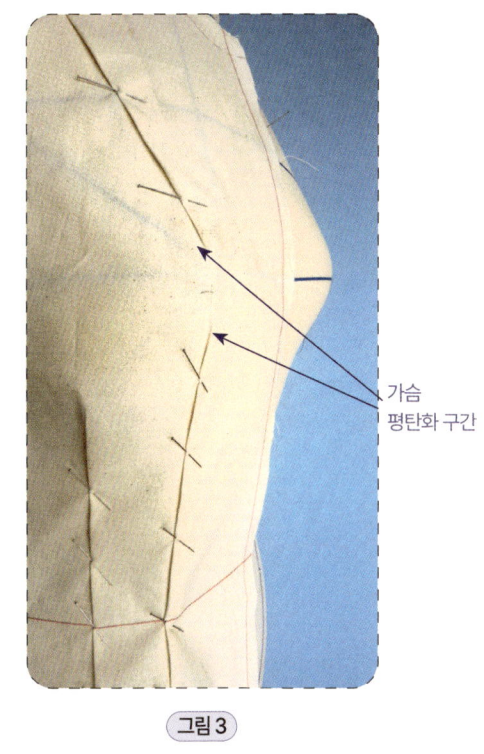

그림 3

뒤어깨 다트 닫기

숄더 다트와 마찬가지로 뒤어깨 다트 역시 어깨선부터 닫는다. 뒤어깨 다트의 너비와 길이는 분량이 매우 적기 때문에 정확한 위치에 핀을 꽂아야 한다. 숄더 다트를 닫은 뒤 자를 이용해 어깨선이 직선인지 확인한다(그림 4).

그림 4

그림 5

옆선 시접

옆선의 모양은 형태가 다른 두 부분으로 나누어진다. 진동선부터 허리까지 이어지는 첫 번째 부분은 직선을 이룬다. 따라서 어렵지 않게 핀으로 고정할 수 있다. 허리부터 엉덩이까지 이어지는 두 번째 부분은 엉덩이의 모양을 따라 얕은 곡선을 그린다. 따라서 정확하게 합치는 작업이 쉽지 않을 것이다. 뒤판 옆선 가장자리를 1cm 접어 다림질하면 (그림 5) 좀 더 쉽게 연결할 수 있고, 두 가장자리에서 시접 너비를 일정하게 유지할 수 있다.

옆선 닫기

숄더 다트와 마찬가지로 허리선부터 닫기 시작한다. 평평한 곳에 앞판을 둔다. 시접 너비를 유지하며 앞서 뒤판 옆선 가장자리를 따라 접어둔 부분을 포갠다. 첫 번째 핀을 꽂아 양쪽의 허리선을 잇고, 이어서 두 진동 곡선 (그림 6)을 잇는다. 진동선과 허리 사이에 일정한 간격으로 여러 개의 핀을 꽂는다.

상의 하단의 패널을 연결하는 작업은 다소 까다로울 수 있으므로 선의 둥근 모양이 평평해지지 않도록 특별히 주의를 기울여야 한다. 패널을 이어주면서 시접의 너비가 정해둔 수치와 일치하는지, (뒤판과 앞판의) 가장자리가 잘 맞물리는지 계속 확인하며 진행한다. 상의 하단의 옆선은 허리에서 시작해 아래 방향으로 핀을 꽂아 나가며 연결한다.

그림 6

어깨 닫기

어깨 닫기는 가봉용 상의를 연결하는 마지막 단계로 매우 까다로운 작업이다. 뒤판 어깨의 접힌 부분이 앞판 어깨 가장자리(뒤판 쪽으로 접힌 어깨 시접)와 제대로 포개져야 상의를 연결(접은 부분 가장자리를 핀으로 고정)할 수 있다. 이때 뒤판 옷감은 자연스럽게 어깨 시접선 아래에 놓인다. 가봉할 때 뒤판 옷감까지 핀을 꽂지 않도록 주의한다.

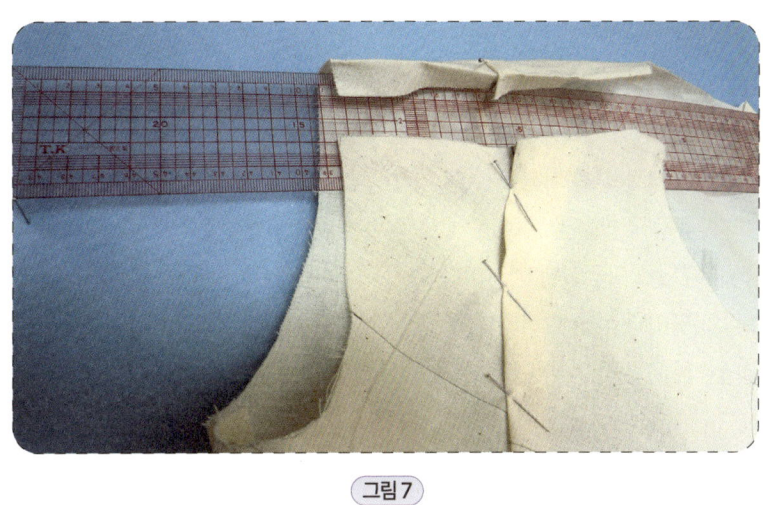

그림 7

작업을 좀 더 수월하게 진행하기 위해서는 뒤판 진동이 앞판 진동 위에 포개지도록 한다. 어깨 시접은 뒤쪽으로 누워 있다. 즉, 어깨 시접은 미리 접어두도록 한다(그림 7).

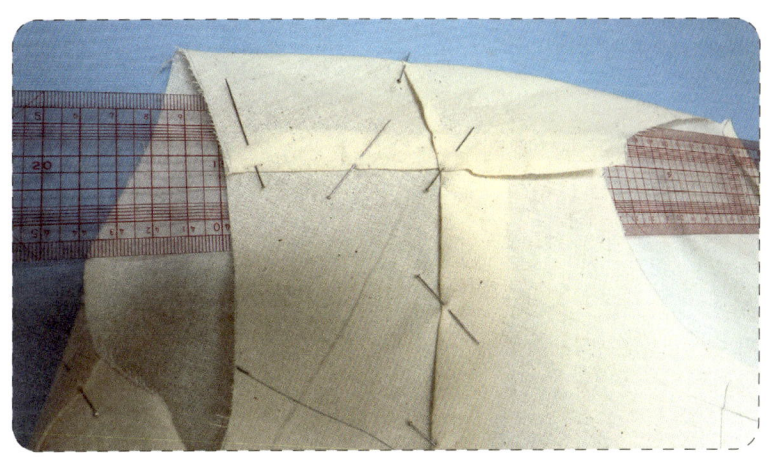

그림 8

두 원단 사이에 자를 두고(그림 7), 뒤어깨 다트와 숄더 다트의 접힌 부분이 맞물리도록 연결한다. 1cm의 여유분을 두고 뒤판의 접힌 부분이 앞판 위로 오도록 포갠다. 그리고 두 어깨의 너비, 즉 뒤판과 앞판의 진동부터 목둘레까지를 이어준다(그림 8).

상의 가봉하기

가봉 작업은 섬세하고 정확하게 진행되어야 한다. 해당 단계에서는 치수를 측정한 사람의 체형에 맞춰 패턴을 수정하면서 여러 문제에 부딪히게 된다. 이렇게 문제에 맞닥뜨렸을 때 가봉을 통해 이를 해결하는 방법은 저마다 다르다.

원단에 그린 기본 원형 패턴은 몸의 지도와 같다. 입고 있는 옷의 두께가 결과물을 왜곡하지 않도록 (예를 들어, 민소매 따위의) 가벼운 옷을 걸친 상태에서 가봉을 진행한다. 이번 장에서 다룰 가봉과 수정 기법은 맞춤형 옷 제작의 기본이 되며, 패턴의 오류나 결함을 수정하는 데 도움이 될 것이다. 여기서는 가장 많이 나타나는 문제를 다루어볼 예정이다.

가봉을 할 땐 상의 옷감의 핏이 가장 중요하다. 가봉용 상의에 그린 모든 수직선(뒤중심선, 앞중심선, 옆선, 다트축 등)이 마네킹의 색리본과 완벽한 정렬을 이루면서 수직으로 떨어져야 한다.

알아두면 좋아요

이 책에서는 잘못된 부분과 이에 대한 해결책이 잘 보일 수 있도록 전시용 혹은 나무로 된 마네킹을 이용했다.

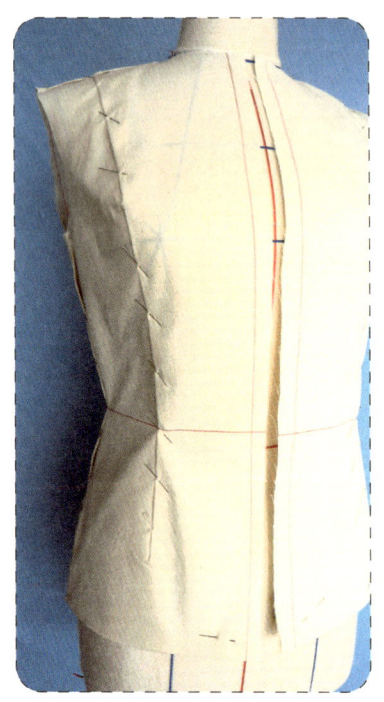

그림 1

앞중심

앞판을 재봉하지 않은 상태로 상의를 입히고 앞판의 두 가장자리의 핏을 살펴본다. 앞판의 두 가장자리선은 수직으로 떨어지면서 서로 잘 맞물려 있어야 한다. 두 가장자리 사이에는 간격이나 포개지는 부분이 없어야 한다. 만약 두 패널이 맞아떨어진다면 어깨 경사와 숄더 다트량이 올바르게 계산되어 모델의 몸에 잘 맞는다는 뜻이다.

이처럼 상의를 먼저 확인해야 한다. 앞중심 핏이 바르게 떨어진다 해도 상의 전체를 마무리하기 위해서는 최소한 몇 군데는 간단한 수정 작업이 필요할 것이다. 반면 앞중심이 제대로 된 핏으로 떨어지지 않는다면 대부분의 경우 어깨 경사, 다트량과 다트 길이 혹은 옆선을 살짝 등 쪽으로 또는 상의 하단의 허리부터 앞쪽으로 이동시키는 방식으로 수정한다.

벌어진 앞절반 수정하기

상의의 상단 혹은 하단에서 두 가장자리가 벌어질 때는 주로 어깨 경사, 숄더 다트량 또는 앞판 길이에서 문제가 나타날 수 있다. 우선 평면 패턴에서 측정한 수치가 패턴에 기입한 높이와 일치하는지 확인한다(35페이지, 그림 3 10단계). 치수가 일치하지 않는다면 평면 패턴을 수정하고 앞판을 새로 재단해 패턴의 나머지 부분과 다시 연결한다. 만약 치수가 일치한다면 어깨 경사를 수정해야 하는데, 평면에서 그린 기본 원형 패턴에 적용되는 각도(앞판 26°, 등판 18°)가 모델 체형과 맞지 않는다는 뜻이다.

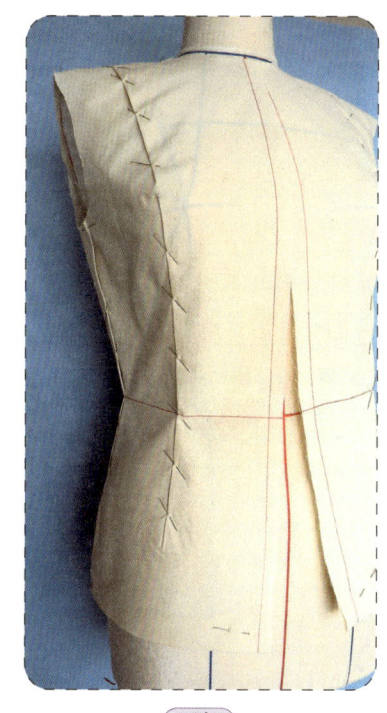

그림 2

어깨경사 수정하기

어깨를 연결하기 위해 꽂아둔 핀을 제거하고, 상의에 그려둔 중심선의 움직임을 살피며 앞판을 살짝 들어 올린다.(그림 1). 중심선이 수직으로 잘 떨어진다면 그 상태로 어깨의 살짝 접힌 부분을 핀으로 고정한다(그림 3). 단, 어깨를 올리면 네크라인도 함께 올라가기 때문에 깊이를 새로 표시해 주어야 한다(그림 5).

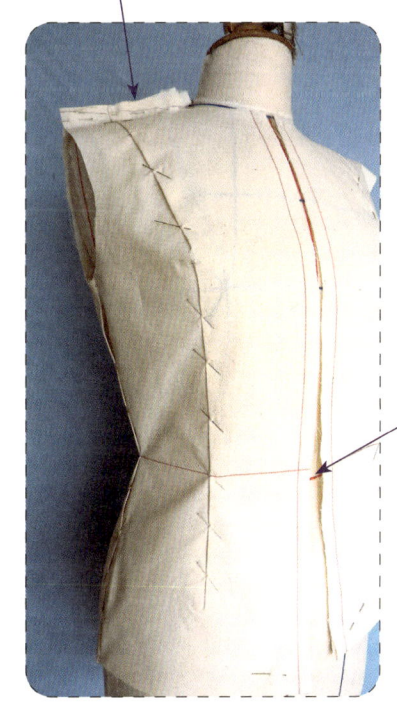

그림 3

어깨경사를 수정하면 어깨너비에서 약간의 옷감 초과분이 생길 수 있다. 상의를 평평하게 둔 뒤 다시 핀을 꽂고, 옷감에 정확한 목둘레깊이선과 어깨경사선을 그린다. 간혹 수정하고 난 뒤에 어깨너비가 충분하지 않을 때가 있다. 이런 경우에는 작은 옷감을 덧대어 시접이 두꺼워지지 않도록 평면에서 봉제한다. 그리고 다시 어깨너비와 경사를 설정한다.

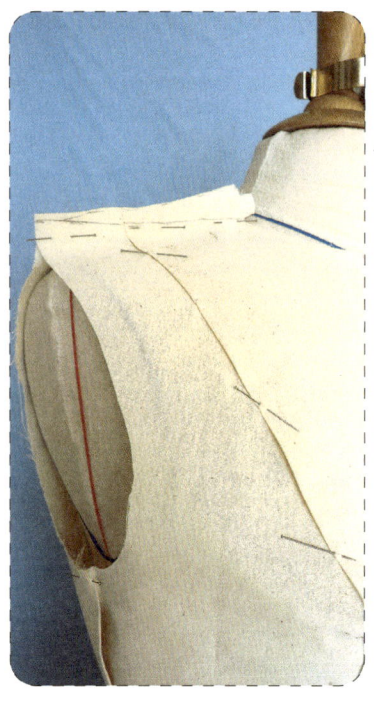

그림 4

네크라인 다시 그리기
어깨선 다시 그리기

그림 5

알아두면 좋아요

중심선이 일직선으로 떨어지도록 하는 가봉 작업은 무척 중요하고, 매우 정확해야 하기 때문에 꽤 까다롭게 진행된다. 이 단계를 어떻게 수행하느냐에 따라 옷감을 체형에 맞추는 다음 과정이 좌우된다.

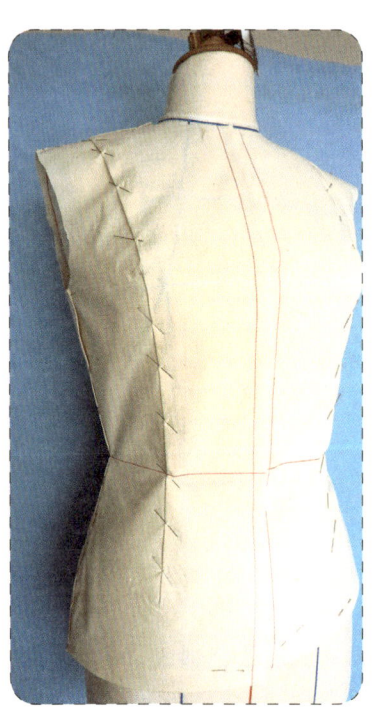

그림 6

앞판의 떨어지는 핏 확인하기

물론 상의의 한 부분만 수정하고 바로 만족하기는 어렵다. 두 번째 어깨도 동일한 방식으로 수정하며 상의를 다시 입힌다. 중심선이 어떻게 떨어지는지 핏을 다시 살펴본다. 핏이 수직으로 떨어지고 두 패널 가장자리 사이가 상단과 하단 모두에서 벌어지지 않았다면 다음 가봉 단계로 넘어간다. 그렇지 않다면 만족스러운 결과를 얻을 때까지 수정 작업을 반복한다.

상의 뒤판

가봉용 상의 뒤판의 핏은 뒤중심선의 균형에 의해 결정되며 보통 일자로 떨어진다. 핏이 수직으로 떨어지지 않는 경우는 매우 드물다. 뒤중심선이 불안정하여 두 어깨의 경사가 일치하지 않거나 패널을 연결할 때 시접 너비를 제대로 지키지 않았을 때뿐이다.

모든 옷의 등 가운데 부분에 허리 다트가 들어가는 것은 아니지만 여유분이 거의 들어가지 않는 가봉용 상의에서는 반드시 필요한 요소이기 때문에 원단이 체형에 꼭 맞도록 다트를 설정해야 한다. 그렇지 않을 경우 허리 쪽 옷감이 벌어지질 수 있다. 표준 패턴에서 다트량은 1cm이지만 체형에 따라 다르게 적용할 수 있다.

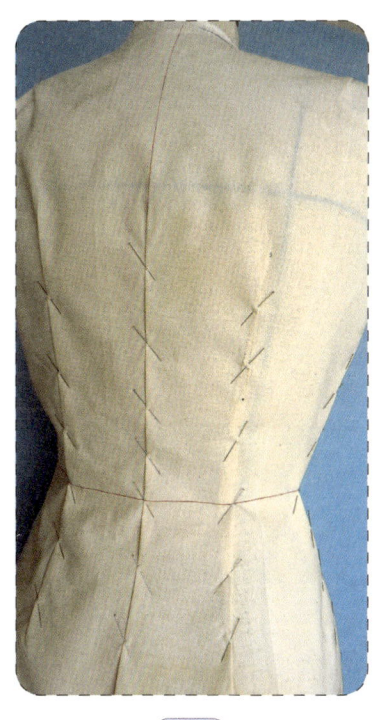

그림 1

앞판 허리 다트

가봉의 다음 단계에서는 앞판 다트의 위치를 확인한다. 상의 오른쪽 패널의 수직선이 왼쪽 패널의 수직선과 포개지도록 여밈단을 덮으면서 앞판을 닫는다. 상의의 두 패널의 수평선이 맞물리도록 허리부터 시작해 핀을 꽂아 나간다. 같은 방법으로 진동선, 품선, 골반선과 엉덩이선을 맞춘다. 상의 패턴을 제작할 때 계산법에 따라 하나 혹은 두 개의 다트를 넣었다. 상의를 가봉할 땐 체형에 따라 다트를 옮기고 없애는 것이 가능하다. 이동시킨 다트에 주름이 생겨서는 안 되며, 옷감이 상의에 알맞게 맞아떨어져야 한다. 그렇지 않다면 다트를 없애고 체형에 맞추어 새로운 다트를 넣는다.

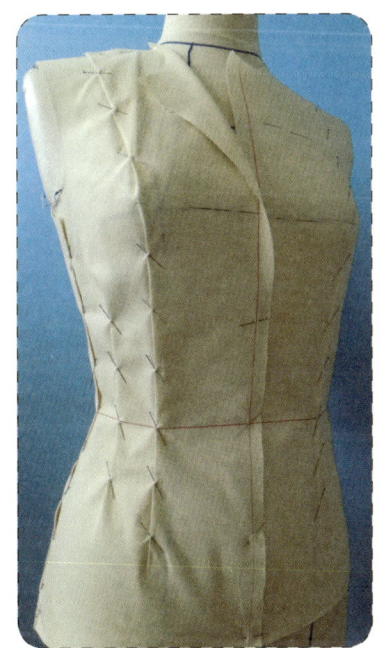

그림 2

옆선

옆선이 떨어지는 핏은 앞중심과 뒤중심이 떨어지는 핏을 확인한 뒤 상의를 닫은 상태에서 확인하고 수정한다. 실제로는 엉덩이와 허리 다트 때문에 둥근 부분도 있겠지만 옆선 역시 가봉 패턴의 모든 수직선과 마찬가지로 옆에서 봤을 땐 수직으로 떨어져야 한다(그림 1).

옆선이 앞쪽 혹은 등 쪽으로 기울어지는 경우가 있다. 대부분 허리선에서 시작해 아래쪽으로 기울어지며, 엉덩이 볼륨에 따라 달라진다. 복부의 볼륨에 따라 달라지는 경우는 드물다. 기본적인 구성이 잘못되었거나 계산을 실수했다기보다 체형의 특수성 때문에 생긴 결과로 보아야 한다. 선에서 수직으로 떨어지지 않는 지점은 두꺼운 연필을 사용해 선의 올바른 위치를 표시한다.

뒤판과 앞판을 재봉하는 작업은 걱정하지 않아도 된다. 길이에 맞춰 핀을 제거한 뒤 (앞판 혹은 뒤판에) 수직선을 그리기에 옷감이 부족한 선의 옆쪽에 옷감을 덧댄다. 덧댄 옷감이 볼륨이나 두께를 더하지 않도록 평면에서 연결한다(그림 2).

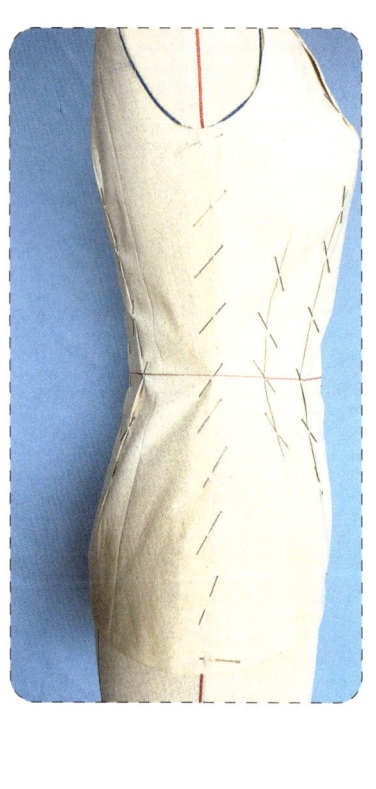

그림 1

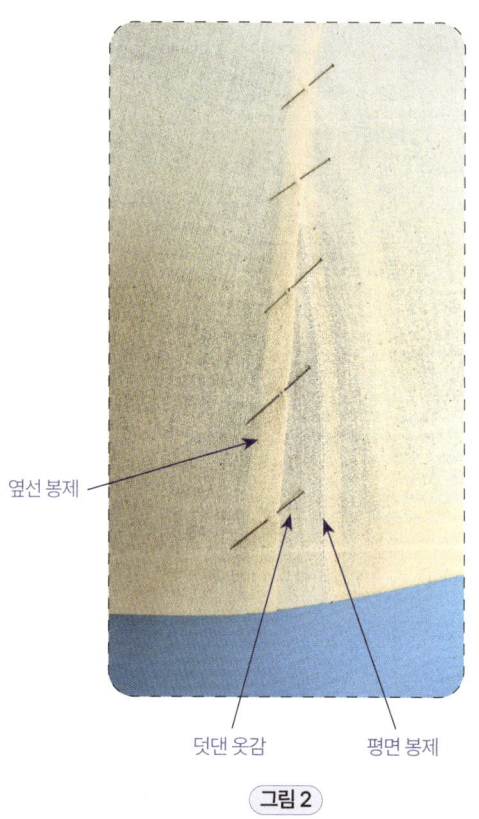

그림 2

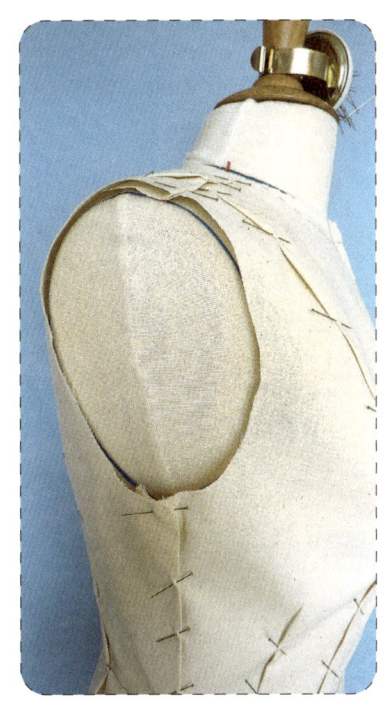

그림 1

진동

수정 작업에서 정말 중요한 단계다. 진동이 체형에 잘 들어맞지 않으면 팔 아래에 옷감이 남게 되면서 주름이 생기고 패널을 연결했을 때 소매핏이 왜곡될 수 있다.

제대로 제도한 진동은 팔둘레에 꼭 맞아떨어져야 한다. 이는 오롯이 숄더 다트와 뒤어깨 다트 분량에 달려있다. 표준 수치를 기반으로 제도한 평면 도안에서 진동 분량은 가슴둘레에 1㎝를 더한 뒤 20으로 나눈 값이다. 하지만 맞춤형 도안을 제작한다면 진동 분량을 가슴 볼륨에 맞춰 작업한다.

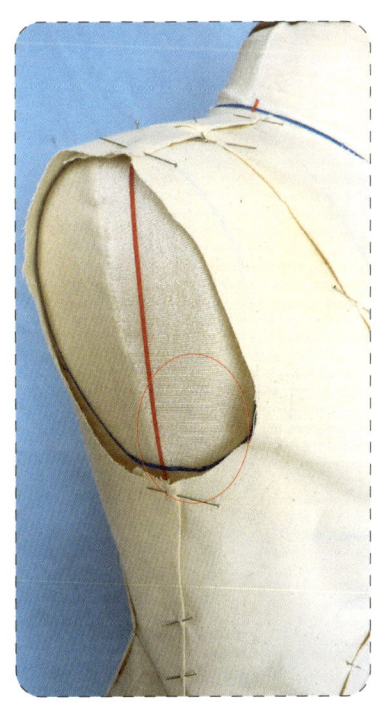

그림 2

앞판 진동 수정하기

진동 하단이 벌어지는 문제는 패널을 잘못 연결해서(시접을 지키지 않아서)라기보다는 대개 숄더 다트량이 부적절하기 때문에 발생한다. 이 문제를 해결하려면 숄더 다트량을 늘려야 한다. 어깨선과 다트를 따라 꽂아둔 핀을 빼고, 진동 부분에 남는 옷감이 완전히 보이지 않도록 다트의 접힌 부분을 늘려준다. 다시 설정한 숄더 다트량만큼(이후 평면 도안에 다시 기입할 값) 핀으로 고정한다. 다트를 닫고 나면 어깨선의 균형이 깨지기 때문에 어깨선을 다시 그리고 조정한다.

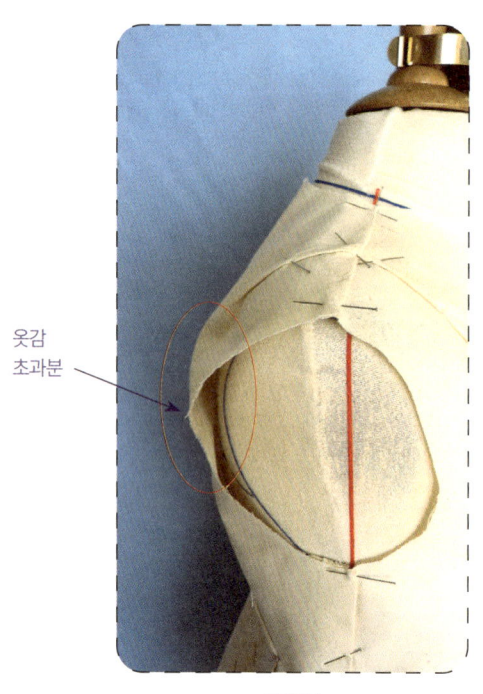

옷감
초과분

그림 3

뒤판 진동 수정하기

뒤어깨 다트는 숄더 다트와 동일한 역할을 한다. 즉 팔둘레를 따라 진동 곡선의 절반에 해당하는 옷감을 조정하는 기능을 한다. 뒤어깨 다트는 표준 패턴에서 대략 1cm이지만 실제로는 개인의 등 모양과 볼록한 부분의 볼륨 그리고 어깨 곡선에 따라 달라질 수 있다.

앞판 진동과 마찬가지로 진동 가장자리가 벌어진다면 남는 옷감 분량을 없앨 수 있다. 뒤어깨 다트량을 늘리고, 진동 곡선(18°)의 시작 부분을 다시 설정한다.

알아두면 좋아요

숄더 다트나 뒤어깨 다트의 분량을 늘린다는 것은 다를 바 없지만 진동과 앞중심 핏은 동시에 수정하지 않는 것이 좋다. 앞중심이 떨어지는 핏은 가봉용 상의를 닫지 않은 상태에서 확인하는 반면 진동은 가봉용 상의를 닫은 상태에서 확인하기 때문에 두 가지 작업을 동시에 진행한다는 것은 높은 경험치를 필요로 한다.

패턴에 수정 사항 옮기기

옷감 위에 표시한 수정 사항이 잘 보이도록 색연필을 사용해 종이에 옮겨 적는다. 핀을 제거해 앞판과 뒤판을 분리한다. 다트량을 표시했던 핀도 제거한다. 옷감의 뒤중심이 종이 도안에 그려둔 뒤중심과 겹치도록 종이 도안 위에 뒤판의 원단 패널을 포갠다. 엉덩이선, 허리선, 진동선, 품선 등 수평 구조선을 이어준다. 뒤중심선과 교차하는 지점마다 핀을 꽂는다. 다음 단계로 넘어가기 전 원단 패턴이 종이 패턴 위에 평평하게 잘 놓여있는지 확인한다.

최종 결과물은 이 위치에 따라 달라진다. 이제 원단 위에 적어둔 수정 사항, 예를 들어 뒤어깨 다트량 혹은 허리 다트의 위치 등을 도안에 옮긴다. 필요에 따라 옆선이나 어깨 경사를 수정한다. 원단에 기입한 모든 것을 종이에 옮겨 적는다. 원단 패턴과 종이 패턴이 일치해야 오류를 줄일 수 있다.

알아두면 좋아요

원단을 재단하기 전에는 다림질이 가능하지만 열과 증기가 옷본을 변형시킬 수 있기 때문에 가봉하는 동안에는 절대로 다림질은 하지 않는다.

유의할 점

78~84페이지에는 상의 기본 원형 패턴을 수정할 때 가장 많이 나타날 수 있는 문제를 통해 수정하는 데 도움이 될 만한 설명, 팁, 적용법이 나와 있다. 이때 싱의 오른쪽이나 왼쪽 중 한 곳을 먼저 수정한 뒤 평평한 곳에 원단을 두고 반대편 역시 똑같이 옮겨 적는 것이 좋다. 알다시피 신체의 좌우는 완벽한 대칭을 이루지 않는다. 눈으로 볼 때도 대칭이 아닌 경우가 대부분이다. 기본 원형 패턴을 수정할 때 신체의 좌우 차이가 두드러진다면 양쪽을 (하나씩) 별도로 작업하는 것이 좋다. 단, 구성선으로 표시한 옷감의 핏은 늘 수직으로 떨어져야 한다. 어떤 부분을 어떻게 수정하든지 간에 앞중심과 뒤중심은 수직으로 떨어져야 하며 허리선은 수평을 이루어야 한다.

완성 기본 원형 패턴

만들고자 하는 샘플에 맞춰 기본 원형 패턴에 다양한 변형을 가미하려면, 결과물을 왜곡할 여지가 있는 여유분과 시접을 없애야 한다. 모든 옷에 기본 여유분을 적용할 수는 없다. 일반적으로 옷의 넉넉한 정도는 스타일, 개인의 취향 혹은 원하는 편안함의 정도에 따라 달라진다. 따라서 기본 원형 패턴에는 여유분을 포함하지 않는 것이 좋다. 꼭 여유분을 넣어야 한다면 기본 원형 패턴을 원하는 샘플 패턴으로 변형하기 전에 수정하는 것이 적절하다.

반면 시접은 변형을 한 뒤 완성 패턴에 더해 넣는다. 여유분이 포함된 기본 원형 패턴을 제도할 때는 원단을 연결하거나 가봉하는 동안 시접을 이미 더했거나 혹은 반대로 더하지 않은 가장자리의 위치를 잘 기억하고 따로 메모해 두어야 한다. 시접으로 패턴을 확인하는 방법은 추천하지는 않는데 어렵기도 하거니와 대개 정확하지 않을 가능성이 높기 때문이다. 실수를 미연에 방지하기 위해 가봉을 하며 기본 원형 패턴을 수정한 뒤 확장이나 시접을 제외한 나머지 부분을 트레이싱 페이퍼에 베낀다.

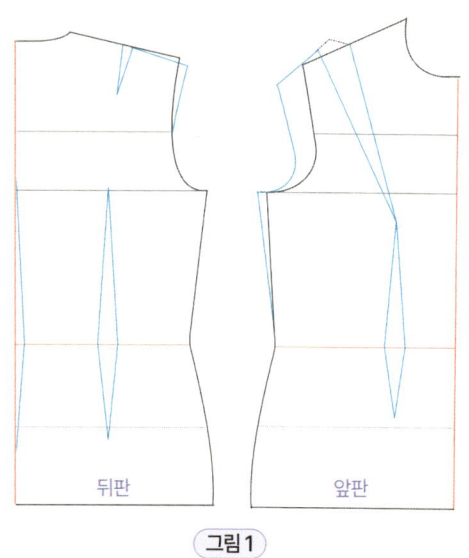

그림 1

동일한 설계도 위 두 가지 패턴

패턴 제도는 크게 두 가지 단계로 진행된다. 첫 번째 단계는 주어진 수치를 기반으로 실루엣을 담은 옷본을 만드는 것이다(그림 1, 검은색 선). 이 도안에는 신체의 볼륨이 정확하게 드러나 있지 않다. 해당 도안을 체형에 맞춰 바꾸려면 같은 종이 위에 허리를 강조하고, 가슴, 엉덩이, 등의 볼록한 부분을 나타내는 요소를 넣어야 한다. 다트(그림 1, 파란색 선)를 이용해 이러한 부분을 조정한다.

패턴 두 개 사용하기

두 도안은 떼려야 뗄 수 없다. 나중에 다트를 넣기 위해서는 실루엣을 담은 옷본이 반드시 필요하다. 다트를 포함한 완성 패턴(그림 1)은 원단을 재단하고 필요한 수정 작업을 하고 몸의 실제 모습을 담아내는 데 사용된다. 완성 패턴은 맞춤 의류를 제도하는 대부분의 경우에 사용되기도 한다. 예로 소매가 없는 조끼나 기타 의류를 제도할 때 숄더 다트는 제대로 된 진동을 만드는 데 도움이 된다. 하지만 다트가 없는 패턴은 티셔츠, 넉넉한 품의 튜닉이나 스판덱스가 들어간 원단으로 재단하기에는 적합하지 않다. 즉, 샘플에 따라 알맞은 패턴을 선택한다.

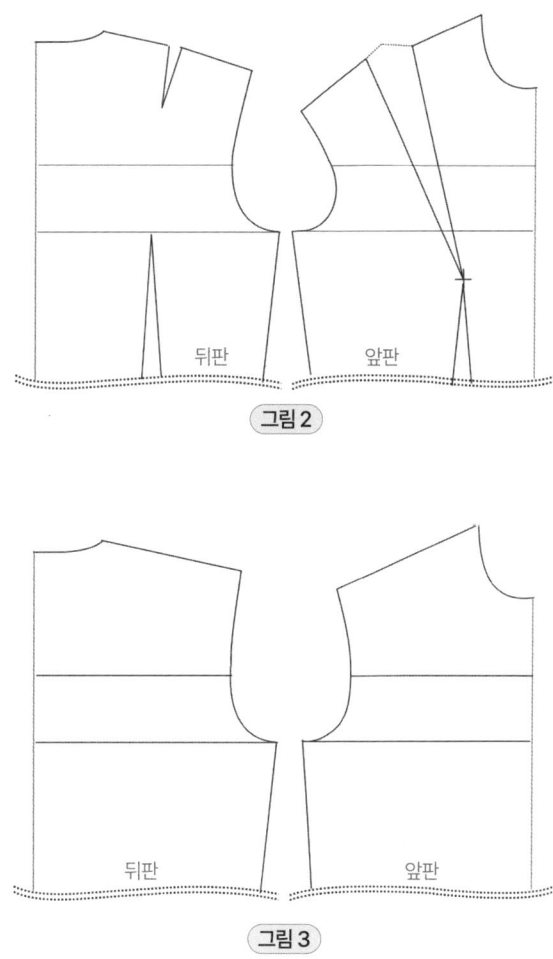

사용 예시

만들고자 하는 샘플을 떠올리고 옷의 구조를 분석한 뒤 두 패턴 중 어떤 것을 사용할지 결정한다. 우선 재단선과 옷의 너비(헐렁함의 정도, 예를 들어 신체에 가깝게 혹은 반대로 큰 여유를 두고 그린 선)를 표시한다. 그다음 진동선을 낮추고 소매 모양을 정한다. 방향을 결정했다면 옷을 제도하기 위해 어떤 패턴이 필요한지 선택한다. 샘플에 맞춰 둘 중 하나의 패턴을 사용한 예시 몇 가지를 소개한다.

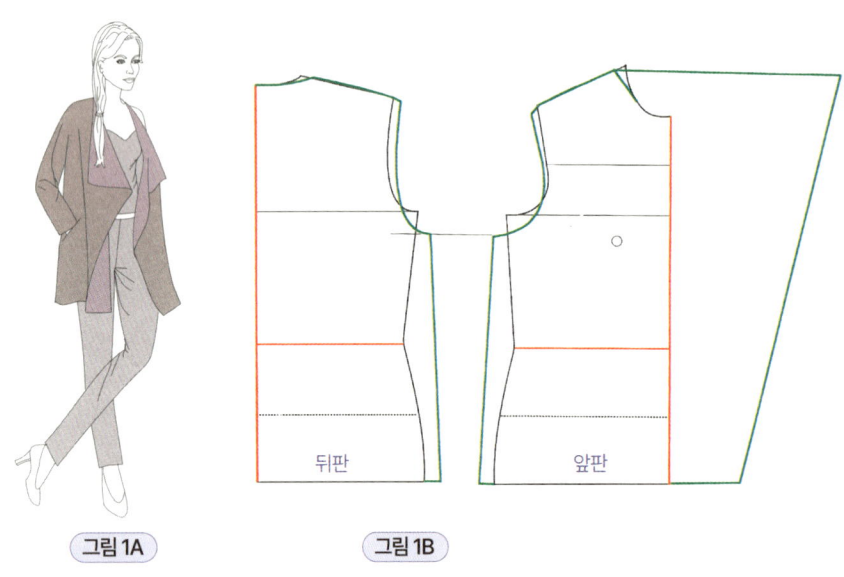

그림 1A   그림 1B

넓은 여밈단, 앞쪽으로 떨어지는 볼륨감, 일자로 떨어지는 핏이 특징인 외투의 샘플은 다트가 없는 기본 원형 패턴(그림 1B, 검은색)을 변형해서 만든 것이다(그림 1B, 초록색). 하단과 소매, 깃을 리브드 처리하고 안감을 덧댄 외투(그림 2B, 초록색) 역시 기본 원형 패턴(그림 2B, 검은색)을 변형한 것이다.

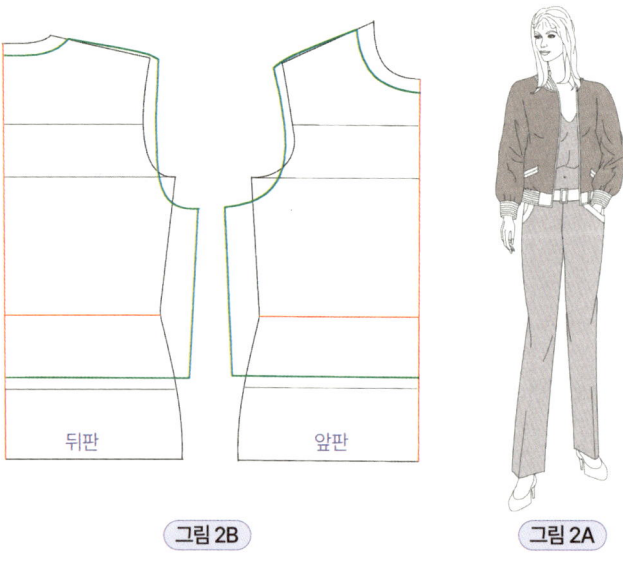

그림 2B   그림 2A

허리가 넓고, 소매의 하단이 넓은 밴드로 조여진 기모노 슬리브가 달린 이 스커트 역시 기본 다트가 없는 기본 원형 패턴의 변형이다.

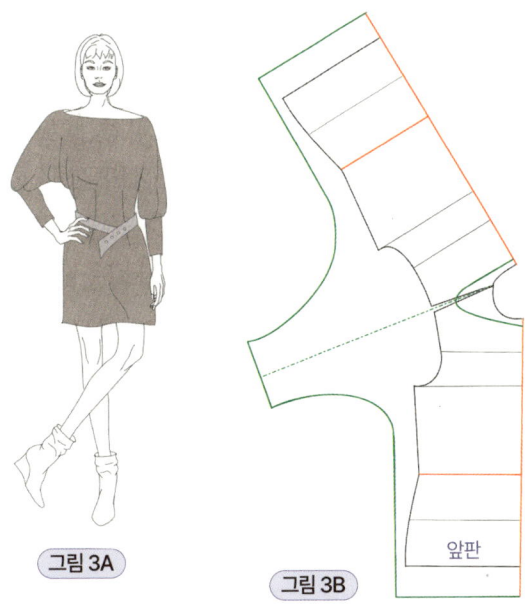

그림 3A 그림 3B

안감이 없는 가벼운 재킷으로 기본 암홀 프린세스 절개가 들어가 있고 앞중심에 버튼이 달려있다. 옷 샘플의 재단선을 잘 지켜야 하며, 진동선 쪽으로 옮긴 뒤어깨 다트와 숄더 다트가 허리 다트와 만난다. 해당 샘플처럼 원하는 구조로 변형하려면 숄더 다트, 뒤어깨 다트, 허리 다트를 포함한 완성 패턴을 활용해야 한다.

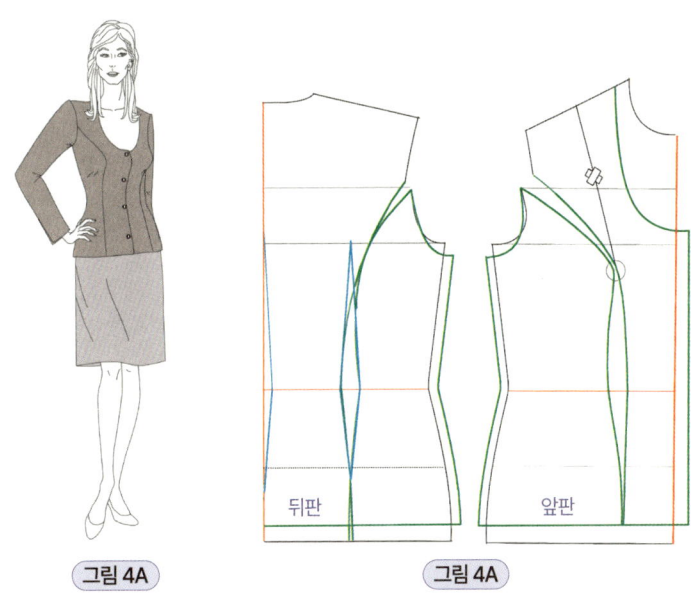

그림 4A 그림 4A

소매

La manche

소매는 기능적인 역할뿐만 아니라 미적인 측면, 편안함의 정도를 결정한다. 소매의 모양과 소매산의 높이, 너비, 여유분은 진동의 모양, 높이, 너비, 여유분과 정확하게 일치해야 한다. 소매를 제도하고 연결하는 작업이 까다로운 것도 사실이지만 주의 깊게 설명을 읽어나간다면 도안에 그려진 각 선의 역할을 이해할 수 있을 것이다. 소매는 정해진 기본 원형 패턴이 없다. 따라서 상의 패턴마다 진동에 맞는 소매를 제도해야 한다. 해당 챕터에서는 알맞은 소매 패턴을 제도하기 위해 필요한 모든 단계를 엿볼 수 있을 것이다. 약간의 인내심만 있으면 된다!

소매의 특징

우리는 소매가 예쁘게 떨어졌다거나 매우 편하다는 말을 하면서도, 정작 소매가 소매 제도와 연결이라는 두 가지 핵심 요소와 긴밀한 관계라는 사실은 생각하지 못한다. 상의 패턴은 직접 측정한 신체 치수를 바탕으로 제도하고 몇 가지 치수들은 손보며 수정하지만 소매의 경우는 다르다.

소매를 제도할 때는 둘레를 제외하고는 직접 측정할 수 없는 치수(진동 길이, 소매산 높이, 소매 너비 등)가 대부분이다. 둘레 치수도 제도 자체를 위해서가 아니라 제도를 확인하는 단계에서만 사용한다.

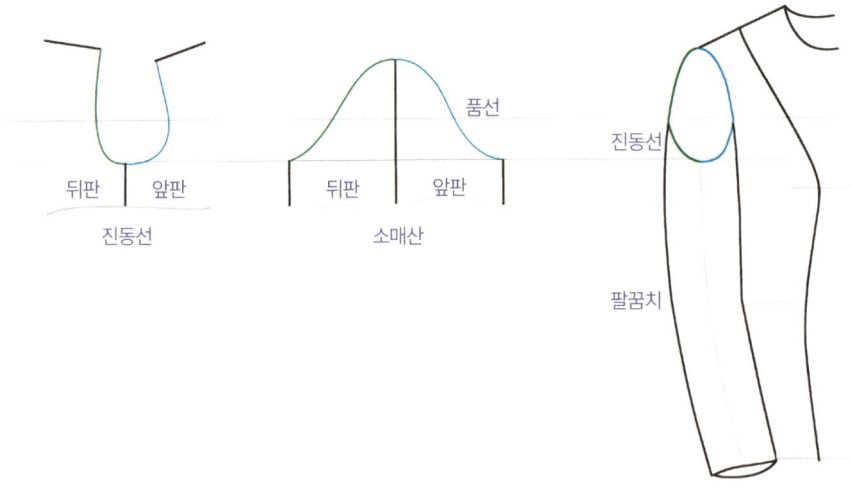

따라서 올바르게 연결한 패널의 소매가 예쁘고 편안하게 떨어지려면 상의를 실루엣에 맞춘 뒤진동 부분에서 측정한 치수가 정확해야 한다. 소매는 상의 진동에 따라 달라지기 때문에 결과적으로 패턴을 만들어 다른 옷에 그대로 적용하는 것이 어렵다. 기본 원형 패턴이 있는 상의, 스커트, 바지와는 다르게 소매의 기본 원형 패턴은 존재하지 않는다. 마찬가지로 깃의 기본 원형 패턴 역시 존재하지 않는다. 옷 샘플 혹은 스타일이 바뀔 때마다 소매 패턴은 다시 제도해야 한다.

소매 제도에 필요한 치수들

이전 페이지에서 이야기한 것처럼 높이와 너비에 여유분을 추가하며 체형에 맞춘 상의에서 가져온 수치를 바탕으로 소매를 제도한다. 소매를 제도할 때는 진동 깊이(그림 1, 파란색), 뒤진동 둘레(그림 1, 빨간색), 앞진동 둘레(그림 1, 초록색), 소매산 너비(94페이지, 그림 3)가 필요하다.

진동 깊이

품선과 진동선이 그림 1과 같이 이어지도록 앞판과 뒤판을 나란히 두고 진동 깊이를 측정한다. 어깨 끝점을 직선(검은 점선)으로 이은 뒤, 진동선 밑부터 시작해 해당 직선까지 수직선을 그린다(그림 1, 파란색). 이때 수직선의 길이는 진동 깊이에 해당하며 진동선 높이를 계산하는 데 사용된다.

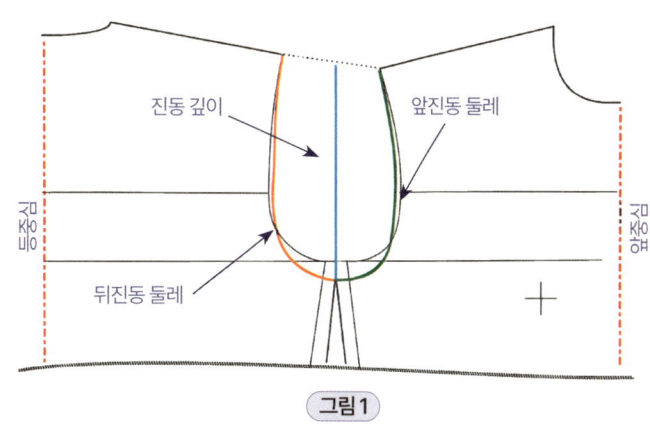

그림 1

앞진동 둘레와 뒤진동 둘레

줄사, 유연한 사, 끈 혹은 실로 뒤진동과 앞진동의 모양을 따라 각각의 둘레를 별개로 정확하게 측정한 후 치수를 적어둔다. 해당 치수는 만들고자 하는 옷에 맞는 소매의 너비를 결정하는 역할을 한다. 만일 이 수치가 팔둘레와 일치하지 않는다면 이후에 수정한다.

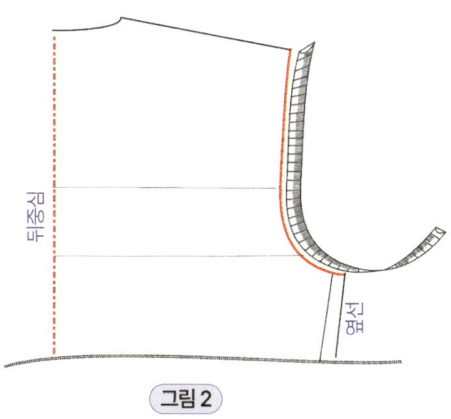

그림 2

소매산 너비

팔의 움직임이 제한적이거나 겉옷 혹은 셔츠가 땅기고 팔을 앞쪽으로 움직이는 게 불편할 때가 있다. 그럴 때 우리는 뒷품 너비가 충분하지 않다고 말하는데 사실 이런 불편함은 뒷품 너비가 아닌 소매산 너비가 부족할 때 발생하는 경우가 대부분이다. 소매산 너비가 정확해야 품선 높이에서 불편함이 생기지 않기 때문에 매우 중요한 치수다.

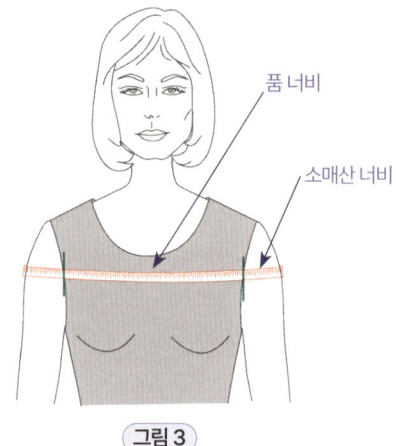

그림 3

소매산 너비는 품선 높이에서 측정한 신체 둘레에서 앞품 너비와 뒷품 너비를 뺀 뒤 2로 나눈 값이다.

예시: 뒷품 너비=38㎝(19페이지, 그림 3), 앞품 너비=36㎝(20페이지, 그림 3), 신체 둘레=118㎝. 신체 둘레(118㎝)에서 뒷품 너비(38㎝)와 앞품 너비(36㎝)를 빼면 118-(38+36)=44㎝가 나온다. 이렇게 나온 결과값(44㎝)이 소매산 두 개의 총 너비에 해당한다. 이 값을 2로 나누면(44/2) 각 소매산의 너비(22㎝)가 나온다.

소매를 제도할 때 이 치수를 적용하면 편안한 옷을 만들 수 있다. 해당 값은 소매산을 제도할 때 사용한다는 사실을 기억하자.

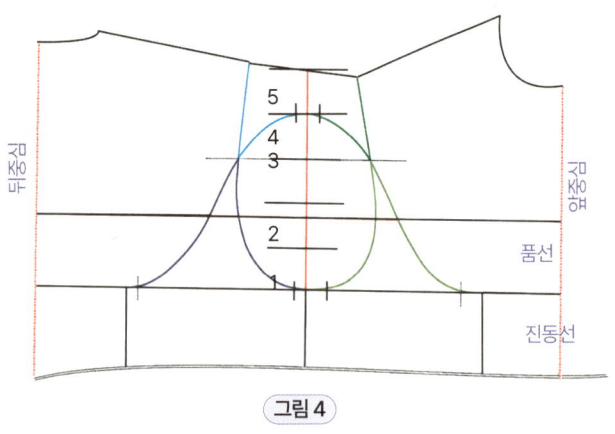

그림 4

소매산 높이 계산하기

소매산 높이는 소매 제도에서 매우 중요한 작업이다. 소매산이 지나치게 크거나 작으면, 또는 진동 모양과 맞지 않으면 소매 핏의 균형이 깨져버린다. 진동 모양과 맞아떨어지는 소매산 높이는 진동 깊이의 5분의 1 값이다.

예시: 진동 깊이=22㎝(93페이지, 그림 1), 22㎝의 5분의 1=22/5=4.4㎝. 따라서 소매산 높이는 22-4.4=17.6㎝다.

소매산 설계하기

먼저 소매산을 그리기 위해 필요한 모든 치수를 측정했는지 확인한다.

- 진동 깊이
- 뒤진동 둘레
- 앞진동 둘레
- 소매산 너비
- 팔꿈치 높이
- 팔 길이
- 팔둘레

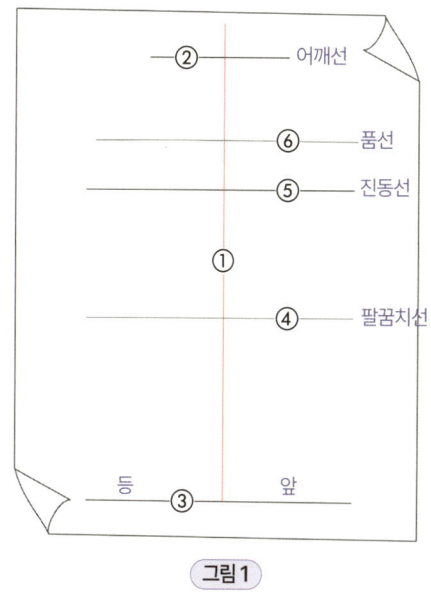

그림 1

① 약 50*70㎝ 크기의 종이 가운데 부분에 빨간색으로 긴 수직선을 그린다. 소매의 등과 앞부분을 나누는 기준선이 된다. 이 선은 소매를 연결한 후 소매핏이 제대로 떨어졌는지 보여준다.
② 종이 위쪽에서 약 5㎝ 떨어진 지점에 빨간색 선과 수직으로 교차하는 수평선, 즉 어깨선을 그린다.
③ 어깨선부터 소매의 총길이를 재어 해당하는 지점을 지나는 수평선을 그린다.
④ 어깨선부터 팔꿈치 높이를 재어 해당하는 지점을 지나는 수평선, 즉 팔꿈치선을 그린다.
⑤ 마찬가지로 어깨선부터 소매산 높이를 계산한 뒤 수평선, 즉 진동선을 그린다.
⑥ 진동선에서 시작해 품 높이에 해당하는 지점을 표시한다. 품 높이는 상의에서 계산한 값과 동일하다.

알아두면 좋아요

모든 수치가 맞는지, 모든 선이 수평인지, (빨간색) 기준선과 수직을 이루고 있는지 확인한다. 제도의 다음 단계와 결과물이 바로 이 첫 설계 단계에 달려있다. 이 단계에서 오류가 발생하면 제대로 된 소매를 만들 수 없다.

소매산 치수

올바르게 설계한 소매는 팔의 휘어진 모양에 완벽하게 들어맞는다. 그러려면 소매산의 모양과 옷본이 상의 진동에 잘 맞아떨어져야 한다. 소매 핏이 편안하고 예쁘게 떨어지도록 만들려면 필요한 만큼 충분한 시간을 들여 이번 설계 단계를 진행해야 한다.

소매산 너비

① 소매산의 너비는 진동 모양과 스타일에 따라 상의에 넣은 여유분에 의해 결정된다. 따라서 진동 모양과 여유분이 바뀔 때마다 소매산의 너비 역시 일정한 비율로 달라진다. 앞진동 둘레와 뒤진동 둘레로 소매산의 너비를 계산한다. 그다음 앞소매 너비(=앞진동 둘레의 4분의 3)와 뒷소매 너비(=뒤진동 둘레의 4분의 3)를 계산한다.

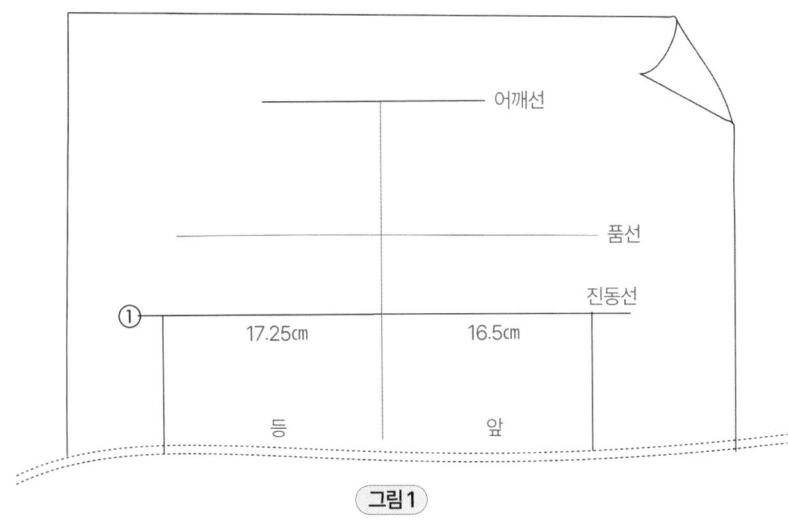

그림1

예시: 뒤진동 둘레=23㎝, 앞진동 둘레=22㎝. 등판의 소매 너비=23㎝의 3/4=17.25㎝, 앞판의 소매 너비=22㎝의 3/4=16.5㎝.

계산한 뒤판과 앞판 값을 기준선부터(그림 1, 빨간색) 시작해 진동선에 맞춰 각각 표시한다. 고정된 너비를 기준으로 소매의 하단까지 수직선을 긋는다.

소매의 품 너비

② 품 너비(소매 너비와 마찬가지로)의 앞부분과 뒷부분의 균형이 맞아야 한다. 품 너비를 구하기 위해서는 뒷소매 너비에서 앞소매 너비를 뺀다.

예시: 이전 페이지의 예시를 다시 들어보면 뒷소매 너비=17.25㎝, 앞소매 너비=16.5㎝, 17.25-16.5=0.75㎝. 뒤판에 앞소매와 뒷소매 너비의 차이만큼을 더한다.

소매산 너비가 22㎝라고 가정해 보자. 이때 뒷품 너비에 차이값(0.75㎝)을 더하고, 앞품 너비에서 같은 값만큼 빼 준다. 뒤품 너비((22/2)+0.75)로 11.75㎝, 앞품 너비((22/2)-0.75)로 10.25㎝가 나온다.

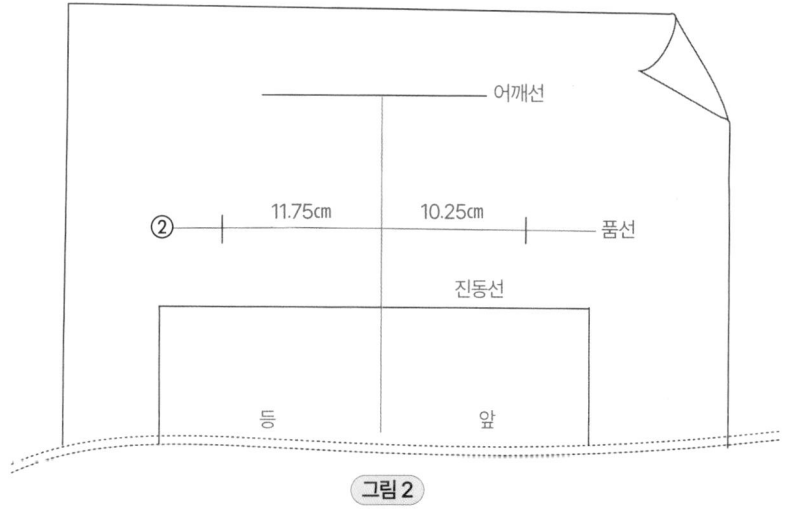

살펴본 예시를 따라가면서 패턴에 적어둔 치수로 계산한다. 결과값을 품선 위에 앞판과 뒤판에 각각 따로 기입한다. 늘 기준선(그림 2, 빨간색)부터 출발한다. 너비가 결정됐다면 그림 2와 같이 짧은 수직선을 긋는다.

알아두면 좋아요

소매의 뒷부분과 앞부분은 똑같지 않기 때문에 소매에는 별도의 중심이 없다. 소매의 뒷부분과 앞부분은 늘 1~2㎝ 정도 차이가 난다. 1㎝보다 작거나 2㎝보다 크다면 앞진동과 뒤진동 길이를 다시 살펴봐야 한다.

소매산 평탄화 구간

소매산(옷을 구성하는 다른 요소와 마찬가지로)은 평탄화 구간을 고려해 제도한다. 일반적으로 작고 평평한 소매산은 오롯이 체형과 옷에 추가하고자 하는 여유분에 따라 달라진다. 예를 들어, 상의를 3㎝ 확장한다면 소매산 곡선의 최적의 평탄화 구간 길이는 1.5㎝이고, 5㎝ 확장한다면 최적의 평탄화 구간 길이는 2.5㎝가 된다.

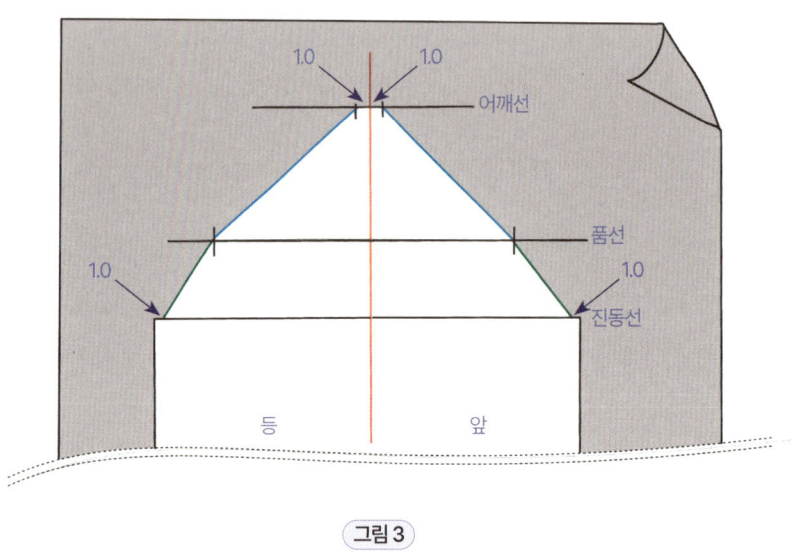

그림 3

(가봉하면서 수정할) 기본 원형 패턴을 제도할 때는 진동이 지나치게 두드러지거나 소매산이 너무 파이거나 평평해지지 않도록 최소한으로 확장한다. 소매산 너비(그림 3, 진동선)의 끝점에 1㎝의 평탄화 구간을 더한다. 그리고 소매산의 꼭짓점에서 빨간 선의 양 끝으로 1㎝를 더한다(그림 3). 그림 3과 같이 각 점을 직선으로 잇는다.

소매산의 모양

진동에 완벽하게 맞아떨어지는 소매산을 만드는 방법은 패턴사의 수만큼이나 다양하다. 패턴사마다 최고의 결과물을 내는 자신만의 기법을 가지고 있다. 이 책에서 설명하는 방법은 가능한 한 쉽게 적용하고 실현해 볼 수 있는 방법이다. 둥근 형태의 소매산을 그리려면 여러 가지 지표를 기준으로 삼아야 한다. 너비와 평탄화 구간에 관련한 수치만으로는 충분하지 않기 때문에 추가적으로 필요한 계산을 해야 한다.

소매산의 윗부분을 2로 나누고(그림 4, 어깨선과 품선 사이 파란색 선), 뒤판과 앞판에 각각 1.8㎝와 1.5㎝의 수직선을 그린다. 소매산의 아랫부분을 3으로 나눈다(그림 4, 품선과 진동선 사이 초록색 선). 진동선부터 3분의 1지점인 뒤판과 앞판에 각각 0.5㎝와 0.8㎝의 수직선을 그린다.

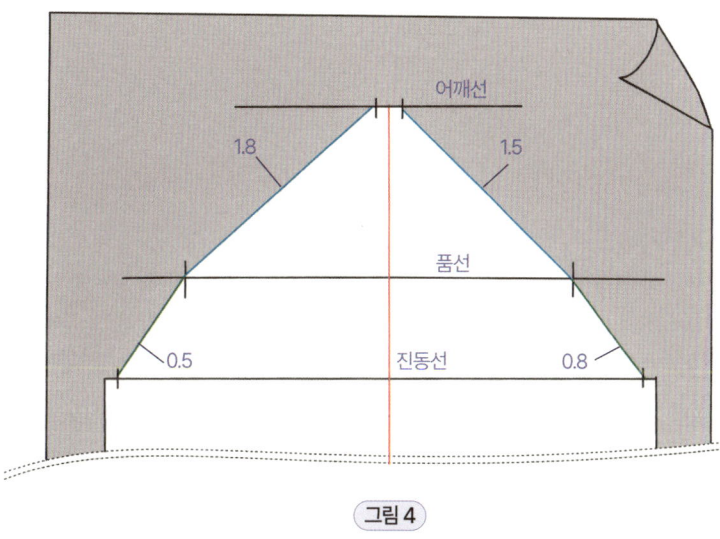

그림 4

주어진 수치는 대략적인 값이다. 수치를 확인하는 단계에서 늘리거나 줄일 수 있다는 것을 기억하자.

소매산 그리기

운형자와 같이 곡선이 있는 도구를 활용하면 소매산을 예쁘게 그릴 수 있다. 책에서 소개하는 다양한 곡선 도구로 원하는 모양을 그려보자. 여러 단계를 거쳐 소매산을 완성한다. 먼저 가장 쉬운 부분인 소매산의 윗부분부터 시작한다. 운형자의 곡선을 이용해 기준점이 되는 어깨선의 평탄화 구간 시작점과 뒤판의 품너비 표시점을 이어준다.

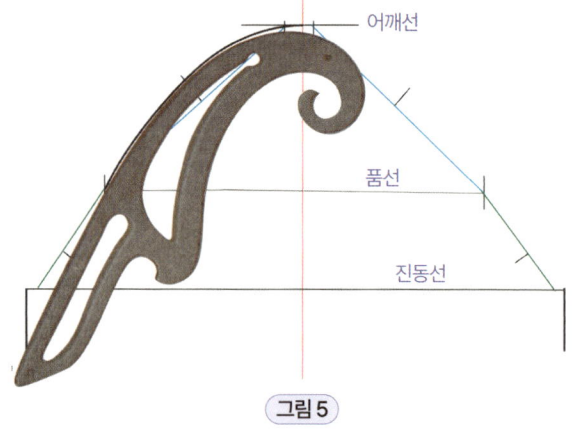

그림 5

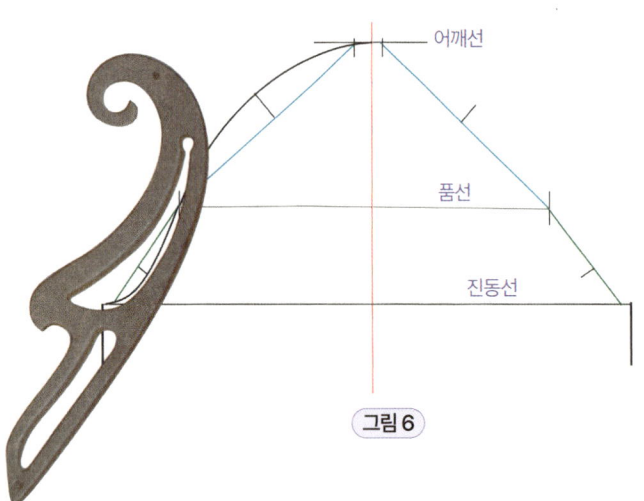

그림 6

운형자를 돌려서 품 너비의 점과 소매 너비 평탄화 지점을 연결한다. 곡선 전체, 특히 곡선의 연결 부분이 패이거나 튀어나오지 않도록 잇는 것이 중요하다.

알아두면 좋아요

소매산을 그릴 때 책에서 소개하는 운형자의 위치는 하나의 예시일 뿐이다. 운형자의 위치가 적절해 보이더라도 소매 옷본(소매산 높이나 품 높이, 진동선 혹은 품선에서의 소매 너비)에 따라 달라질 수 있다. 운형자의 곡선이 점들을 이어줄 수 있도록 운형자의 위치를 조정해야 한다.

뒤판과 마찬가지로 소매의 앞부분을 그린다. 먼저 평탄화 구간을 유지하며 소매의 윗부분을 그린다(그림 7). 그다음 소매의 아랫부분을 그린다. 품선과 진동선 사이에 운형자의 모양이 소매의 점들을 이어줄 수 있도록 위치를 조정한다(그림 8).

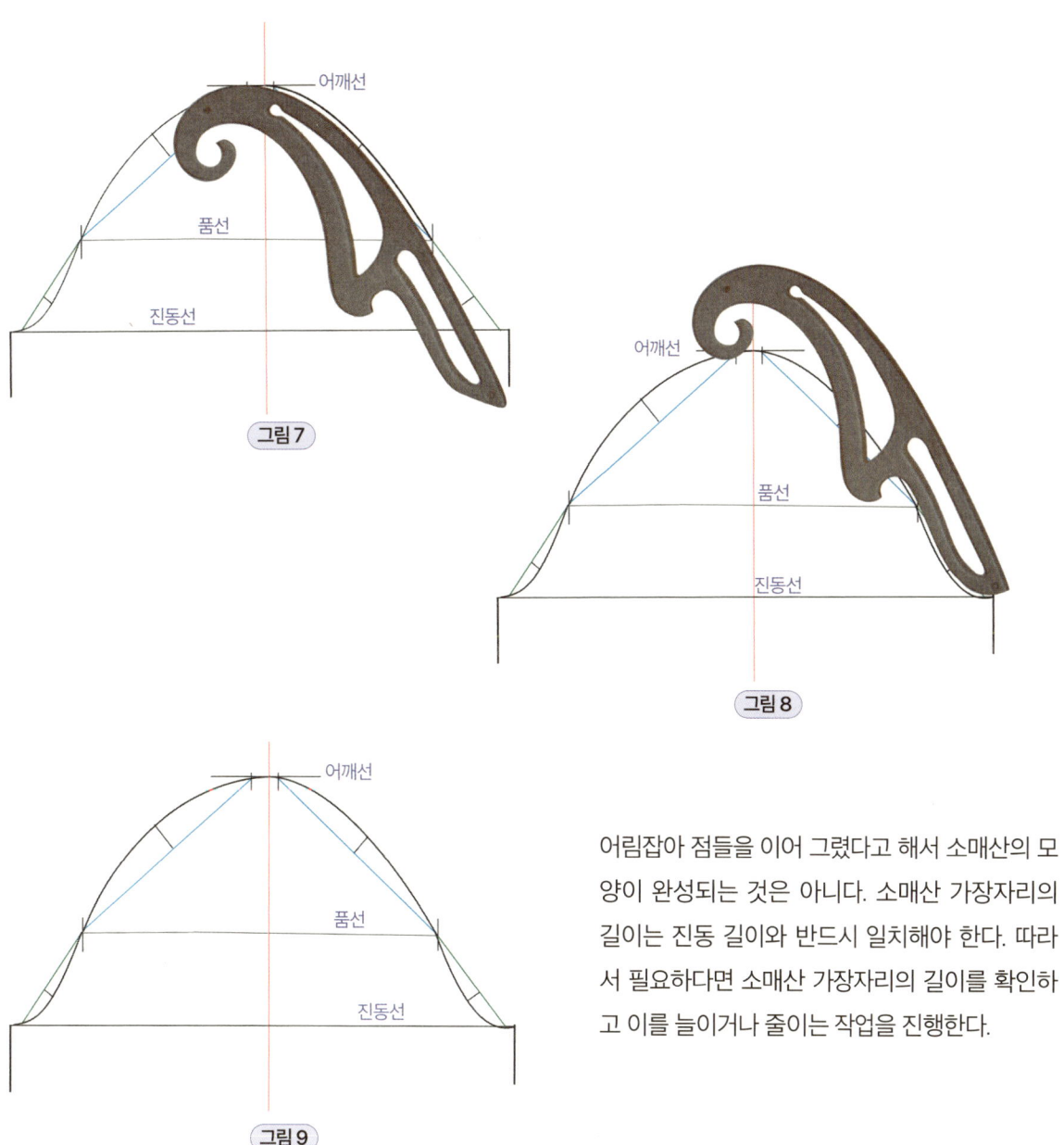

어림잡아 점들을 이어 그렸다고 해서 소매산의 모양이 완성되는 것은 아니다. 소매산 가장자리의 길이는 진동 길이와 반드시 일치해야 한다. 따라서 필요하다면 소매산 가장자리의 길이를 확인하고 이를 늘이거나 줄이는 작업을 진행한다.

소매산과 진동 치수 확인하기

우선 소매산 길이와 관련된 치수를 확인해야 한다. 패널을 연결할 때 소매가 잘 들어가고, 별다른 문제 없이 진동선과 이어질 수 있도록 소매산 길이와 진동의 치수가 일치하도록 한다. 시접은 늘 소매 쪽으로 누워있다. 여유분이 넉넉한 소매산으로 진동선을 감쌀 수 있어야 한다.

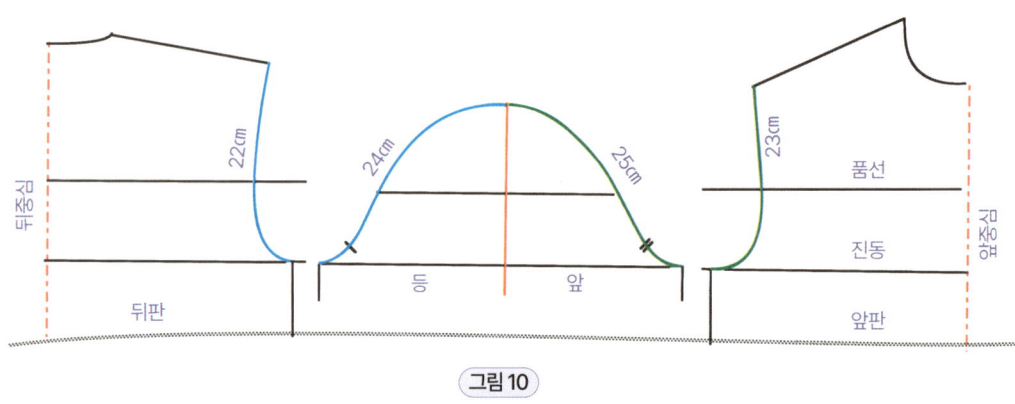

그림 10

소매산에 더하는 여유분을 '소매 여유분'이라고 부른다. 소매 여유분은 옷의 스타일(예를 들어, 어깨 패드가 있거나 없는 재킷), 옷감의 두께와 소재에 따라 달라진다. 패널을 연결할 때 유연한 재질의 원단은 단단한 원단보다 더 쉽게 흡수된다. 소매산 가장자리 길이는 최소한 2㎝의 소매 여유분을 둔다(그림 11). 줄자나 유연한 자를 활용해 길이를 측정한다. 이는 이후의 수정 작업을 결정짓는 중요한 설계이다. 소매산 길이를 늘이거나 줄일 때는 소매산의 높이, 품 너비, 진동 평탄화 구간 그리고 어깨선은 건드리지 않는다. 소매산을 설계하는 동안 기준값을 수정하고 (99페이지, 그림 4) 곡선을 이동시키면서 치수를 조정한다(그림 11, 검은색, 초록색, 빨간색 선).

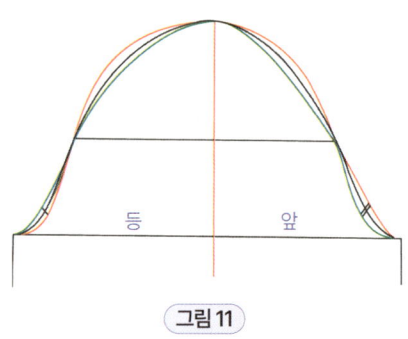

그림 11

소매산에서 소매 여유분 분배하기

소매산에는 최소한 2㎝의 여유분을 더한다. 여러분이 기본 원형 패턴을 설계하며 더할 값이다.
예시: 뒤진동 둘레가 22㎝일 때 뒤 소매산 길이는 24㎝가 되어야 한다(그림 10, 파란색 선). 앞판에서도 동일하다. 앞진동 둘레가 23㎝라면(그림 10, 초록색 선) 앞 소매산 길이는 25㎝가 되어야 한다.
뒤 소매산에 더한 2㎝의 여유분과 앞 소매산에 더한 2㎝의 여유분을 위쪽과 아래쪽에 일정한 비율로 분배한다. 품선과 소매의 진동 사이에 1㎝, 품선과 어깨선 사이에 1㎝를 넣는다(그림 12).

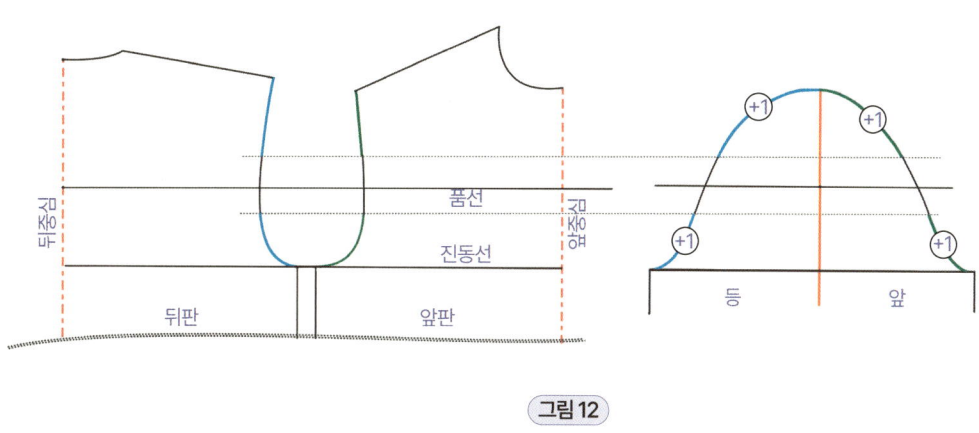

그림 12

4㎝ 가량(품선 위 2㎝와 아래 2㎝)의 짧은 직선(그림 12, 검은색)은 여유분을 흡수하지 않는 부분을 나타낸다. 소매를 연결할 때 이 부분에는 초과분이 생기지 않는다. 원단 두 겹(진동과 소매 원단)을 평평하게 둔 상태로 연결한다.

알아두면 좋아요

일반적으로 진동과 품 사이에는 1㎝의 여유분이 들어가지만 사용하는 원단의 두께에 따라 달라질 수 있다. 여유분이 지나치게 클 경우, 흡수시켜야 하는 옷감이 많아져 주름이 생길 수 있으며 소매의 아랫부분이 볼록해질 수 있다. 여유분이 3㎝일 경우에는 정장 소매처럼 소매 아랫부분(진동-품)에 1㎝, 소매 윗부분(품-어깨)에 2㎝를 나누어준다.

결합너치

소매산의 여유분을 진동 둘레에 고르게 나누는 것이 어렵기 때문에 소매와 진동을 제대로 연결하기란 쉬운 작업이 아니다. 따라서 패널을 조금 더 쉽게 연결하기 위해 앞판, 뒤판, 소매산에 결합너치를 넣는다.

알아두면 좋아요

그림 13에 제시한 값은 설명을 뒷받침하기 위한 예시다. 진동선 높이의 소매 너비, 소매산 높이, 품선의 소매 너비에 따라 치수를 변경할 수 있다.

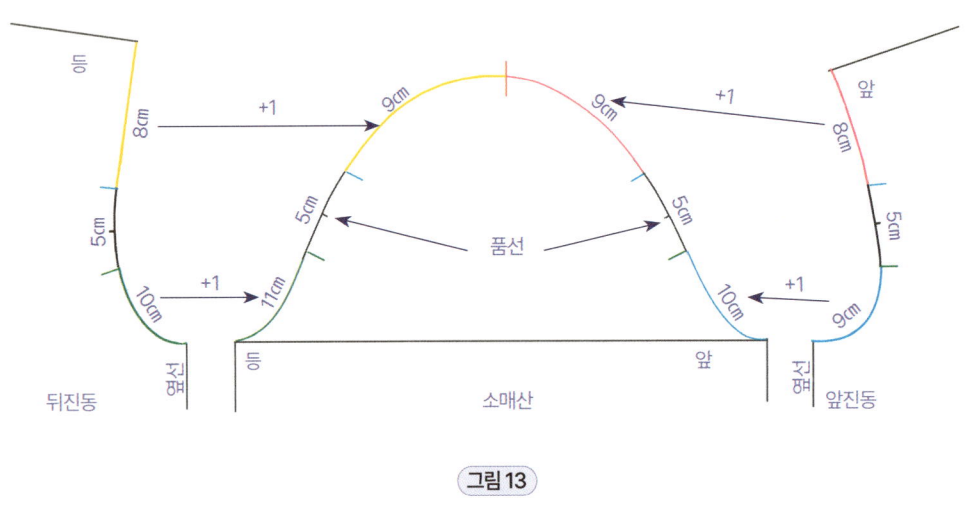

그림 13

뒤진동에서 팔 아래 진동 곡선이 가장 직선에 가까운 부분에 첫 번째 너치를 넣는다(그림 13, 초록색). 그다음 유연한 자 혹은 줄자를 활용해 옆선과 첫 번째 너치 사이의 거리를 잰다. 측정한 값에 1cm를 더한 뒤 소매산 위에 적어 넣는다(초록색). 진동 위 첫 번째 너치부터 시작해 4~5cm(그림 12, 검은색으로 표시한 거리) 떨어진 곳에 다음 너치를 넣는다. 동일한 방법으로 소매산에 너치를 넣는다. 해당 부분은 평평한 상태에서 연결하며 어떠한 여유분도 흡수하지 않는다. 신체에서 품선 위치에 놓인다. 소매산의 가장 윗부분에 들어간 너치까지 이어지는 소매의 세 번째 부분(그림 10 뒤판의 노란색)에는 이후 진동으로 흡수되는 1cm의 여유분을 더한다.

뒤판의 작업과 동일한 방식으로 소매의 앞부분과 앞진동에 결합 너치를 넣는다. 결합 너치를 넣은 뒤 소매와 진동 길이가 일치한다면 다음 단계로 넘어간다. 일치하지 않는다면 길이를 다시 확인한다(102페이지, 그림 10). 소매산에 기준 너치를 넣는 걸 잊지 않도록 한다.

소매 다트

올바르게 설계하고 연결한 소매의 핏은 미적으로도, 움직임의 편안함을 위해서도 예쁘게 떨어질 뿐만 아니라 활처럼 휜 모양을 가지고 있다. 이를 위해서는 팔꿈치 높이에 다트가 들어가야 한다. 기본 원형 패턴 구성에서 소매 다트는 팔꿈치의 수평선에 들어가지만 다른 다트와 마찬가지로 - 예를 들어, 소매 트임 플라켓에서 수직으로 - 이동시킬 수 있다.

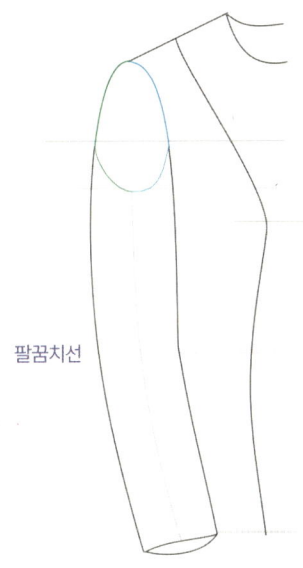

팔꿈치선

알아두면 좋아요

해당 다트는 아래쪽으로 갈수록 좁아지는 소매를 만들 때만 유용하게 사용된다. 넓은 소매를 만들 때는 아무런 도움이 되지 않는다.

다트 설계하기

진동선에 설정해둔 소매 너비를 따라 소매 길이에 해당하는 선까지 수직선을 그으며 소매 설계를 이어 나간다. 이 단계에서 설계한 소매는 직선 형태의 꽤 넓은 소매다. 조금 더 곧은 모양으로 만들려면 아래쪽으로 갈수록 너비를 줄이고, 편안한 소매를 만들려면 팔꿈치 높이에 다트를 넣는다.

소매 밑단 끝에서부터 같은 분량(그림 1, 소매 밑단선 위 검은 선 부분)만큼을 (소매 밑단 총 너비에서) 빼면서 원하는 밑단 너비(그림 1, 파란색)를 설정한다.

예시: 소매 밑단 총 너비=33㎝(진동선 위에 정해둔 소매 너비이자 소매 밑단선에 옮겨둔 수치). 원하는 소매 밑단 너비 =22㎝. 두 너비의 차이(33-22=11㎝)는 11㎝다. 두 너비의 차이를 2로 나눈다(11/2=5,5㎝). 소매 밑단 너비의 양 끝에서 빼야 하는 길이에 해당한다.

위에 설명한 계산법을 적용한 뒤, 진동선에서 시작해 소매 밑단까지 직선을 그린다(그림 1, 초록색 선).

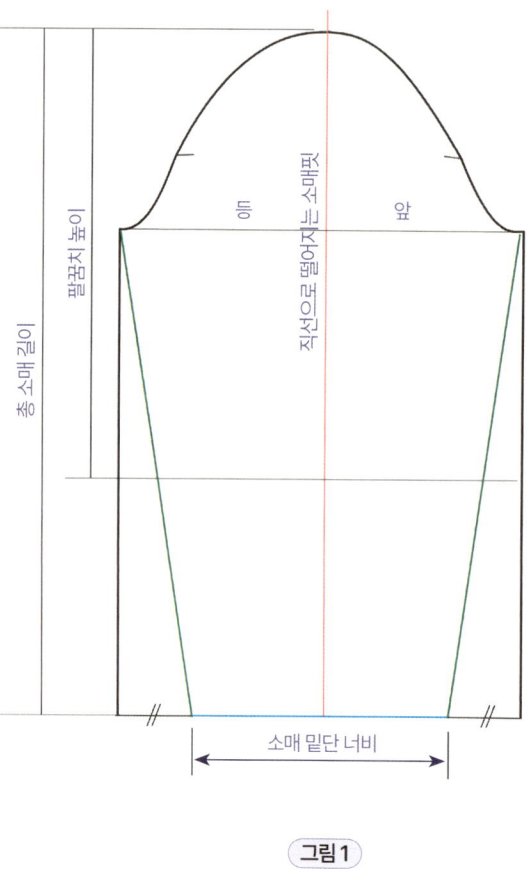

그림 1

소매 다트의 기준 지표들

패턴에 소매 다트를 그릴 때는 여러 가지 요소 중에서도 특히 팔꿈치의 위치를 잘 잡아야 한다.

① 뒷소매 너비를 2로 나눈 뒤 팔꿈치선까지 수직선을 그린다. 두 선의 교차점 부분이 팔꿈치(그림 2, 빨간색 십자가)가 된다.

② 팔꿈치 높이에서 뒷소매 너비선을 도안 바깥쪽으로 1.5cm 늘인다. 앞소매 너비선에서도 같은 분량을 도안 안쪽으로 측정한 뒤 해당 지점을 표시한다. 이는 소매 하단이 팔의 휜 부분을 따라 앞쪽으로 향하게 만들어준다. 다음 단계를 하나씩 거치면서 도안 변형에 대한 이해를 높여갈 수 있을 것이다.

③ 소매 너비(뒤쪽과 앞쪽)의 양쪽에서 팔꿈치 위와 아래로 2cm 떨어진 지점에 짧은 수평선을 그린다(그림 2, 점선). 이는 소매 곡선에 평탄화 구간을 더하는 역할을 한다.

④ 뒷소매 밑단 끝에서부터 3cm 길이의 수직선을 그린다. 수직선을 이용해 소매 아랫부분에 다트량을 설정한다.

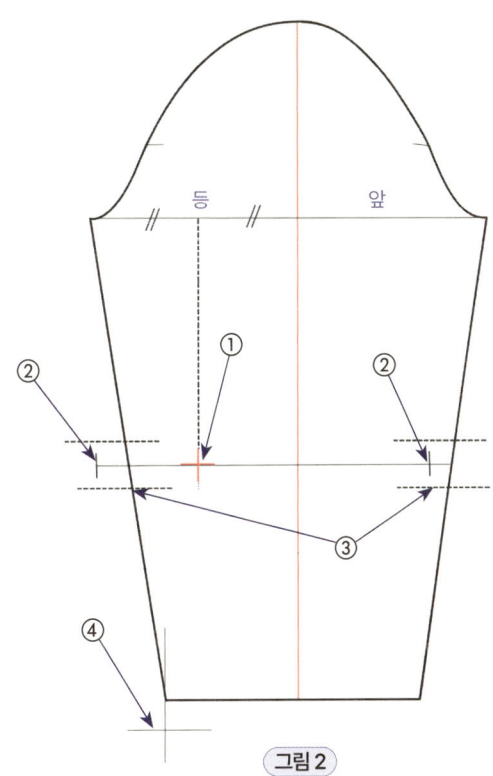

그림 2

앞소매 길이

팔꿈치 다트를 넣기 전에 소매의 모양을 결정한다. 이전에 표시한 기준점들을 활용해 소매의 최종선을 그린다.

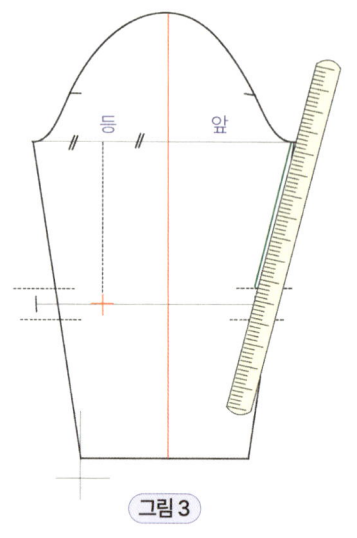

그림 3

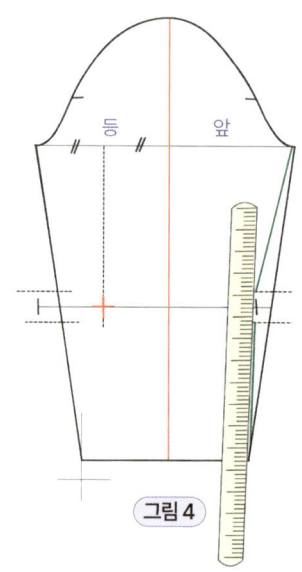

그림 4

자를 이용해 앞진동 끝점과 팔꿈치선에 넣은 기준점들을 잇는다. 단, 점선까지만 직선을 그어 팔꿈치의 평탄화 구간을 유지하도록 한다(그림 3).

소매 하단에도 같은 방법으로 선을 긋는다. 앞소매 밑단 너비 끝점과 팔꿈치선 위 기준점을 잇는다. 단, 팔꿈치 평탄화 구간을 유지하기 위해 점선까지만 직선을 긋는다(그림 4). 마지막으로 팔꿈치 평편도에 해당하는 두 점선 사이(그림 5)를 운형자로 잇는다. 완성된 선은 끊김 없이 이어져야 하고 살짝 휜 형태가 되어야 한다(그림 6, 초록색).

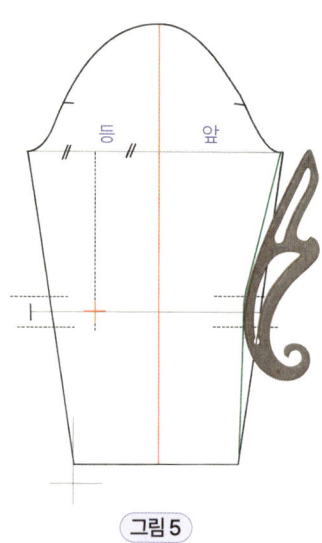

그림 5

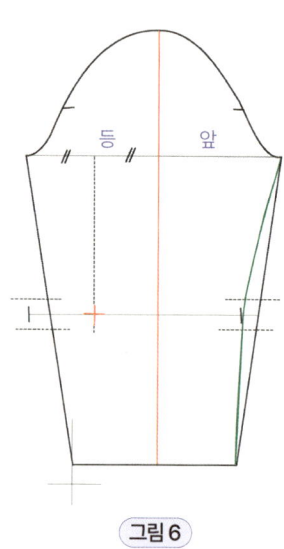

그림 6

뒷소매 길이

뒷소매 역시 앞소매와 동일한 방식으로 자와 운형자를 활용해 그린다.

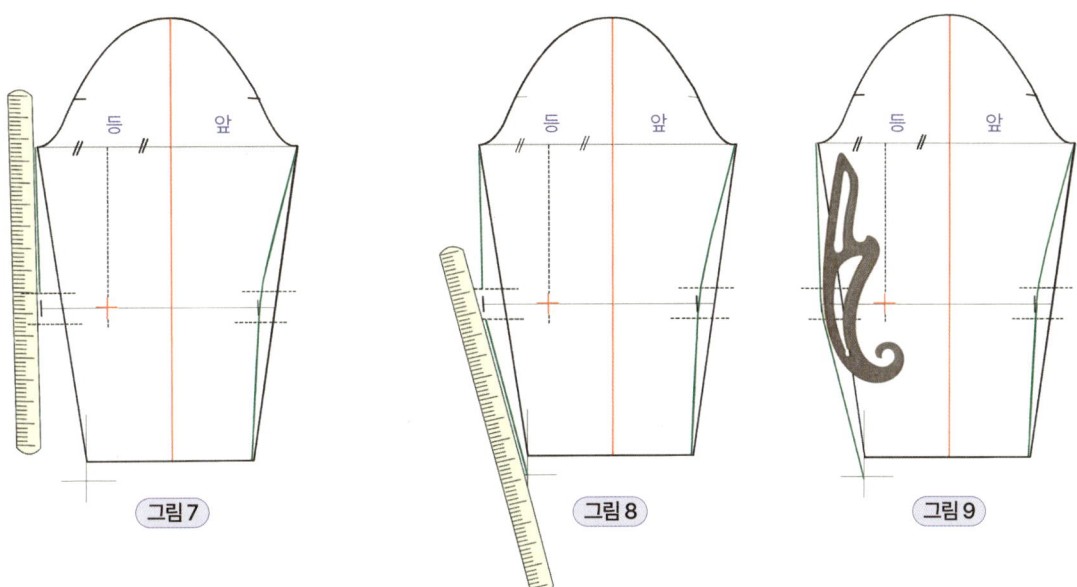

뒤진동과 팔꿈치선 위 기준점을 이어주는 직선을 평탄화 구간 시작점까지 그린다(그림 7). 그리고 소매 밑단선을 연장해 그린 점(그림 2, ④)부터 기준점을 지나 평탄화 구간 시작점까지 이어지는 직선을 그린다(그림 8). 마지막으로 운형자를 활용해 살짝 휜 곡선 모양으로 두 선을 잇는다(그림 9).

팔꿈치 다트의 위치

팔꿈치 다트량이 3cm보다 큰 경우는 드물고, 그보다 작은 경우는 더욱더 드물다. 팔꿈치 선(그림 10, 검은색 선)을 팔꿈치 다트의 축으로 삼고 축의 양 끝으로부터 1.5cm 떨어진 지점에 각각 표시한다. 표시한 점과 팔꿈치점을 직선으로 잇는다(그림 10, 파란색). 이로써 다트가 완성됐다. 다트를 닫으면 뒷소매선에 변형이 생기니 다시 그려주어야 한다.

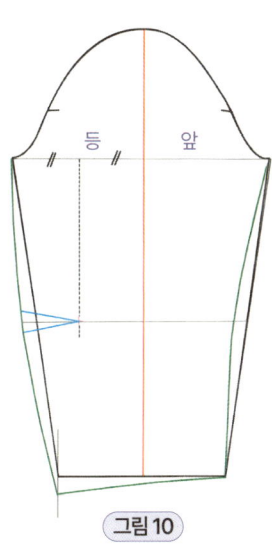

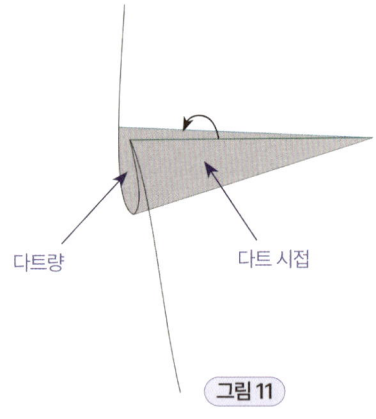

다트의 아래쪽 선이 위쪽 선에 포개지도록 접는다. 다트량은 아래쪽으로 눕혀져야 한다(그림 11). 그다음 운형자로 선을 그리는데, 이때 작은 다트 '산'이 생길 것이다. 다트산의 모양은 선의 경사 즉, 소매 밑단 너비에 따라 달라진다.

그림 11

소매 밑단 다시 만들기

팔꿈치 다트를 넣으면 소매 밑단선이 변형된다. 소매 밑단선을 다시 그리려면 소매 가장자리에 직각(90°)을 만든다. 직각이 아닐 경우 소매를 연결했을 때 밑단선이 직선으로 떨어지지 않는다. 뒷소매 길이선 위에 자를 대고 소매 밑단점(그림 12, 파란색)부터 시작해 수직으로 교차하는 선(2~3㎝)을 그린다. 앞소매도 같은 방법으로 진행한다(그림 13, 파란색). 그다음 운형자를 활용해(그림 14) 앞서 그린 (소매 가장자리를 표시한) 짧은 선을 잇는다. 끊김 없이 거의 직선에 가깝게 그려야 한다.

알아두면 좋아요

패턴을 제도할 때 수직선 혹은 수평선의 경사가 변형되었다면 확인 작업이 필요하고, 경우에 따라 작업물의 두 가장자리를 봉제한 뒤 '뾰족한 부분'이 생기지 않도록 다시 직각을 만들어야 한다.

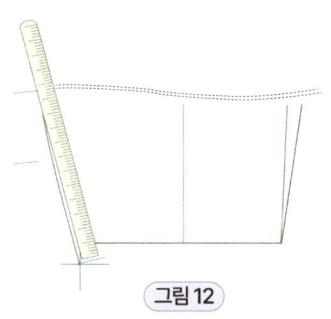

그림 12

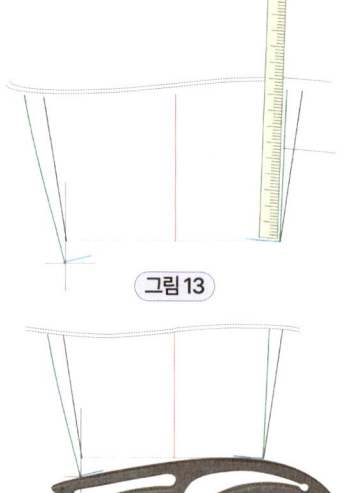

그림 13

그림 14

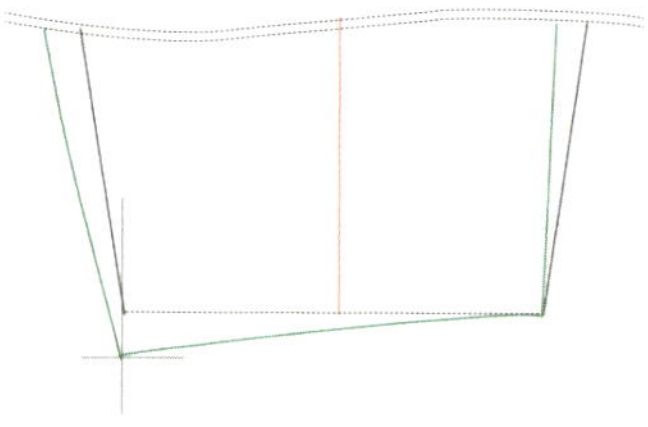

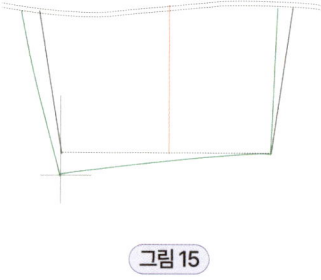

그림 15

완성 패턴

상의 기본 원형 패턴을 위한 소매 패턴이 완성됐다. 완성 패턴에는 재봉하는 데 필요한 모든 것이 담겨 있어야 한다. 원단 위에 패턴을 올려 재단하기 전에 시접 1cm를 넣고 - 뒷소매와 앞소매의 - 모든 기준 너치와 결합 너치가 올바른 위치에 들어갔는지 확인한다. 소매가 떨어지는 모양(패턴의 빨간색 수직선)은 옷감의 원단결 선과 일치해야 한다.

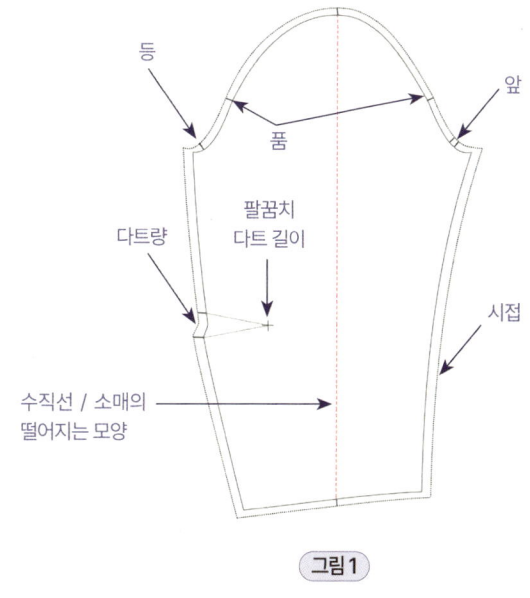

그림 1

원단 재단하기

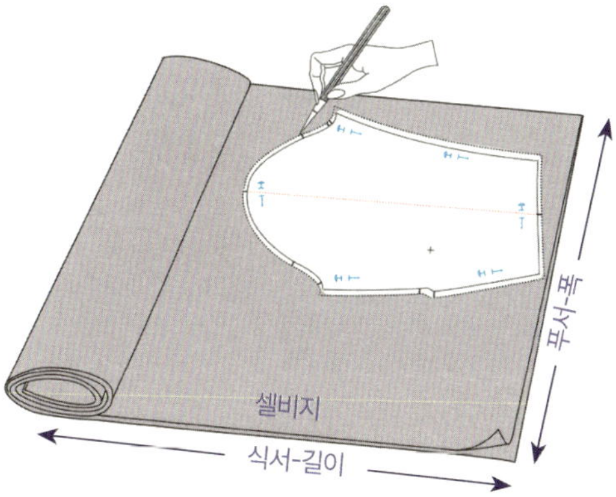

포개진 두 겹의 원단 위에 결 방향에 맞추어 소매 패턴을 올린다. 핀으로 패턴의 여러 부분을 고정하고 원단 위에 패턴 테두리를 따라 그린다. 패턴의 모든 너치를 원단에 옮긴다. 팔꿈치 다트 길이와 허리 다트 길이를 원단에 옮겨 적는다. 종이 패턴을 떼어내고, 원단 두 겹이 움직이지 않도록 - 그래야 완전히 동일한 모양의 두 패널을 오려낼 수 있다 - 소매 테두리 안쪽을 핀으로 고정한다. 기준 너치와 결합 너치로 표시한 부분에 0.5cm가량의 홈을 넣는다.

그림 2

패널 연결하기

소매 봉제하기

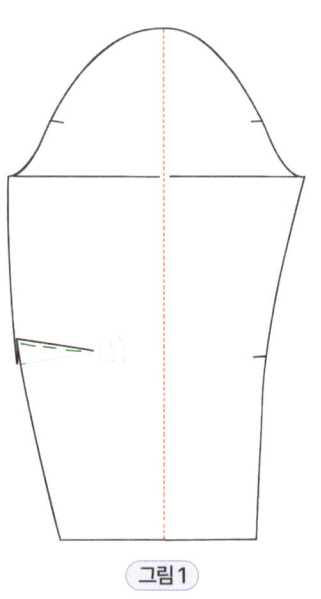

기본 원형 상의를 위한 가봉용 소매에는 수정하기 위해 필요한 분량이 아니라면 여유분이 거의 포함되어 있지 않다. 팔 아래쪽이 핀에 찔리는 사고를 예방하려면 소매는 되도록 시침질(실 두 가닥으로 하는 임시 손바느질)을 하여 안전하게 가봉한다. 팔꿈치 다트량을 아래쪽으로 뉘이면서 다트를 닫고 시침질한다(그림 1, 초록색). 그리고 소매를 소매의 가로 방향으로 접는다. 시접의 두께가 두꺼워지지 않고 다림질하지 않아도 평평해지도록 두 시접을 포갠 뒤 봉제한다. 안쪽에 넓고 긴 자를 두면 조금 더 수월하게 봉제할 수 있다(그림 2).

그림 1

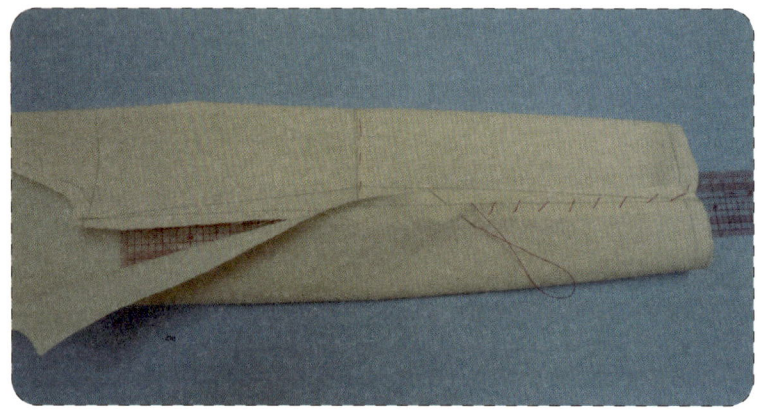

그림 2

진동 봉제하기

이번 챕터 초반에 설명했던 것처럼 소매의 설계와 봉제는 높은 정확도를 요하는 매우 까다로운 작업이다. 암홀을 봉제할 때 지켜야 할 원칙을 다시 떠올려보자. 진동 곡선(그림 3, 파란색)은 소매산의 초과분 1㎝를 덮어 흡수해야 한다. 품선의 위와 아래로부터 약 2㎝ 떨어진 지점에 진동의 테두리와 소매산의 테두리가 (소매 여유분 없이) 평평하게 연결되어야 한다. 마지막으로 소매의 맨 윗부분에는 진동에 흡수되는 1㎝가량의 여유분이 포함되어야 한다 (그림 3, 초록색).

소매와 진동을 올바르게 연결하는 방법은 여러 가지가 있다. 소매산의 여유분을 주름 없이 일정한 비율로 배분해야 하기 때문에 소매와 진동을 연결하는 작업은 특히 어렵다. 이때는, 예를 들어 소매산 가장자리를 이중으로 바느질한 뒤 실을 잡아당겨 주름을 만들거나 진동 주변 0.5㎝마다 핀을 꽂거나 혹은 이해하기 쉽고, 효율적이지만 다소 시간이 걸리는 다른 방법을 이용할 수 있다.

결과적으로 떨어지는 핏이 제대로 나오고 소매가 예쁘기만 하다면 어떤 방법을 사용하든 옳은 방법이라고 할 수 있다. 다음 페이지에서는 쉽고 빠르게 봉제할 수 있는 방법을 살펴볼 것이다. 설명을 꼼꼼히 따라간다면 진동을 연결하는 작업이 복잡하게 느껴지더라도 첫 시도 만에 성공적으로 해낼 수 있을 것이다. 서두르거나 단계를 건너뛰지 말고 필요한 만큼 충분한 시간을 들여야 한다.

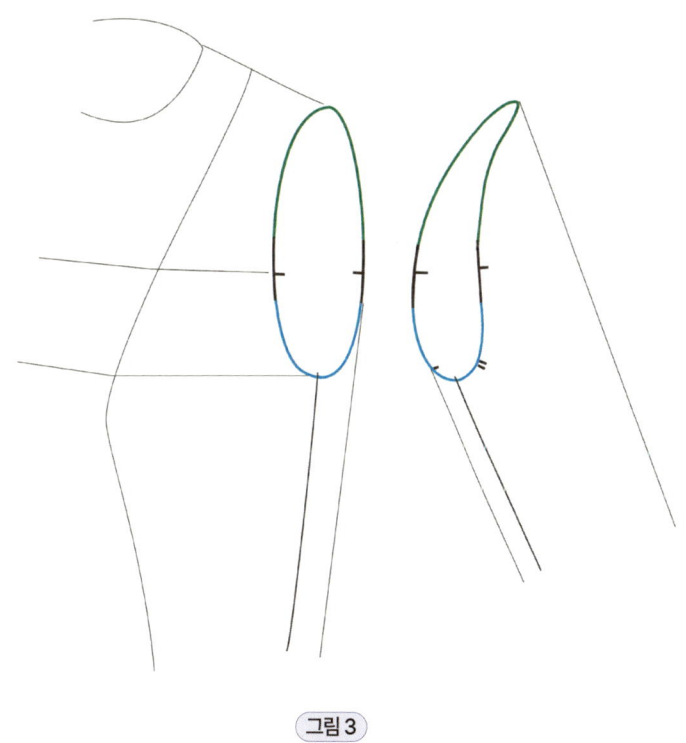

그림 3

패널 연결 순서

진동에 소매산을 두고 핀으로 고정한다. 가봉 시 다치는 일이 없도록 핀이 아닌 시침질로 연결한다.

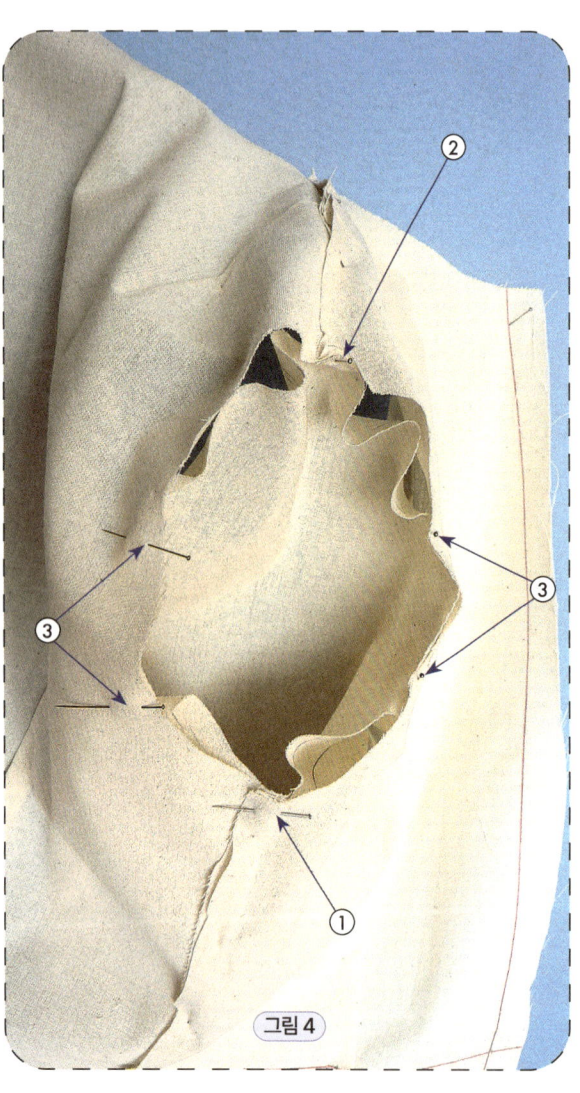

그림 4

① 원단의 안쪽이 보이는 상태에서 소매를 진동에 가져다 둔다(그림 4). 겉면이 겹치도록 핀을 고정한다. 진동 아랫부분의 바느질과 소매 바느질이 이어지도록 핀으로 고정한다.
② 소매 윗부분에 넣은 너치와 어깨 바느질을 맞춘 뒤 핀으로 고정한다.
③ 품선 높이(진동 높이와 소매산 높이)를 표시한 두 너치를 겹친 뒤 가장자리를 평평하게 만든다. 너치의 위아래로 2㎝가량 떨어진 지점에 핀을 꽂는다.

실 두 가닥을 사용해 탄탄한 바느질을 만들어 준다. 시접을 유지하며 진동 아래부터 소매산 옆 부분을 시침질한다.

진동 곡선에서 1㎝가 흡수되어야 한다. 꽂아준 핀들 사이로 두 가장자리(진동과 소매산)를 살짝 잡아당긴다. 곡선을 따라 재단했기 때문에 쉽게 당겨진다. 길이가 짧아 한 손으로도 두 원단이 움직이지 않도록 잡을 수 있고, 촘촘하게 (약 3㎝ 간격으로) 시침질할 수 있을 것이다.

반면 품과 소매산 위쪽 사이 부분은 잘 당겨지지 않아 바느질이 쉽지 않다. 소매산의 여유분을 일정한 간격으로 배분하려면 4~5㎜ 간격으로 시침질해야 한다.

그림 5

가봉과 수정

소매를 이은 뒤 첫 번째로 살펴보아야 할 것은 바로 소매와 상의 옆면의 바느질 이음새 부분이다. 소매와 상의 옆면은 진동부터 허리까지 나란히 이어져야 한다. 작품을 마네킹에 입히거나 테이블에 위에 올려두고 소매를 팔꿈치 위쪽으로 접는다(그림 6). 소매와 상의 옆면 바느질이 잘 이어진다면 다음 단계로 넘어간다. 그렇지 않다면 두 가지 가능성이 있다. 설계가 잘못되었거나, 드물지만 패널을 잘못 이은 경우다.

어떤 경우든 어느 순간 오류가 발생했다는 뜻이다. 이때는 패턴에서 진동선 위 뒷소매와 앞소매 너비를 조정한다(96페이지, 그림 1). 그다음 소매 밑단 너비를 확인하고(106페이지, 그림 1) 오류가 발생한 단계에 맞춰 필요한 수정 작업을 진행한다. 설계 단계에서 문제가 없었다면 패널을 이을 때 여유분을 제대로 흡수시키지 못해서 발생한 오류일 수 있으니 다시 확인한다.

그림 6

소매의 핏

옷을 만들 때 가장 중요한 부분은 옷감이 떨어지는 핏이다. 떨어지는 핏이 좋아야 편안하고 아름다운 디자인이 만들어진다. 옷이 떨어지는 핏은 (수평선과 수직선을 지키지 않는) 잘못된 설계나 재봉 오류(너치의 잘못된 이음새)로 쉽게 무너질 수 있다.

기본 원형 상의를 입고 양쪽(왼쪽과 오른쪽)에 그린 수평의 구성선을 연결하면서 앞판을 닫아 핀으로 고정한다. 상의의 앞중심과 뒤중심에서 소매의 떨어지는 핏을 나타내는 선이 수직을 이루어야 한다. 해당 선은 반드시 어깨 바느질(그림 7)에서 시작해 옆선과 평행을 이루며 떨어져야 한다(그림 8). 본래 소매에 그린 품선과 진동선은 패널 봉제 후 몸판의 품선과 진동선으로 이어져야 하지만 (몸판과 진동의) 두 품선 사이에 생기는 1~2㎝ 정도의 미미한 간격은 허용 가능하다. 두 진동선은 반드시 같은 높이에 있어야 한다.

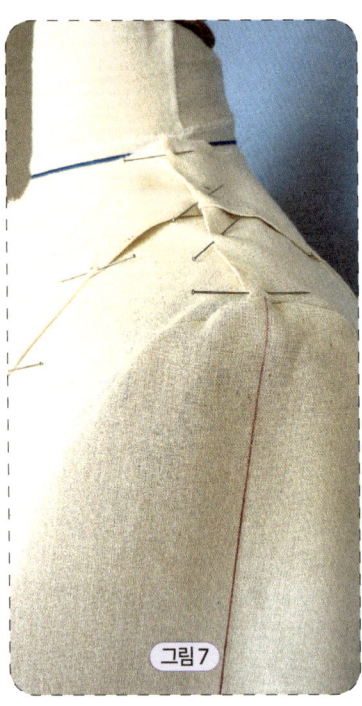
그림 7

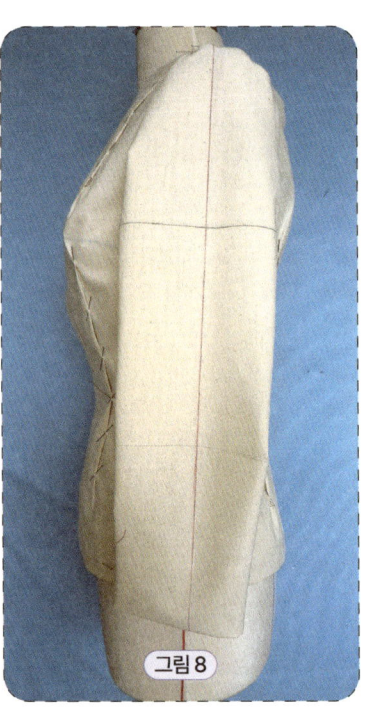
그림 8

가장 흔히 하는 실수

잘 설계된 소매산은 주름이나 변형 없이 진동 위에 포개져야 한다(그림 9). 소매산의 가장 윗부분에 남는 여유분은 진동 시접으로 덮는다. 소매의 (뒤판 혹은 앞판의) 어느 부분이 몸판에서 '떨어져' 있거나, 진동에 포개지지 않은 채 주름이 진다면 초과분이 균일하게 배분되지 않았거나(예를 들어, 잘못된 너치의 위치: 104페이지, 그림 13) 진동과 품 사이 소매산에 넣은 초과분이 충분하지 않다는(102페이지, 그림 10) 뜻이니 초과분을 늘려준다. 대부분의 경우 어깨 곡선이나 팔둘레가 둥글거나 발달한 체형일 때 이러한 문제가 나타난다.

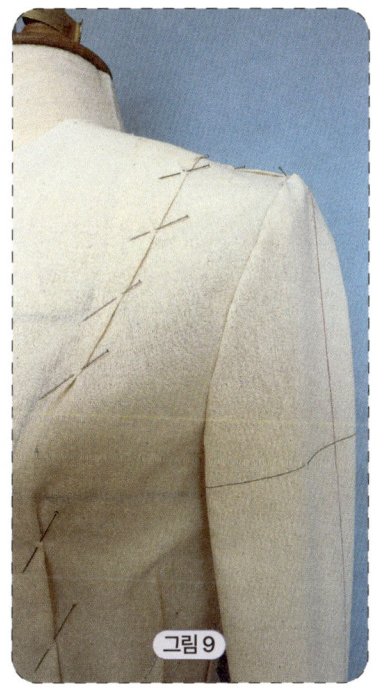
그림 9

그림 10

알아두면 좋아요

소매와 진동을 연결하는 시접은 소매 쪽으로 눕힌다.

스커트

La jupe

기본 원형 스커트 패턴은 몸판을 수직으로 연장하며 엉덩이에서 시작해 아래쪽으로 이어지기 때문에 상의 패턴처럼 복잡하지 않다. 하지만 스커트는 허리 높이에 '고정'되어야 하기 때문에 다트를 넣고 옷감이 수직으로 떨어지는 핏을 유지하면서 몇 가지 변형을 적용해 작업해야 한다. 기본 원형 상의 패턴으로 기본 원형 스커트 패턴을 만들고 싶은 유혹에 빠져서는 안 되는 이유다. 기본 원형 스커트 패턴은 상의 패턴과는 별개로 각각의 체형에 맞춰 제도한다.

시작하기에 앞서

스커트 제도에 필요한 치수를 측정한다: 유폭, 허리둘레, 엉덩이둘레. 기본 원형 스커트 패턴은 허리부터 제도한다. 스커트 기본 원형의 길이는 무릎 위까지이며 모델의 신장에 따라 약 55~60㎝가 된다. 가봉을 할 때 스커트의 길이가 이보다 더 길면 스커트가 일자로 떨어지는지 제대로 판단하기 어렵다. 다리 모양에 따라 수직선이 변형될 수 있기 때문이다. 따라서 기본 원형 패턴을 완성 패턴으로 변형할 때 원하는 길이를 설정한다. 설계도에서 엉덩이 선부터 무릎까지는 직선을 이룬다.

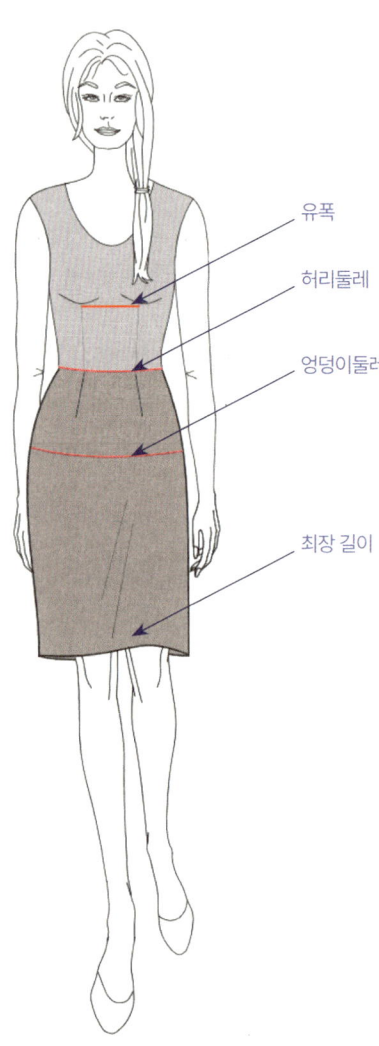

스커트 패턴 설계하기

설계도에는 두 부분, 오른쪽 스커트의 뒤절반과 앞절반이 담긴다. 뒤판에서 계산한 수치를 앞판으로 옮겨 적어야 하는 상의 제도와는 달리 스커트는 앞판이나 뒤판의 패턴 구분 없이도 제도를 시작할 수 있다. 스커트의 뒤판과 앞판의 유일한 차이가 있다면 너비이지만 둘 중 어느 것을 먼저 제도해도 상관없다. 이 책에서는 뒤판부터 제도하는 기본 원형 스커트 설계법을 소개한다.

뒤판 제도하기

약 60×100㎝의 종이를 수평으로 둔다.

① 종이의 왼쪽 가장자리에서 3~5㎝ 떨어진 지점에 빨간색 수직선을 그린다. 약 55~60㎝ 길이의 기준선으로 뒤중심선이 된다.

② 종이 위쪽 가장자리에서 3~5㎝ 떨어진 지점에 역시나 빨간색으로 수평선을 그린다. 두 번째 기준선으로 허리선이 된다.

③ 뒤중심선 아래쪽에 직각을 이루는 선을 그린다. 이 수평선은 스커트의 밑단이 된다.

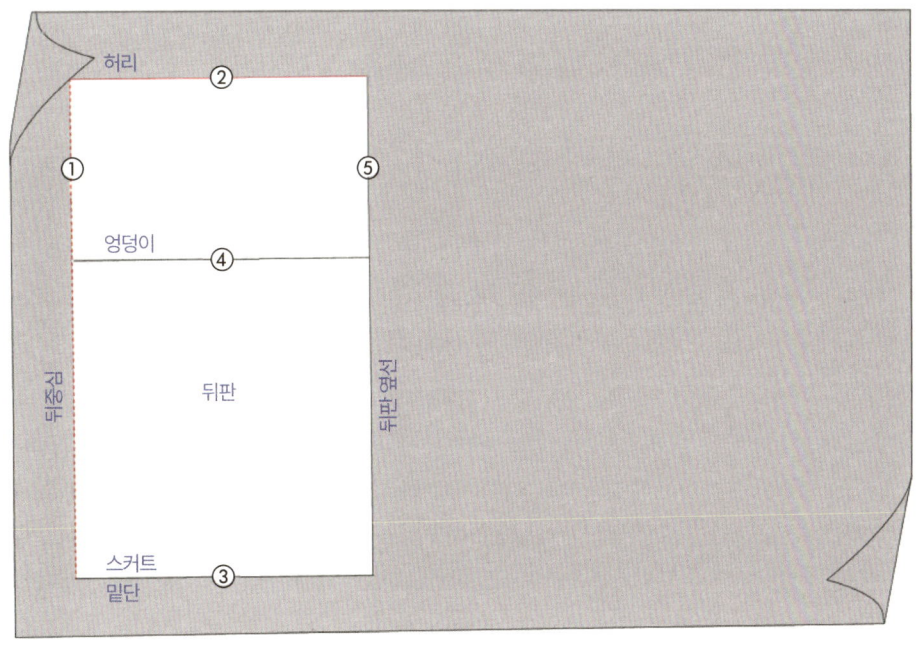

그림1

④ 허리선부터 시작해 엉덩이 높이를 옮겨 적고 수평선을 그리면 엉덩이선이 된다.
⑤ 뒤절반 패널을 연결하기 위해 엉덩이둘레를 4로 나눈 뒤 1을 뺀 값을 허리선과 뒤중심선이 만나는 점에서부터 재어 허리선 위에 표시한다. 허리선 끝점에서 스커트 밑단까지 수직선을 그으면 뒤판 옆선이 된다.

일부 제도법에서는 동일한 옆선에서 출발해 기본 원형 스커트의 뒤판과 앞판을 제도할 것을 권하기도 한다.

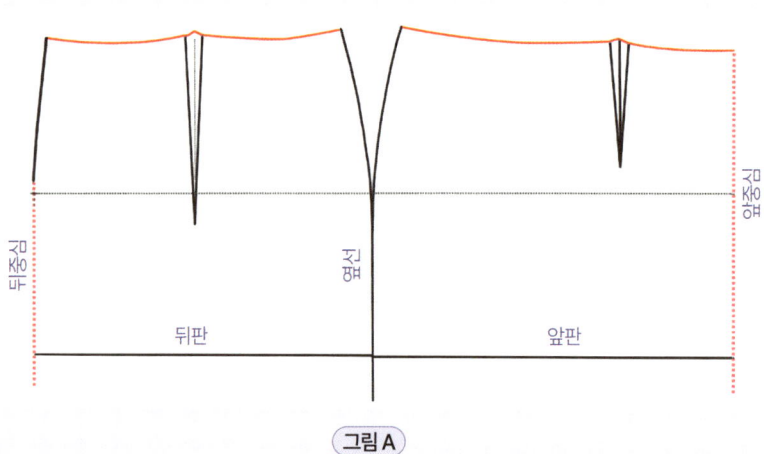

그림 A

이러한 방식을 반대하지는 않지만 그래도 기본 원형 패턴 제도의 목적은 염두에 두어야 한다. 기본 원형 패턴은 변형을 가해 원하는 샘플을 만들거나 체형에 맞춰 가봉하는 역할을 한다. 둘 중 어느 경우든 뒤판과 앞판을 분리해야 하는데 뒤판과 앞판을 같은 옆선에서 출발해 제도한다면 불필요한 시간을 뺏기게 된다. 각각의 설계도를 별도로 그리는 작업 단계 하나가 더 추가되기 때문이다. 따라서 뒤판과 앞판 사이를 충분히 띄운 후 종이에 따로 제도할 것을 추천한다. 처음 그린 설계도를 다시 그릴 필요 없이 변형, 시접, 확장을 더할 수 있다.

앞판 제도하기

뒤판 옆선에서 약 5㎝ 떨어진 지점에 평행선을 그린다. 이는 앞판 옆선이 된다. 그다음 앞판 옆선에서 허리(빨간색), 엉덩이, 스커트 밑단 등으로 모든 수평선을 이어 그린다. 엉덩이둘레를 4로 나눈 뒤 1을 더한 값을 허리선 위 앞판 옆선부터 재어 앞중심선을 그린다. 허리선 끝점에서 시작해 스커트 밑단까지 수직선을 그으면 앞중심선이 된다. 앞중심선은 기준선이 되니 빨간색으로 표시한다.

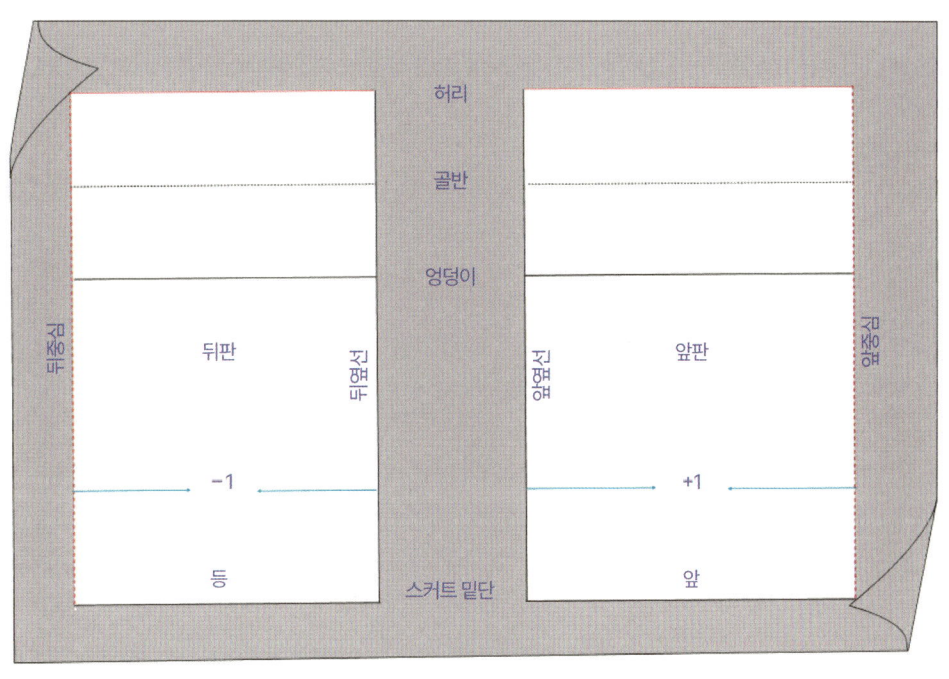

알아두면 좋아요

다음 단계로 넘어가기 전에 치수는 제대로 기입했는지, 수직 및 수평 구성선이 잘 배치되었는지 확인한다.

허리 다트

허리 다트의 위치

다트 배치 순서를 잘 지키는 것은 완성도 있는 결과물을 얻기 위해 매우 중요한 단계다.
① 첫 번째 다트는 유폭에 맞추어 배치한다. 다트의 길이는 9cm다.
② 다음 다트는 앞판 옆선에, 그다음으로 같은 값은 뒤판 옆선에 넣는다. 보통 해당 다트는 골반선 높이 정도까지 이어지며, 다트의 길이는 체형에 따라 달라진다.
③ 스커트는 뒤중심에 다트가 들어간다. 상의에 넣는 다트는 선택 사항이지만 스커트에는 반드시 들어가야 한다. 기본 원형 패턴에서는 1cm 분량으로 들어가지만 분량을 늘려야 하는 체형이라면 가봉 단계에서 늘릴 수 있다.
④ 뒤절반의 핵심 다트로 뒤판 옆선 다트와 뒤중심 다트 사이에 들어간다. 뒤판 옆선 다트와 뒤중심 다트 중간에 11cm의 다트축을 그린다.

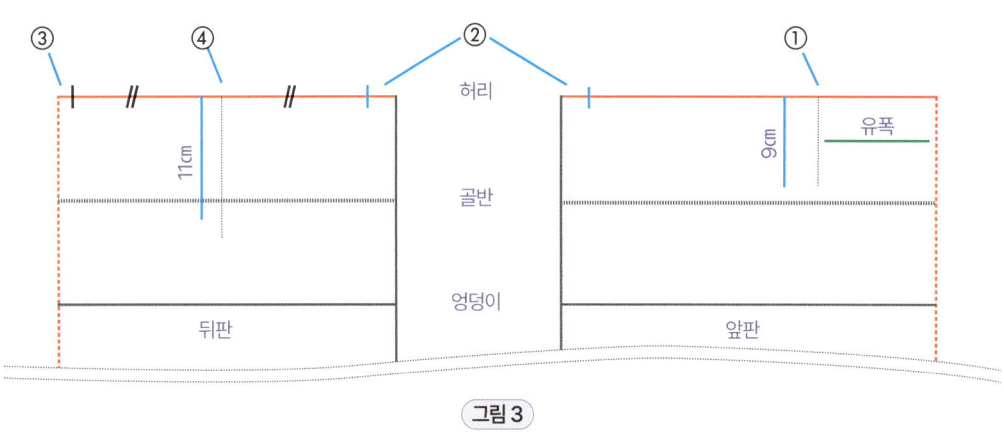

그림 3

허리 다트량

원단이 실루엣에 꼭 맞으려면 허리 부분의 초과분을 줄여야 한다. 옷감이 균일하게 떨어지도록 허리둘레를 따라 다트량을 일정한 간격으로 분배한다. 즉, 스커트의 각 패널(앞절반과 뒤절반)에 같은 값이 흡수되도록 한다. 이를 위해서는 허리둘레와 엉덩이둘레의 차이를 알아야 하는데, 차이 값을 4로 나눈다(56, 57페이지, '허리 다트량 계산하기' 참조).

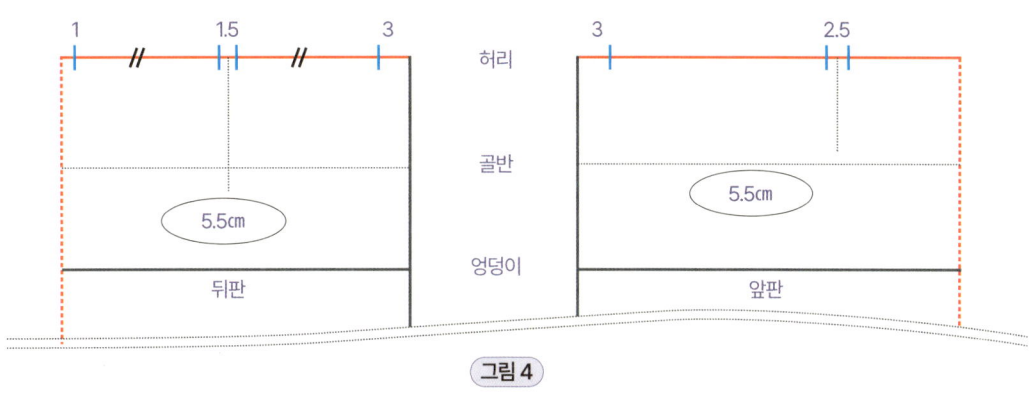

그림 4

예시: (엉덩이둘레 92cm - 허리둘레 70cm)/4=5.5cm

허리에 흡수시켜야 하는 총 분량은 22cm(엉덩이둘레 92cm와 허리둘레 70cm의 차이)다. 따라서 스커트의 각 패널에 5.5cm씩 흡수시켜야 한다(그림 4).

예시 속 오른쪽 기본 원형 스커트 패턴의 두 패널에서 각각 5.5cm 분량의 다트를 넣는다. 이때 각 다트의 최댓값을 초과하지 않도록 주의한다. 그림 4에서 소개한 예시의 다트를 다음과 같이 배분한다. 다트의 최댓값은 괄호를 참고한다.

- 유폭 다트: 2.5cm(최대:3cm)
- 옆선 다트: 3cm(최대: 4cm)
- 뒤절반 중심 다트: 1.5cm(최대: 2cm)
- 뒤중심 다트: 1cm(최대: 1cm)

추가 다트

125페이지 그림 4의 예시에서 각 패널에 넣은 다트량은 최댓값을 초과해서는 안 된다. 하지만 체형에 따라 엉덩이둘레와 허리둘레의 차이가 크다면 다트를 추가로 넣을 수 있다.

예시: 엉덩이둘레(94) - 허리둘레(68)=26㎝를 흡수시켜야 한다.

26/4=6.5㎝. 따라서 각 패널에서 6.5㎝, 즉, 뒤절반과 앞절반에서 각각 6.5㎝를 흡수시킨다.

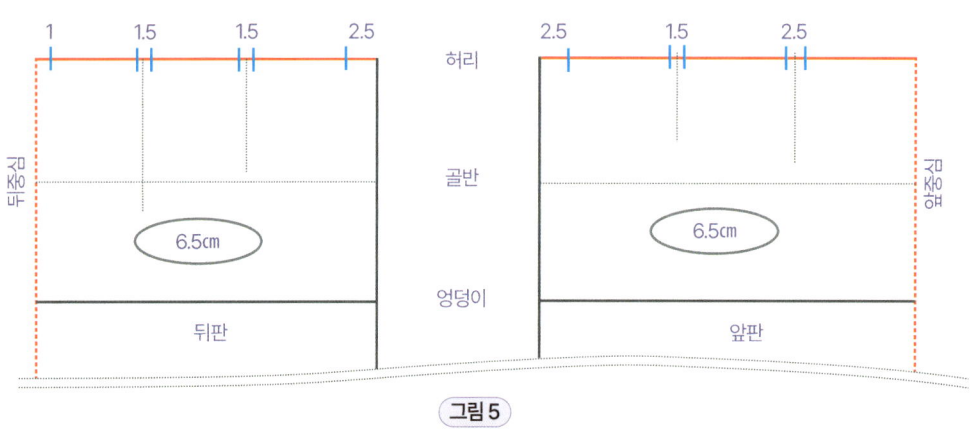

그림 5

추가 다트량

우선 각 다트량을 설정해야 한다. 앞서 소개한 예시에서 앞판의 유폭 다트량은 2.5㎝다. 옆선 다트는 2.5㎝, 추가 다트는 1.5㎝로 다트의 총량은 6.5㎝로 설정되어 있다. 뒤판에는 뒤중심 다트 1㎝, 뒤절반 중심 다트 1.5㎝, 추가 다트 1.5㎝, 옆선 다트 2.5㎝가 포함된다. 다트의 총량은 6.5㎝가 된다.

추가 다트의 위치

앞판

첫 번째 다트는 앞중심에서 시작해 유폭을 따라 들어간다. 9㎝의 다트 축을 그린다. 축의 양쪽으로 다트량을 고르게 나누고(각각 1.25㎝) 다트 너비(2.5㎝)를 표시한다. 두 번째 다트는 스커트 옆선에 제도한다. 옆선에서 2.5㎝ 떨어진 지점에 다트량을 표시한다. 세 번째 (추가) 다트는 주요 (유폭) 다트의 선과 사이드 다트의 선 가운데에 놓인다. 두 다트의 선 사이 거리를 측정한 수치를 2로 나눈 값만큼 수직선(다트축)을 그린다. 그다음 축의 양쪽에 다트량 1.5㎝를 고르게 나누고(각각 0.75㎝) 다트 너비를 표시한다. 추가된 다트의 길이는 다른 주요 다트의 길이보다 2~3㎝ 더 짧다.

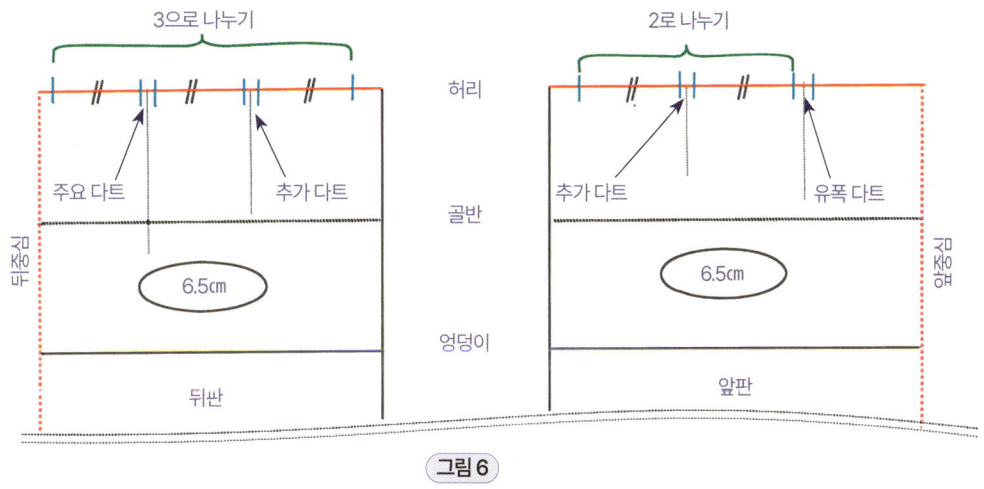

그림 6

뒤판

우선 뒤중심 다트(최대 1㎝)와 뒤판 사이드 다트(2.5㎝)를 표시한다. 그다음 두 다트의 선 사이 거리를 측정한다. 거리를 삼등분하고 다트의 축이 되는 수직선을 그린다. 주요 다트의 축 길이는 11㎝다. 일반적으로 추가 다트의 길이는 주요 다트의 길이보다 (체형에 따라) 2~3㎝ 더 짧다. 축의 양쪽으로(각각 0.75㎝) 다트량을 고르게 나누고 다트 너비를 표시한다.

다트 제도하기

자를 이용해 다트의 하단을 표시한 점과 허리선 위로 다트 너비를 나타내는, 다트의 양쪽 점을 이으면서 (그림 1의 유폭 다트와 그림 2의 뒤절반 중심 다트의) 다리를 그린다.

앞판 사이드 다트선은 골반선 높이에서 살짝 둥근 형태를 띤다. 그림 1처럼 운형자를 두고 그린다. 뒤판 사이드 다트 선과 동일하게 그리기 위해 운형자의 허리선과 골반선 위치에 표시를 남긴다(그림 1, 빨간색). 운형자를 뒤집어 표시한 지점이 허리선과 골반선에 맞춰 포개지도록 한다. 다트량을 유지하면서 뒤판 옆선을 그린다.

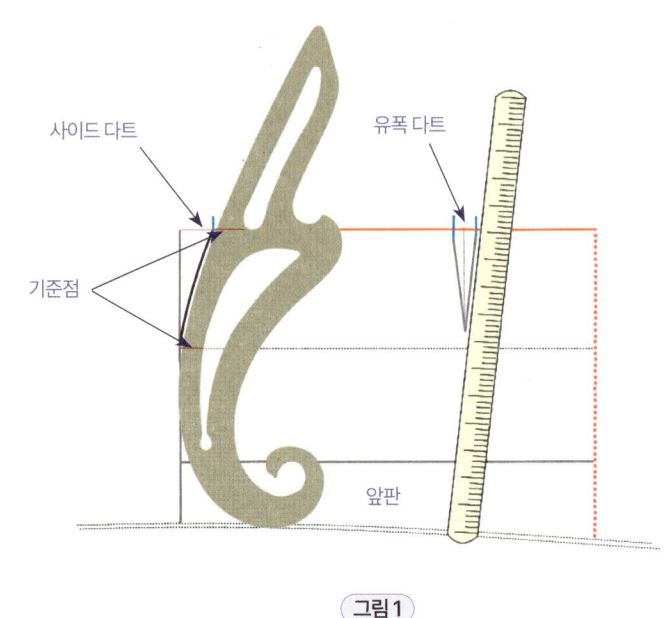

그림 1

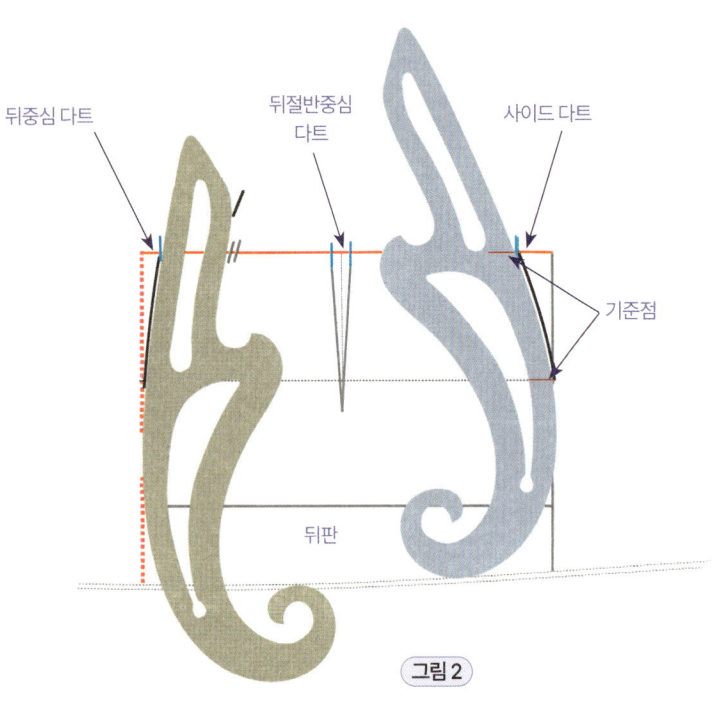

그림 2

뒤중심 다트는 직선에 가깝게 그린다. 단, 비스듬한 두 선이 만나는 지점이 튀어나오지 않도록 그림 2와 같이 운형자의 직선 부분을 사용해 그린다.

허리선

앞판 허리선

다트를 접으면 패턴에 직선으로 그려둔 허리선에 변형이 생긴다. 허리선을 중심선 위에서 1.5㎝ 내려 체형에 맞춰 수정 작업을 진행한다(그림 1). 다트량이 중심 쪽으로 눕도록 다트를 접고 핀으로 고정시킨다.

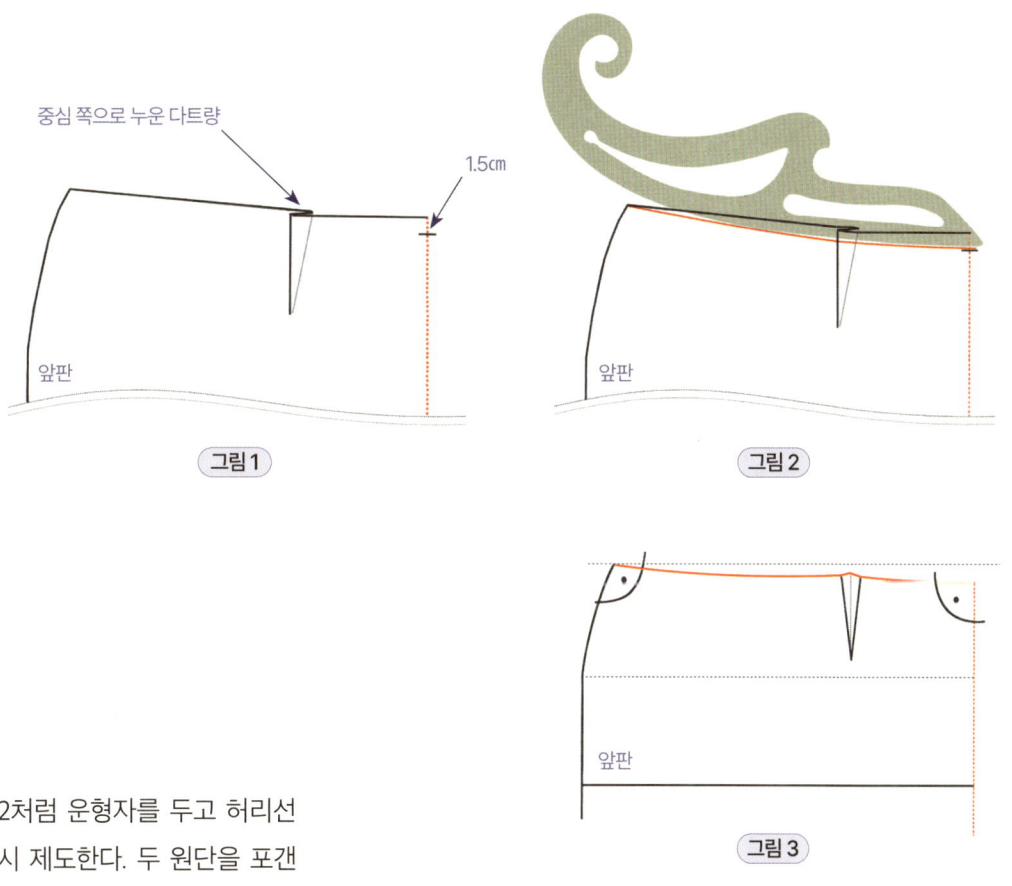

그림 2처럼 운형자를 두고 허리선을 다시 제도한다. 두 원단을 포갠 상태로 재단하기 때문에 허리선과 앞중심선이 만나는 부분이 직각을 이루어 중간에 뾰족한 모양이 생기지 않도록 주의한다(그림 3). 같은 이유로 허리선과 옆선 역시 수직으로 교차해야(그림 3) 뒤판과 앞판을 연결할 때 매끈한 직선이 나온다.

알아두면 좋아요

옷을 설계할 땐 뒤절반 혹은 앞절반 패턴의 허리 위치에 여러 다트가 들어간다. 이때 모든 다트는 접고 핀으로 고정하는 작업을 통해 허리선을 재조정할 수 있다.

뒤판 허리선

뒤판 허리선을 다시 그리기 위해서는 앞판과 동일한 작업을 해야 한다. 허리선을 중심선 위에서 0.5㎝ 내린 후 체형에 맞춰 수정 작업을 진행한다(그림 1). 다트량이 중심 쪽으로 눕도록 다트를 접어 핀으로 고정한다. 그림 2와 같이 운형자를 두고 허리선을 다시 그린다. 앞판과 마찬가지로 허리선과 뒤중심선이 직각을 이루고 있는지 확인한다. 허리선과 옆선 역시 직각을 이룬다(그림 3).

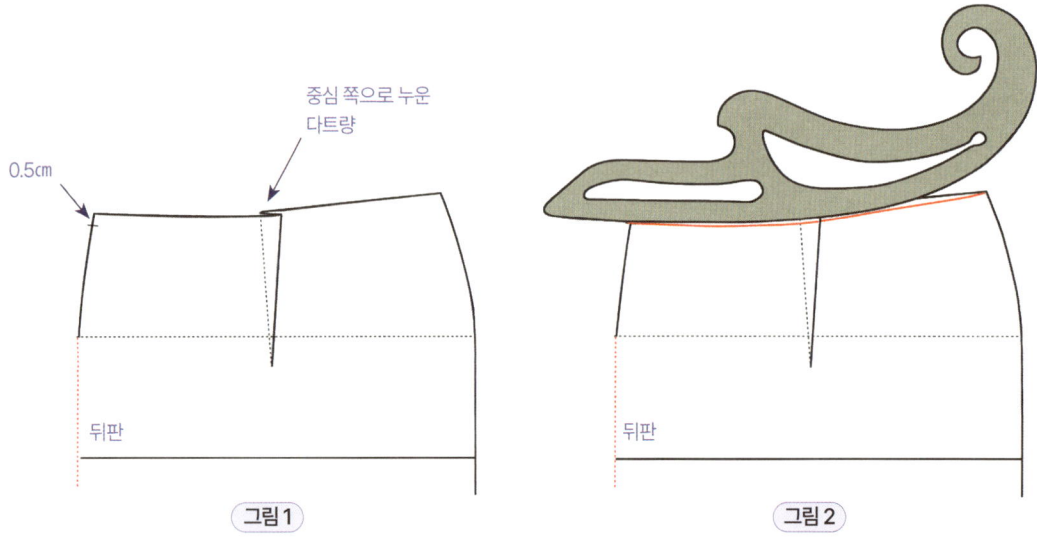

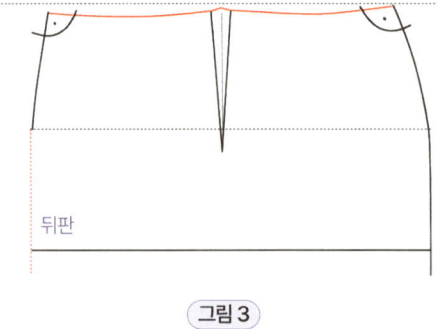

완성 기본 원형 패턴

기본 원형 일자 스커트 완성 패턴에 시접을 넣는다. 일반적으로 1cm면 충분하지만 해당 패턴은 수정할 여지가 있는 가봉용이기 때문에 여유분을 조금 더 크게 잡는다. 뒤판과 앞판에 2cm의 시접을 넣는다. 트임의 길이가 엉덩이선을 살짝 넘어가야 스커트를 편하게 착용할 수 있다. 0.5~1cm면 충분하다. 트임선을 따라 2cm의 여유분을 더하면 스커트 잠금 장치를 달기가 수월해진다. 결합 너치도 잊어서는 안 된다.

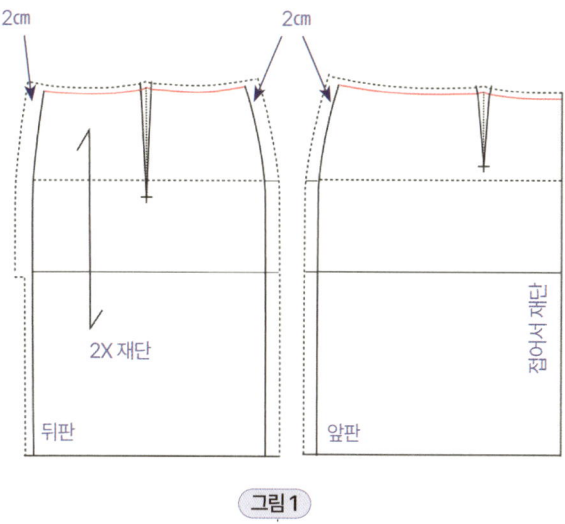

그림 1

재단하기

단색의 직물 원단으로 가봉용 스커트를 재단한다. 늘어나지 않는 탄탄한 원단이어야 한다. 가장 적합한 원단은 패턴용 원단이다. 원단을 반으로 접어 앞판을 재단한다. 앞판 패널을 골선에 맞춘다. 원단결선에 맞춰 뒤판을 올린다. 패턴이 원단 위에서 움직이지 않도록 핀으로 고정한다. 패턴의 가장자리를 따라 그리고, 결합 너치를 모두 옮긴다. 종이 패턴지를 떼어내고 두 겹의 원단이 움직이지 않도록 핀으로 고정한 뒤 함께 재단한다. 가봉할 원단에는 앞중심과 엉덩이선 등 구성선이 모두 담겨 있어야 한다.

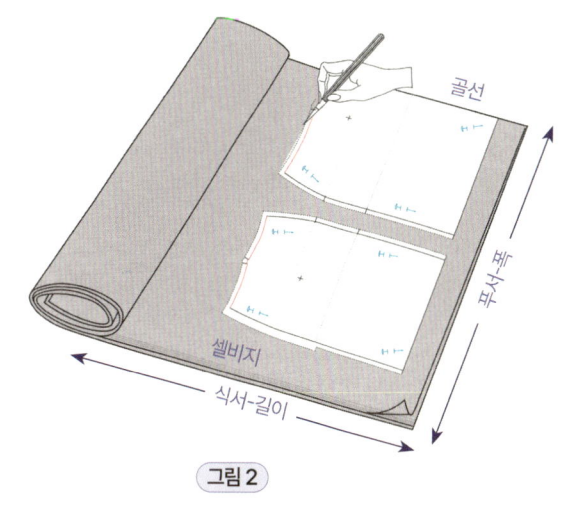

그림 2

스커트 패널 연결하기

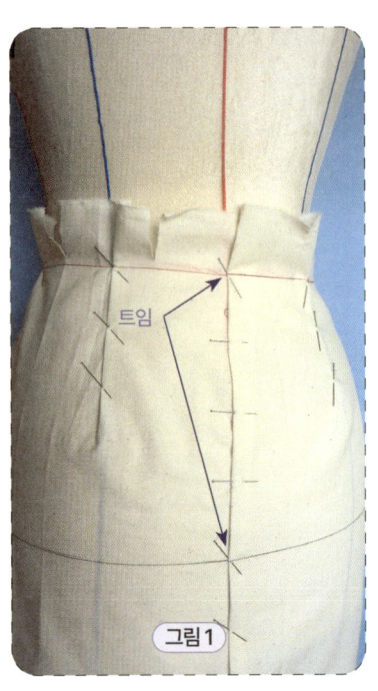

그림 1

72페이지 그림 1과 같이 다트를 접고 시접이 뒤쪽을 향한 상태에서 옆선을 연결한다. 그다음 뒤중심을 트임까지 핀으로 고정한다. 작업을 좀 더 원활하게 하기 위해 소매를 연결할 때처럼 스커트 안쪽으로 자를 댄다.

알아두면 좋아요

일반적으로 모든 스커트 샘플에는 보이거나 보이지 않는 지퍼를 달아준다. 지퍼는 뒤중심 시접에 들어가며 드물게 옆선 시접에 다는 경우도 있다. 옆선 시접은 결선 위에 박음질한 지퍼의 테이프가 엉덩이 곡선을 변형시킬 수 있다. 트임의 길이는 엉덩이선을 살짝 넘어가야 한다. 그렇지 않을 경우 스커트를 입기가 어려워진다.

가봉하기

스커트를 입고, 뒤중심의 트임 부분을 접어 핀으로 고정한다. 스커트 뒤판에 그려둔 엉덩이선이 잘 이어질 수 있도록 유의한다. 우선 허리둘레의 너비가 체형에 잘 맞는지 확인한다. 만약 너무 크거나 작다면 패턴에서 설정한 비율의 균형이 깨지지 않도록 동일한 값을 가지는 다트량을 늘리거나 줄이면서 치수를 조정한다.

그림 2

다트의 위치

허리둘레를 조정한 뒤 다트의 위치를 설정하고 옷감이 각 다트의 양옆으로 당겨지지 않는지 살펴본다. 해당 부분의 원단이 (그림 3처럼) 평평하지 않다면 다트가 너무 짧거나 다트량이 크다는 뜻이다. 따라서 다트를 줄이고 옆 다트에 초과분을 넣거나 추가로 다트를 더 만들어 넣어야 한다. 필요하다면 허리둘레에 넣은 각 다트를 확인하고 수정한다. 마찬가지로 각 다트의 위치를 조정하는 작업을 진행하는데, 체형에 따라, 특히 둥근 체형이라면 초반에 넣은 다트 배분량을 변경할 수 있다.

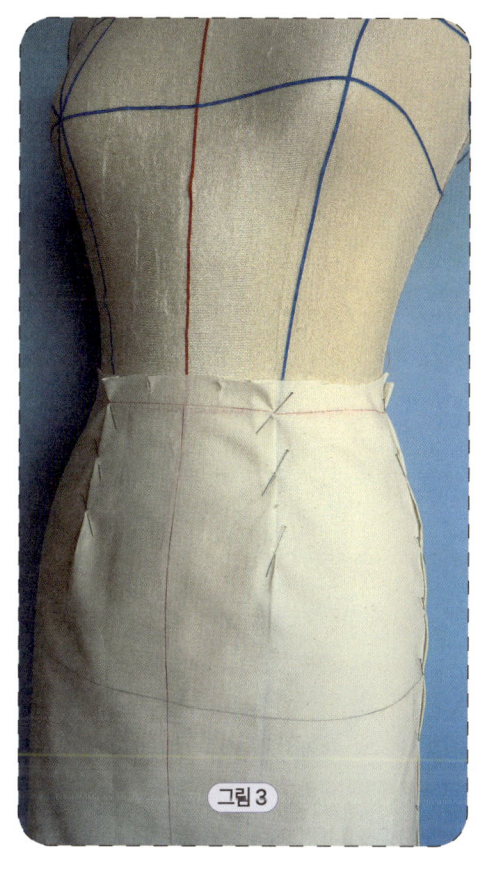

그림 3

스커트의 핏

허리의 다트량과 다트의 높이를 조정했다면 스커트 핏이 일자로 잘 떨어지는지 확인한다. 스커트 핏이 예쁘게 떨어지도록 만드는 일은 가봉 단계에서 가장 중요한 작업이다. 심미적인 측면뿐만 아니라 착용했을 때 편안함을 위해서도 중요하다.

스커트의 올바른 핏을 좌우하는 세 가지 요소로는 앞중심선, 뒤중심선, 옆봉제선이 있다. 이 선들은 엉덩이선부터 시작해 반드시 수직 및 수평을 이루어야 한다. 일반적으로 핏을 조정할 땐 스커트의 옆봉제선을 옮기며 수정한다. 필요하다면 엉덩이선까지 핀을 제거하고, 새로운 수직선을 만든 뒤 만든 선을 따라 다시 핀으로 재고정하는 작업을 거친다.

잘못된 설계로 발생하는 오류들

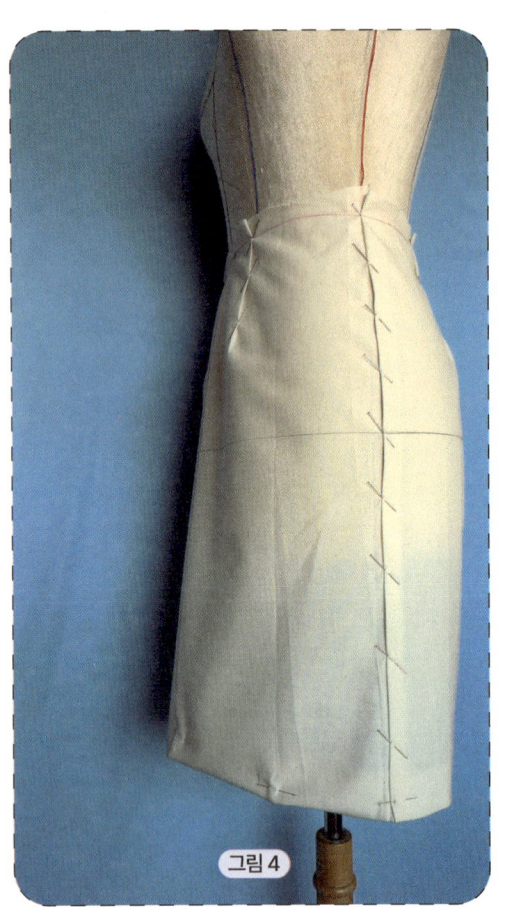

그림 4

스커트의 앞면이 올라간 경우

가장 흔하게 나타나는 문제다. 허리선을 체형에 맞지 않게 내렸을 때 발생한다. 스커트의 옆면을 보면 앞면이 수직을 이루는지 혹은 기울었는지 쉽게 알아볼 수 있다. 앞면이 수직이 되도록 하려면 허리선의 중심을 올리거나 내려야 한다. 새로운 허리선을 허리에 표시하고 종이 기본 원형 패턴에 옮긴다.

스커트의 뒷면이 올라간 경우

뒤중심이 수직으로 떨어지지 않는다면 앞판과 동일한 방법으로 수정한다. 엉덩이 볼륨 때문에 나타나는 문제로 중간 부분의 경사가 커지는 것이 특징이다. 원칙적으로 뒤중심에서 허리선은 0.5㎝ 내린다. 스커트 핏을 수정할 때, 특히 허리둘레가 큰 체형이라면, (허리의) 구성선을 넘겨야 한다. 새로운 허리선을 허리에 표시하고 종이 기본 원형 패턴에 옮긴다.

알아두면 좋아요

스커트의 앞판 혹은 뒤판이 올라가는 문제로 수정할 때는 스커트의 밑단선을 변형하지 않는다. 밑단선은 반드시 수평을 이루어야 한다.

허리선 조정하기

허리선이 체형에 꼭 맞도록 조정하는 작업은 중요하다. 특히 둥근 체형, 예를 들어 복부가 두드러지는 체형이라면 더욱 중요하다. 패턴에 허리선을 잘못 표시하면 스커트의 떨어지는 핏이 무너지는 문제가 발생할 수 있다. 다트량을 바꾼 경우라면 허리 다트를 반드시 수정해야 하는데, 다트량이 바뀌면 패턴에 그려둔 허리선이 달라지기 때문이다. 허리선을 수정하기 위해서 가봉용 스커트 위로 줄자 혹은 끈을 두른 뒤 새로운 허리선을 그려 넣는다.

패턴에 수정 사항 옮기기

원단 위에 적어둔 수정 사항은 색연필을 사용해 수정 사항이 잘 보이도록 종이 위로 옮긴다. 스커트의 앞판과 뒤판을 분리하며 꽂아둔 핀을 제거한다. 다트량을 잡아놓은 핀도 함께 제거한다. 뒤판 옷본의 뒤중심과 종이에 그린 뒤중심이 겹치도록 옷본을 종이 패턴 위에 올린다. 동일한 방식으로 수평 구성선, 즉 엉덩이선, 허리선이 겹치도록 둔 뒤 중심선과 수평선의 각 교차점을 핀으로 고정한다.

그림 5

알아두면 좋아요

재단하기 전에는 원단의 다림질이 가능하지만 가봉 후에는 절대로 다림질하지 않는다. 열기와 스팀이 옷본과 원단에 변형을 줄 수 있기 때문이다.

앞판 역시 동일한 작업을 반복한다. 다음 단계로 넘어가기 전 옷본이 종이 패턴 위에 평평하게 놓여있는지 꼼꼼히 확인한다. 이 배치에 따라 최종 결과물이 달라지기 때문이다. 이전에 원단 위에 적어둔 수정 사항, 다트량과 다트의 위치, 옆선과 허리선을 도면 위로 옮긴다. 원단 위에 표시해둔 모든 사항을 종이로 옮긴다. 수정한 종이 패턴은 옷본 패턴과 동일해야 한다.

바지

Le pantalon

표준 치수에 근거해 제도한 바지의 기본 원형 패턴에서는 대개 특별한 문제가 발견되지 않는다. 반면 맞춤형 패턴을 제도할 때는 조금 더 생각해야 하고, 약간의 전문성이 필요하다. 바지는 모델이 직접 입고 있는 상태에서 가봉을 진행하며 체형에 맞춰 수정하는 것이 조금 더 수월하다. 바지 기본 원형 패턴에 신체의 불완전한 부분들을 반영하는 것은 많은 노하우를 요하는 까다로운 작업이기 때문이다.

이처럼 바지 제작은 복잡하기 때문에 이번 장에서 제시하는 지시 사항을 충실히 따라야 한다. 특히 각 선의 제도, 곡선, 작업의 진행 단계별로 주어지는 설명의 이해가 필요하다.

시작하기에 앞서

바지 기본 원형 패턴을 그리기 위해 엉덩이둘레의 절반에 약 20㎝의 여유분이 더해진 너비와 약 110㎝의 다리 길이에 5~10㎝ 여유분이 더해진 길이의 옷본에 맞는 크기의 종이를 준비한다. 그다음 필요한 치수인 허리둘레, 엉덩이둘레, 밑위 높이, 무릎 높이, 밑단 길이, 허벅지둘레, 발목둘레, 시리의 총길이 등을 함께 측정한다.

바지 패턴 설계하기

여타 패턴(예를 들어, 상의 패턴)과는 다르게 바지 기본 원형 패턴은 뒤판이나 앞판 어느 쪽에서 시작해도 좋다. 제도의 첫 단계에서 두 패널(뒤판과 앞판)은 동일하기 때문에 패턴 설계에 큰 영향을 주지 않는다. 두 패널은 시리를 제도하면서 달라지기 시작한다.

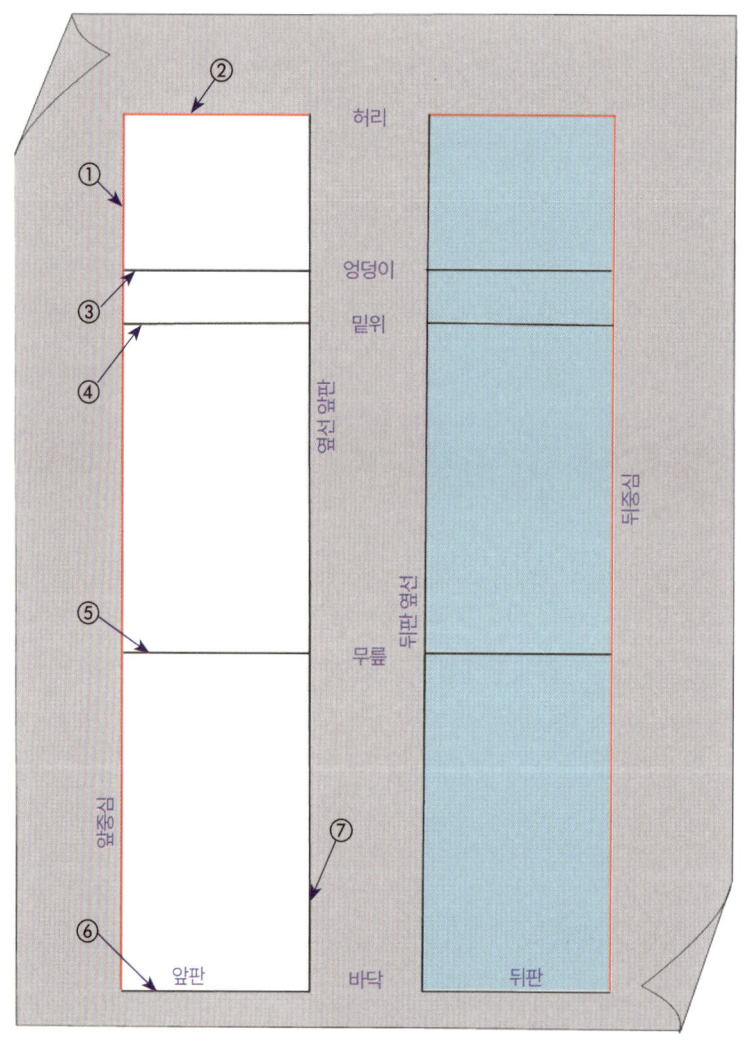

그림1

① 종이 가장자리에서 약 5㎝ 떨어진 곳에 빨간색으로 수직선을 그린다. 앞중심선이다.
② 앞중심선 위쪽, 종이 가장자리에서 약 5㎝ 떨어진 곳에 빨간색을 사용하여 수직으로 교차하는 선을 그린다. 허리선이다.
③ 허리선부터 시작해 엉덩이 높이만큼 표시한 뒤 허리선과 평행을 이루고 앞중심선과 수직을 이루는 선을 그린다. 엉덩이선이다.
④ 허리선에서 시작하여 밑위 높이만큼을 표시하고 허리선과 평행을 이루고 앞중심선과 수직을 이루는 선을 그린다. 밑위선이다.
⑤ 역시나 (기준선인) 허리선에서 무릎 높이만큼을 표시한 뒤 허리선과 평행을 이루고 앞중심선과 수직을 이루는 선을 그린다. 무릎선이다.
⑥ 이제 마지막 평행선인 바지의 밑단 길이에 해당하는 선을 그린다. 다른 선과 마찬가지로 이 선 역시 허리선에서부터 바지의 총장을 표시한 뒤에 그린다.
⑦ 앞절반 패턴을 마무리하기 위해 엉덩이둘레를 측정한 뒤 4로 나눈다(패턴은 앞절반과 뒤절반 패턴으로 이루어져 있다). 계산한 값을 앞중심선부터 재어 허리선 위로 옮기고, 바지의 밑단선까지 수직선을 그린다. 바지의 옆선이다. 앞판의 옆선에서 약 5~10㎝ 떨어진 위치에 같은 패턴을 거울에 반대로 반사되는 모습처럼 옮겨 그린다(그림 1, 파란색). 모든 수평선을 연장하고 종이의 오른쪽에 뒤중심선(빨간색)을 그린다.

알아두면 좋아요

해당 작업에 따라 최종 결과물이 달라진다. 다음 단계로 넘어가기 전에 모든 치수를 꼼꼼히 옮겼는지 확인하는 것이 중요하다. 하나의 오류가 다음 작업들을 무용지물로 만들 수 있다.

앞판 제도하기

앞시리 너비

① 바지 앞중심에서 밑위선은 엉덩이둘레를 20으로 나눈 뒤 1cm를 뺀 값만큼 늘려준다(그림 1 위 짧은 초록색 선).
예시: 엉덩이둘레=92cm, 92/20=4.6cm, 4.6-1=3.6cm
패턴 제도에 적용한 엉덩이둘레를 20으로 나눈 뒤 앞중심선 왼쪽에 계산한 값만큼 밑위선을 연장한다.

중간 주름

② 바지의 중간 주름은 밑위선 너비의 한가운데에 들어간다. 엉덩이둘레를 4로 나눈 값에 (1번에서 계산한) 앞시리 너비를 더한 뒤 2로 나눈다. 바지의 중간 주름은 기준선이 되므로 빨간색으로 그린다. 앞중심선과 뒤중심선은 치수에 근거해 옷본을 그리는 데 사용된다. 검은색으로 그리거나 지워도 좋다.

예시: 엉덩이둘레=92cm, 92/4=23cm, 시리 너비=3.6cm. 따라서 밑위선의 총길이는 23+3.6=26.6cm이다. 이를 2로 나누면 26.6/2=13.3cm가 나온다.

위 예시에 따라 앞판 옆선에서부터 중간 주름을 13.3cm 그린다. 패턴에 적용할 치수를 바탕으로 위에 설명한 대로 계산한 뒤 중간 주름선을 그린다.

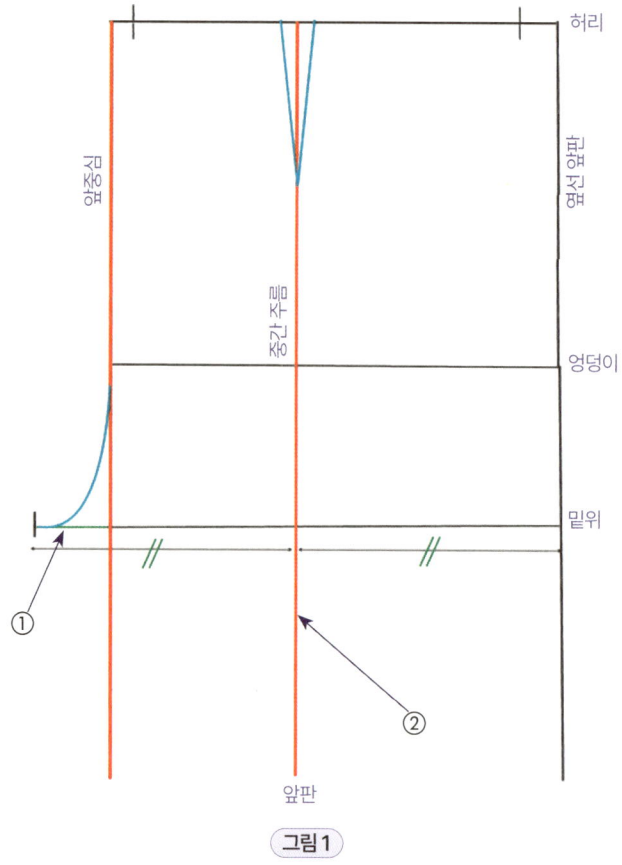

그림 1

다트

앞중심 다트

③ 앞중심 다트는 필요해서라기보다는 기술적인 이유로 들어간다. 결선 재단을 할 때 앞중심의 테두리를 단단하게 만드는 역할을 한다. 체형에 따라(예를 들어, 배가 둥근 체형) 앞중심 다트의 경사를 왼쪽 또는 중심 수직선의 오른쪽으로 기울어지게 그릴 수 있다. 앞중심에서 1㎝ 떨어진 지점부터 엉덩이선까지 직선을 그린다(그림 2 위 파란색 선). 앞중심에 들어가는 다트량은 가봉 단계에서 조정할 수 있다.

허리 다트

④ 스커트 다트 또는 상의 다트와 동일한 방식으로 허리 위치에 들어가는 다트량을 설정한다.

예시: 엉덩이둘레=92㎝, 허리둘레=70㎝. 엉덩이둘레와 허리둘레의 차이는 22㎝로 이를 4로 나누면 패널에 흡수되는 다트의 총 분량인 5.5㎝가 나온다. 예시(그림 2)에서 나온 5.5㎝라는 값은 사이드 다트(2.5㎝), 앞절반중심 다트(2㎝), 앞중심 다트(1㎝)에 균일하게 배분한다. 앞중심 다트는 이전 단계에서 설정했다.

자신의 패턴 제도에 사용할 수치를 바탕으로 계산하고 설계도에 적용한다.

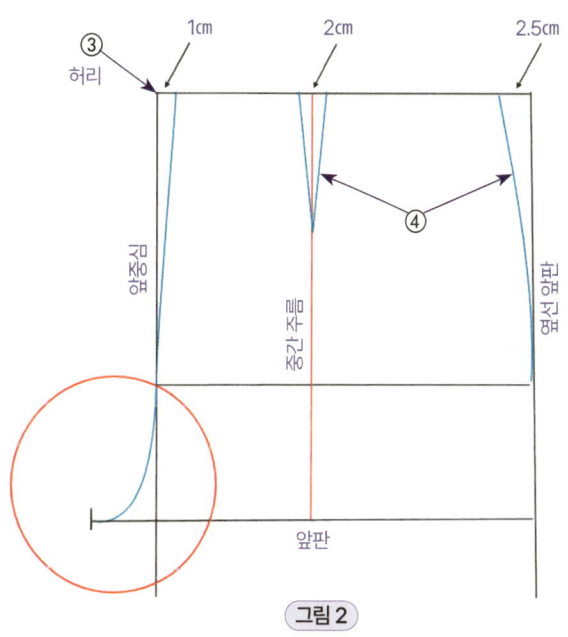

그림 2

알아두면 좋아요

다른 패턴에서 가슴 아래 다트의 위치는 일반적으로 유폭에 따라 달라진다. 하지만 바지 패턴에서 가슴 아래 다트는 주로 중간 주름에 위치하며, 주름이 잡히면서 바지가 전체적으로 균형을 이루는 시각적인 효과를 갖는다. 반면 가슴 아래 다트를 유폭 사이 또는 중간 주름 중 어디에 넣든지 간에 전체 구성과 바지가 떨어지는 핏에는 영향을 주지 않는다.

앞시리 모양

① 밑위선 끝에 1㎝의 평탄화 구간을 표시한다.
② 중심선과 밑위선의 이등분선(45도 각도) 위에 1~2㎝를 표시한다(아래 상자 참조). 운형자를 활용해 평탄화 구간 시작점, 이등분선 위에 표시해둔 점, 엉덩이둘레를 잇는 곡선을 그린다(그림 3 위 파란색 선).

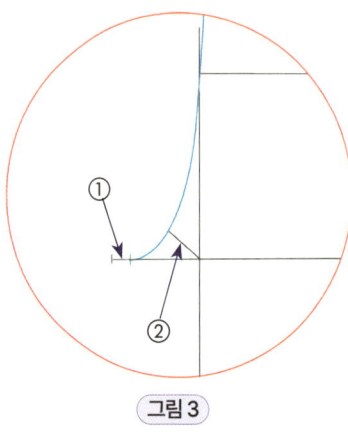

그림 3

허리선

다트를 접으면 직선이었던 패턴의 허리선이 변형된다. 체형에 맞춰 허리선을 조정하려면 허리를 1.5㎝ 낮춘다(그림 4 위 초록색 짧은 선). 허리선을 다시 그릴 땐 기준이 되는 지점들(초록색)이 다트에 의해 변형된 선, 즉, 중심선 및 옆선과 직각(90°)을 이루고 있는지 살펴보아야 한다.

앞중심 다트를 닫고 핀으로 고정한다. 운형자를 사용해 앞절반의 양 끝이 직각이 되도록 허리선을 다시 그린다.

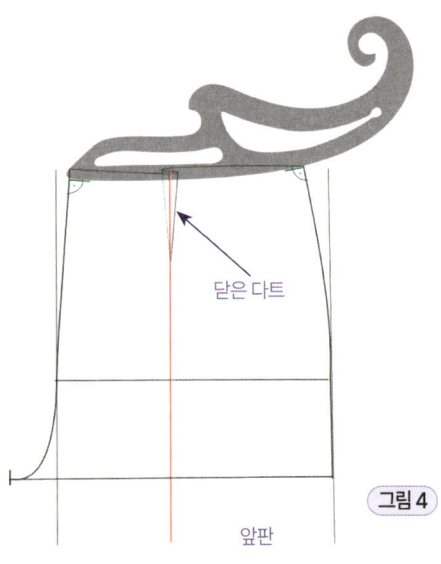

그림 4

알아두면 좋아요

이등분선 위에 기입하는 수치는 시리 곡선이 지나치게 휘어지지 않도록 만들어주는 기준이 된다. 해당 기준점은 밑위선의 너비에 따라 달라질 수 있으며, 밑위선의 너비는 엉덩이둘레 값에 따라 좌우된다. 밑위선을 최대 4㎝까지 연장했다면 이등분선 위 수치는 1~1.5㎝가 된다. 해당 값은 연장된 길이와 비례해 늘어난다. 밑위가 너무 깊은 바지는 불편하고, 너무 낮은 바지는 주름이 잘 생긴다. 실제로 가봉을 진행할 때 체형에 맞춰 수정하며 올바른 곡선을 만든다.

뒤판 제도하기

중간 주름

① 우선 바지 뒤판 패턴에 중간 주름을 그린다. 앞판에서 중간의 주름 위치를 잡기 위해 했던 계산에서 나온 값(140페이지, 2번)을 옆선에 표기해 중간 주름을 그린다. 그다음 빨간색 수직선을 긋는다. 예시에서 나온 중간 주름은 13.3㎝다.

알아두면 좋아요

뒤판과 앞판의 중간 주름은 옆선에서 같은 거리만큼 떨어져 있다.

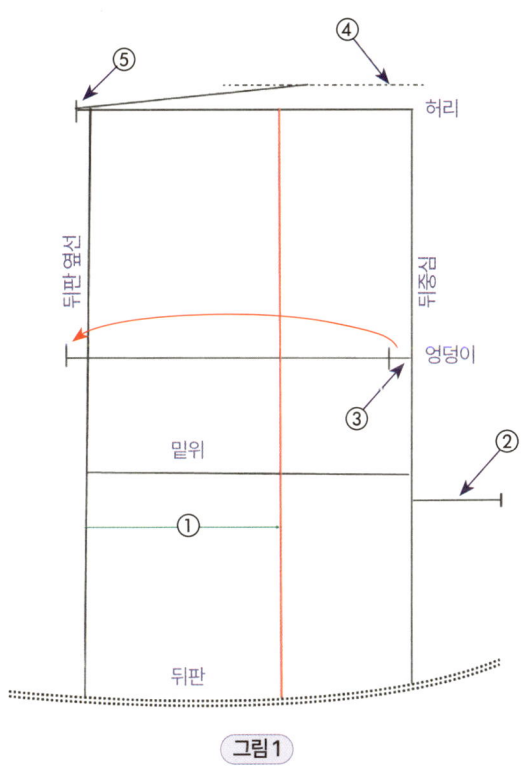

그림1

뒷시리

② 밑위선을 뒤중심선으로부터 2㎝ 내리고, 엉덩이둘레를 20으로 나눈 뒤 2㎝를 더한 값을 적는다.

예시: 엉덩이둘레=92㎝, 92/20=4.6㎝+2㎝ =6.6㎝

패턴을 그리는 데 적용할 엉덩이둘레를 바탕으로 계산해서 나온 값만큼 밑위선을 연장한 뒤 표시한다. 엉덩이둘레를 20으로 나눈 값에 2㎝를 더한 수치는 표준 치수에 해당한다. 엉덩이 볼륨에 따라 때로는 3㎝, 또는 4㎝를 더해야 할 때도 있다. 해당 수치는 바지를 가봉하는 단계에서 정확하게 설정한다.

밑위선을 2㎝ 낮추기는 했지만 해당 치수를 변경해야 하는 경우는 흔하지 않다. 두 시리 길이(뒤판과 앞판)의 차이로 다리 앞쪽에 여유가 생기면서 다리(허벅지)의 굴곡을 따라 모양이 잡히고 바지의 착용감이 더욱 편해진다(다리는 앞쪽으로 접힌다).

③ 엉덩이선위에서 뒤중심선으로 2.5㎝ 떨어진 위치에 표시한다. 엉덩이선을 동일한 길이만큼 뒤판의 옆선 바깥쪽으로 연장한 뒤(그림 1의 빨간색 화살표) 표시한다.

④ 허리선 위로 2㎝를 잰 뒤 뒤중심선 쪽에 짧은 평행선을 그린다. 2㎝는 최솟값으로 엉덩이 볼륨이나 시리의 너비에 따라 바뀔 수 있다. 앞으로 숙이거나 앉을 때 허리선이 너무 낮아지지 않도록 신경 써서 만들어준다. 바지 패턴의 여타 수많은 치수와 마찬가지로 가봉 단계에서 충분히 조정하고 수정할 수 있다.

⑤ 바지의 윗부분(밑위와 허리 사이)을 옆쪽으로 늘리면서 엉덩이 볼륨을 덮을 수 있는 공간을 만든다. 이를 위해 허리선을 뒤판의 옆선 바깥쪽으로 1.5㎝ 늘린다. 해당 치수는 엉덩이의 볼륨에 따라 달라지며 가봉을 할 때 정확하게 설정한다. 표시한 지점으로부터 구성 4단계에서 그린 선까지 허리둘레의 4분의 1 길이만큼 직선을 그린다.

알아두면 좋아요

뒷시리를 정확하게 측정해야 바지의 중심을 설정하고 뒤중심에 다트를 넣을 수 있다. 뒤중심 다트는 옷감이 다리 사이의 인심 시작 부분부터 뒤중심의 허리선까지 엉덩이를 완전히 덮을 수 있도록 만든다. 엉덩이의 발달 정도에 따라 뒷시리 길이는 줄어들거나 늘어난다. 균형 잡힌 체형이라면 바지의 뒤중심을 2~3.5㎝ 정도 옮길 수 있다.

지금까지 바지의 뒤중심선을 재설정하는 데 필요한 모든 기준점의 위치를 설정했다. 허리선 위의 1번 점과 엉덩이선 위의 2번 점을 잇는 새로운 선(직선)을 그린다. 그다음 시리의 평탄화 구간을 넣는다. 평탄화 구간은 전체 시리 길이의 약 3분의 1이 된다. 운형자를 사용해 직전에 그린 직선과 시리 위의 평탄화 구간을 표시한 지점을 완만한 곡선으로 연결한다(그림 2, 파란색 선).

그림 2는 시리 곡선을 그릴 때 운형자를 어떻게 두면 좋은지 보여준다. 하지만 실제로는 적용할 수치에 따라 패턴에 가장 잘 들어맞는 운형자의 곡선을 선택하는 것이 좋다. 시리선이 끊김 없이 이어질 수 있도록 주의한다.

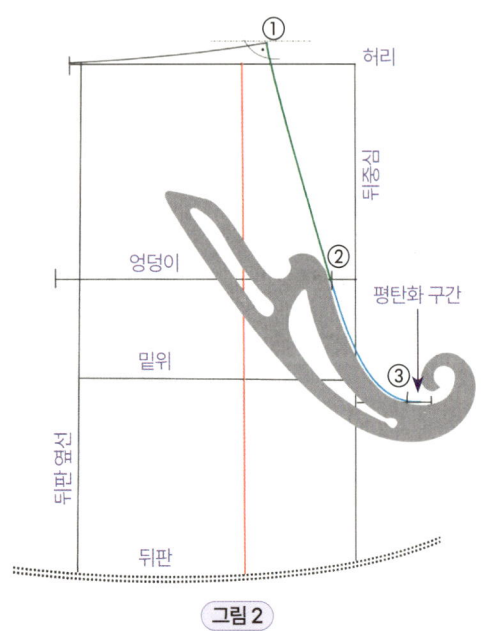

그림 2

뒤절반 다트

체형 또는 만들고자 하는 바지 샘플에 따라 뒤절반 다트를 넣기도 한다. 기본 원형 패턴 제도에 꼭 필요한 것은 아니며, 반드시 다트를 추가해야 하는 것도 아니다. 하지만 심미적인 효과를 높일 수 있고, 가봉 단계에서 바지를 체형에 맞게 조정하는 작업을 수월하게 만든다.

뒤절반 다트는 뒤중심에서 허리둘레선을 다트량만큼 연장시켜 그린다. 그다음 엉덩이선까지 시리를 그린다(그림 3, 파란색 선). 뒤절반다트는 허리선의 가운데 즉, 시리와 옆선 사이에 들어간다. 우선 뒤절반 중간에 허리선과 수직으로 교차하는 다트의 축을 그린다. 그리고 축의 양옆으로 다트량을 절반씩 배분한다. 한 번 더 이야기하자면 뒤절반 다트는 일반적으로 2cm를 초과하지 않는다(55페이지, 그림 2). 다트를 접고 난 뒤 허리선을 다시 그려야 한다는 것 또한 명심하자.

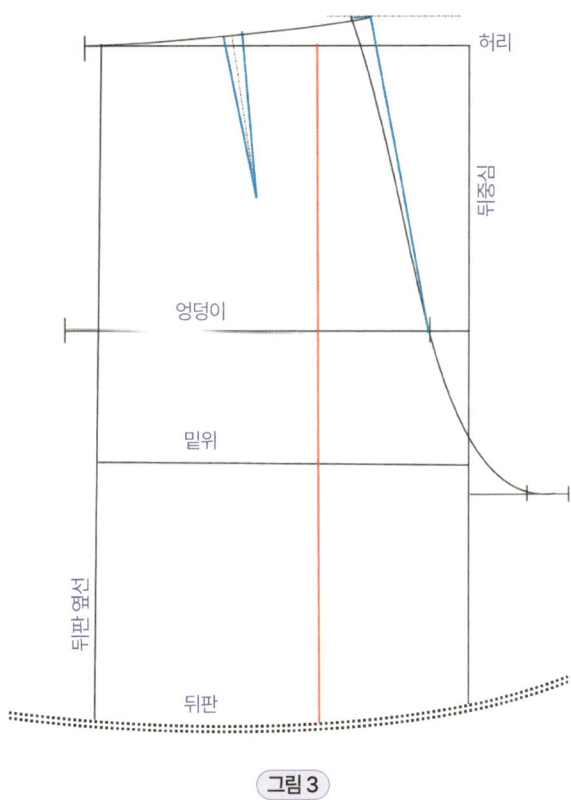

그림 3

밑단 너비

기본 원형 패턴에서 바지의 밑단 너비는 밑단선의 수직선과 마찬가지로 무릎선까지 그린다. 밑단선의 어느 수직선이든 치수를 적어 넣는 것은 무방하다. 우선 바지 밑단의 너비를 설정하는 것부터 시작한다. 바지의 밑단 너비는 바지가 떨어지는 핏을 쉽게 확인할 수 있도록 지나치게 좁은 것은 피한다. 평균 너비는 모든 체형에 들어맞는 40~44cm다.

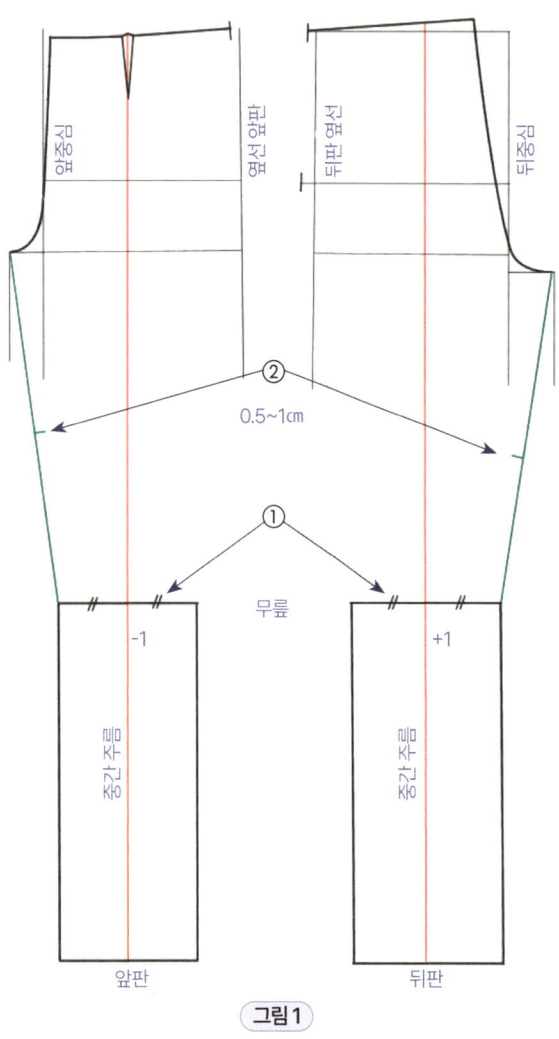

그림1

체형과 신체의 비율을 고려해 뒤판과 앞판에 다른 너비를 적용한다. 일반적으로 바지 뒤판의 너비는 앞판보다 더 넓다. 특히 균형 잡힌 체형이라면 더욱 그렇다. 옆선이 앞쪽으로 옮겨질 때도 있는데 이는 배가 나왔거나 엉덩이 볼륨이 도드라지는 경우에 해당한다. 이처럼 신체적인 특징에 따라 바지를 가봉하며 수정 작업을 진행한다.

① 다리 밑단에 설정한 너비를 2로 나눈다. 앞너비를 1cm 줄이고 뒷너비를 1cm 넓힌다.
예시: 밑단 너비=40cm, 40cm/2=20cm, 20cm-1cm=19cm(앞판 바지 밑단 너비), 20cm+1cm=21cm(뒤판 바지 밑단 너비).
그다음 뒤판과 앞판에 설정한 너비를 중간 주름의 양옆으로 동일하게 배분한다. 해당 예시로 앞판 너비를 계산해 본다. 19cm/2=9.5cm. 결과 값을 중간 주름선의 양쪽에 기입한다. 무릎선에서 시작해 밑단선까지 수직선을 그리고 동일한 방법으로 뒤판을 계산한다. 21cm/2=10.5cm. 결과 값을 중간 주름선의 양쪽에 기입한다. 그리고 무릎선에서 밑단선까지 수직선을 그린다.

② 시리(뒤시리와 앞시리)의 양 끝과 무릎 높이의 다리 너비 양 끝을 직선으로 연결한다(그림 1, 초록색 선). 그다음 그려 넣은 각 직선의 가운데에 직각을 이루는 0.5~1cm 사이의 짧은 직선을 그린다. 실제로 이 수치는 체형 혹은 허벅지둘레에 따라 달라진다.

테두리 그리기

바지의 기본 원형 패턴은 바지의 뒤판과 앞판의 전체적인 윤곽을 그리며 마무리된다. 자와 운형자를 활용해 이전 단계에서 설정했던 기준점들을 연결한다. 그린 선들은 눈에 띄게 끊기는 부분 없이 매끈하고 완만한 곡선을 이루어야 한다. 그림 2의 운형자 위치는 예시이므로 적용하는 치수에 맞게 위치를 바꾸어 사용한다.

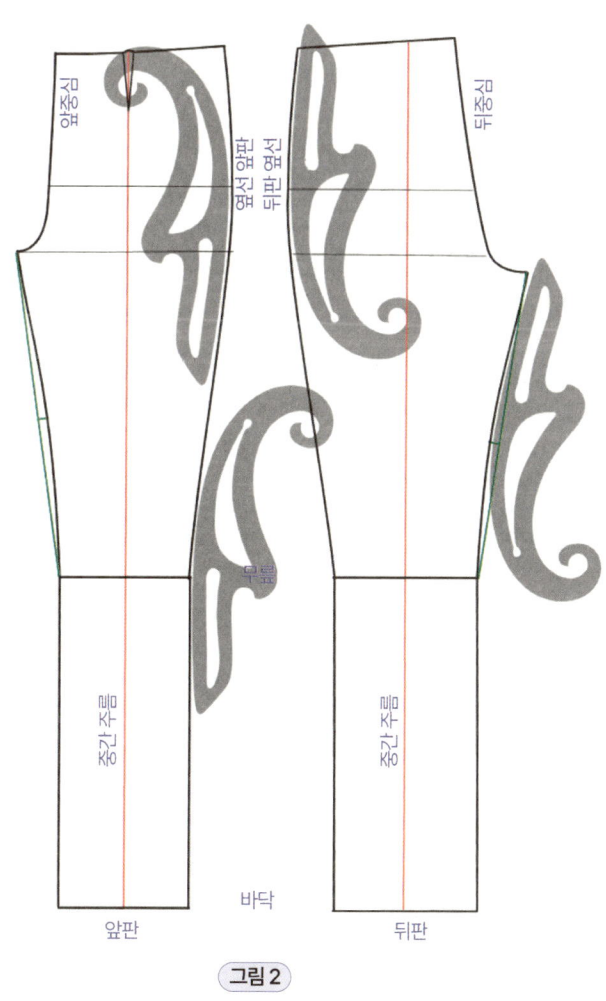

그림 2

패턴 확인하기

치수 적용하기

이제 기본 원형 패턴 제도가 끝났다. 최대한 정확하게 제도했더라도 그 과정에서 고려하지 않은 신체 치수(예를 들어, 허벅지둘레)뿐만 아니라 테두리의 이음새를 함께 확인한다. 이음새에서 선이 파이거나 튀어나오지 않도록 조정한다.

허벅지둘레

허벅지둘레를 정확하게 측정하는 작업은 매우 중요하다. 특히 허벅지가 발달한 사람이라면 더욱 그렇다. 가봉 단계에서 바지를 다리 모양에 맞춰 수정하지만 그럼에도 패턴에서 설정한 너비가 실제 치수와 맞는지도 꼭 확인해야 한다. 이를 위해 우선 허리부터 시작해 허벅지둘레로 내려왔을 때 가장 넓은 높이를 찾는다. 패턴에 높이를 적는다(그림 1, 검은색 화살표). 그리고 표시한 높이에서 다리의 총 둘레(뒤판+앞판)를 측정한다.

예를 들어, 그림 1에서는 파란색 선에서 (패턴 위) 다리둘레를 측정해야 한다. 일반적으로 패턴에서 측정한 값은 실제로 측정한 값과 같거나 그보다 더 크다. 허벅지둘레를 2로 나눈 뒤 앞판에서 허벅지둘레에 해당하는 선(그림 1, 파란색 선)에 결과 값을 표시한다. 결과 값만큼 떨어진 지점 끝에 표시한다.

표시한 점을 지나는 완만한 곡선으로 인심inseam선을 그린다(그림 1).
허벅지둘레의 나머지 절반을 앞판과 동일한 방법으로 뒤판에 기입한다.

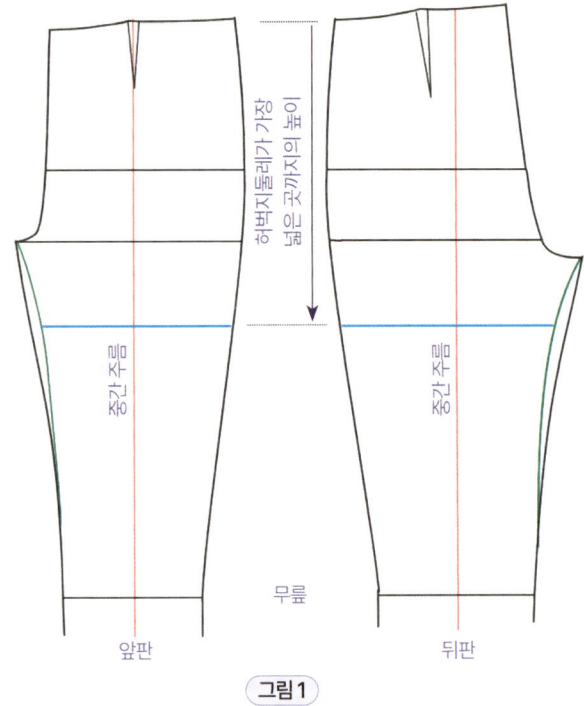

그림 1

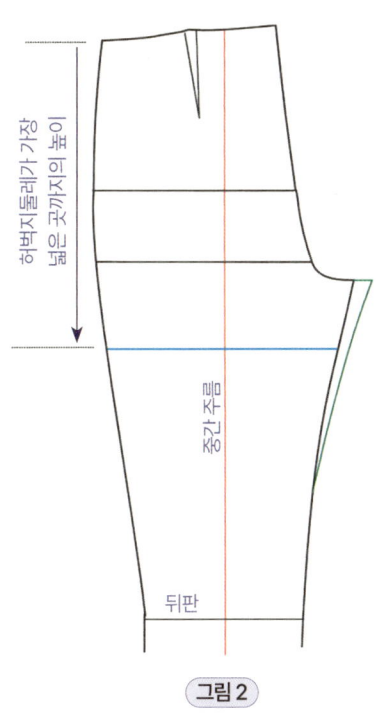

그림 2

허벅지둘레가 패턴에서 설정한 값보다 큰 경우는 드물다. 하지만 사람의 체형에 따라 일어날 수 있는 일이고, 그 차이가 1~2㎝라면 시리 너비를 1~2㎝ 늘린 뒤 인심선을 다시 그린다(그림 2, 초록색 선). 하지만 차이가 그보다 더 크거나 2㎝를 훌쩍 넘는다면 제도하는 과정에서 오류가 생긴 것이다. 정확한 수치를 다시 확인하고, 제대로 적용되었는지 다시 살펴본 뒤 수정해야 한다.

시리 길이

패턴의 시리는 뒷시리와 앞시리로 이루어져 있다. 체측해 얻은 시리의 길이는 이 두 부분 즉, 시리의 총기장을 의미한다. 따라서 패턴에 제도한 두 시리(파란색 선과 초록색 선)의 길이를 더하면 시리의 총길이가 나온다. 일반적으로 패턴의 시리 길이와 체측해 얻은 시리의 길이는 몇 센티미터 정도 차이가 날 수 있다.

대개 치수를 잴 때 엉덩이의 볼륨을 고려하지 않거나 체측을 정확하게 하지 않아 나타나는 차이이다. 만약 두 값의 차이가 5~7㎝를 넘지 않는다면 가봉 작업을 통해 충분히 수정할 수 있

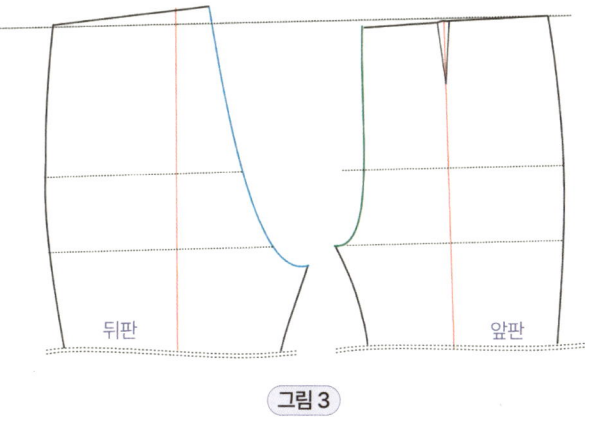

그림 3

다. 하지만 차이가 그보다 더 크다면 분명 치수를 적용할 때 실수가 발생한 것이다. 설계도를 확인하면서 어느 부분에서 오류가 생겼는지 확인한다. 뒤중심이 충분히 올라오지 않아 엉덩이 볼륨을 감싸지 못하는 문제가 자주 발생하니 참고하자.

기본 여유분

기본 원형 패턴이나 완성 패턴을 설계할 때는 여러 유형의 기본 여유분을 넣는다. 치수에 더해지는 여유분은 반드시 필요하며 스타일, 원단 두께 혹은 개인의 취향(넉넉한 옷)에 따라 달라질 수 있다. 기본 원형 패턴에는 시접 두께에 해당하는 최소한의 여유분만을 넣는데 이는 의류 패턴 설계에서 드물게 사용된다. 바지 원형 패턴의 확장은 높이와 너비에 여유분을 더해준다. 이때 미리 여유분을 예상해 보는 것이 중요하다. 그렇지 않을 경우 바지가 너무 꽉 끼어 착용하기 어려울 수 있다. 잘 맞는지 입어볼 수도 없기 때문에 체형에 맞는지, 옷감이 예쁘게 떨어지는지 판단하는 것이 어렵다.

① 허리선을 2㎝ 올린다. 해당 여유분은 가봉하는 동안 허리선을 알맞게 조정하고 다시 그릴 수 있게 돕는다. 다트를 접은 뒤 이미 수정한 허리선(142페이지, 그림 4)을 다시 수정해 체형에 맞춘다. 2㎝가 추가되면 시리 부분에 여유가 생긴다(시리가 지나치게 끼거나 낮지 않다).

② 뒤판과 앞판에서 허리선을 0.25㎝ 늘린다(허리 전체에 더할 1㎝를 4로 나눈 값). 일반적으로 스커트, 바지에 상관없이 원단 두께를 흡수하기 위해 허리둘레를 1㎝ 늘린다. 벨트(혹은 허리 높이에 들어가는 다른 마감) 부분에는 원단이 여러 겹 들어가기 때문에 1㎝를 더하지 않는다면 옷을 입었을 때 허리가 너무 조일 수 있다.

③ 뒤판과 앞판에서 엉덩이선을 1㎝ 늘린다. 엉덩이둘레 전체로 볼 때 총 4㎝를 늘리는 셈이다(패널당 1㎝). 반드시 필요한 여유분은 아니지만 샘플, 원단 두께, 개인의 취향에 따라 더하거나 더하지 않아도 좋다. 맞춤형 설계를 하는 경우라면 가봉하면서 체형에 맞게 수정하고 조정한다.

이제 바지의 뒤판과 앞판의 옆선에서 허리선과 엉덩이 높이에 표시한 지점들을 연결하며 여유선을 그린다(그림 1, 초록색 선). 선은 무릎에서 멈추지만 갑자기 끊어지지 않는다. 무릎 높이에서 점차 사라지면서 바지의 밑단 너비선까지 이어진다. 이렇게 새로 그린 선은 끊기는 부분이나 볼록한 부분 없이 이어진다.

④ 패턴을 설계할 땐 설정한 비율을 유지하며 여유선을 그려 넣는다. 무릎선의 양 끝점과 구성선(검은색) 및 여유선(파란색과 초록색) 사이 값이 다리의 뒤판과 앞판에서 모두 동일해야 한다.

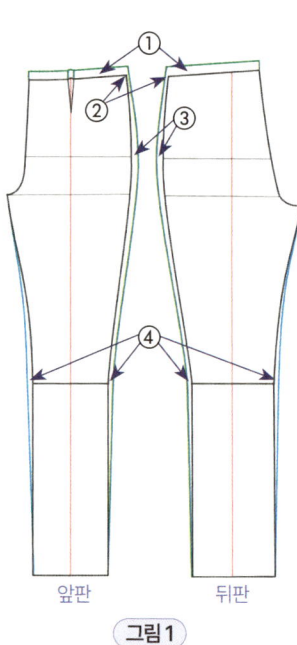

앞판　　뒤판

그림1

테두리 이음새

패턴 설계에 직접적인 영향을 주지 않는 치수(허벅지둘레 혹은 발목둘레)를 확인한 다음 가장자리의 이음새를 확인한다. 이때 확인하지 않고 넘어간다면 패널을 연결하거나 가봉할 때 뜻밖의 난관에 봉착할 수 있으니 주의한다.

바지 패널의 가장자리가 맞닿는 모든 선(뒤판과 앞판, 뒤중심, 뒷시리와 앞시리 등)은 움푹 파이거나 튀어나오거나 어긋나는 등 변형이 생기지 않고, 끊김 없이 매끄럽게 이어져야 한다.

알아두면 좋아요

패턴 설계도의 가장자리 이음새는 확장을 한 뒤, 항상 시접을 넣기 전에 먼저 확인해야 한다.

시리 평탄화 구간

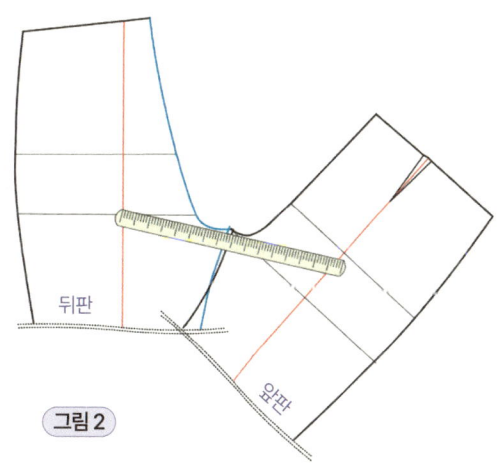

그림 2

인심선은 완만한 곡선을 이룬다. 시리와 인심의 가장자리를 이을 때 이음매에 작고 뾰족한 부분이 자주 생기는데, 이는 인심선의 경사가 직각(90°)을 이루지 않기 때문이다. 뒷시리(파란색)와 앞시리(검은색)가 같은 높이에 있도록(그림 2) 가랑이의 두 가장자리를 둔다. 그리고 자를 이용해 인심 곡선의 두 평탄화 구간을 잇는 짧은 직선을 그린다.

그려 넣은 선을 따라 초과분을 잘라낸다. 시리 전체(뒤판과 앞판)를 구성하는 새로운 선은 움푹 파이거나 튀어나오거나 어긋나는 등 변형이 생기지 않도록 끊김 없이 매끄럽게 이어져야 한다.

그림 3

허리선 확인하기

패턴 제도의 여러 단계를 거치며 설계법을 적용하고, 허리에 다트를 넣거나 확장하면서 허리선을 다시 그리고 옮기거나 변형했다. 뾰족하거나 튀어나온 곳은 없는지, 또는 어긋난 부분은 보이지 않는지 확인한다. 옆면(그림 4), 뒤중심(그림 5), 앞중심(그림 6)에서 여러 단계를 거치며 살펴본다. 구성선(엉덩이, 밑위)이 이어지도록 각 패널에 대응되는 패널을 맞댄다. 운형자를 이용해 허리선의 이음매를 확인한다. 필요에 따라 허리선이 변형이나 어긋남 없이 자연스럽게 이어지도록 다시 그린다.

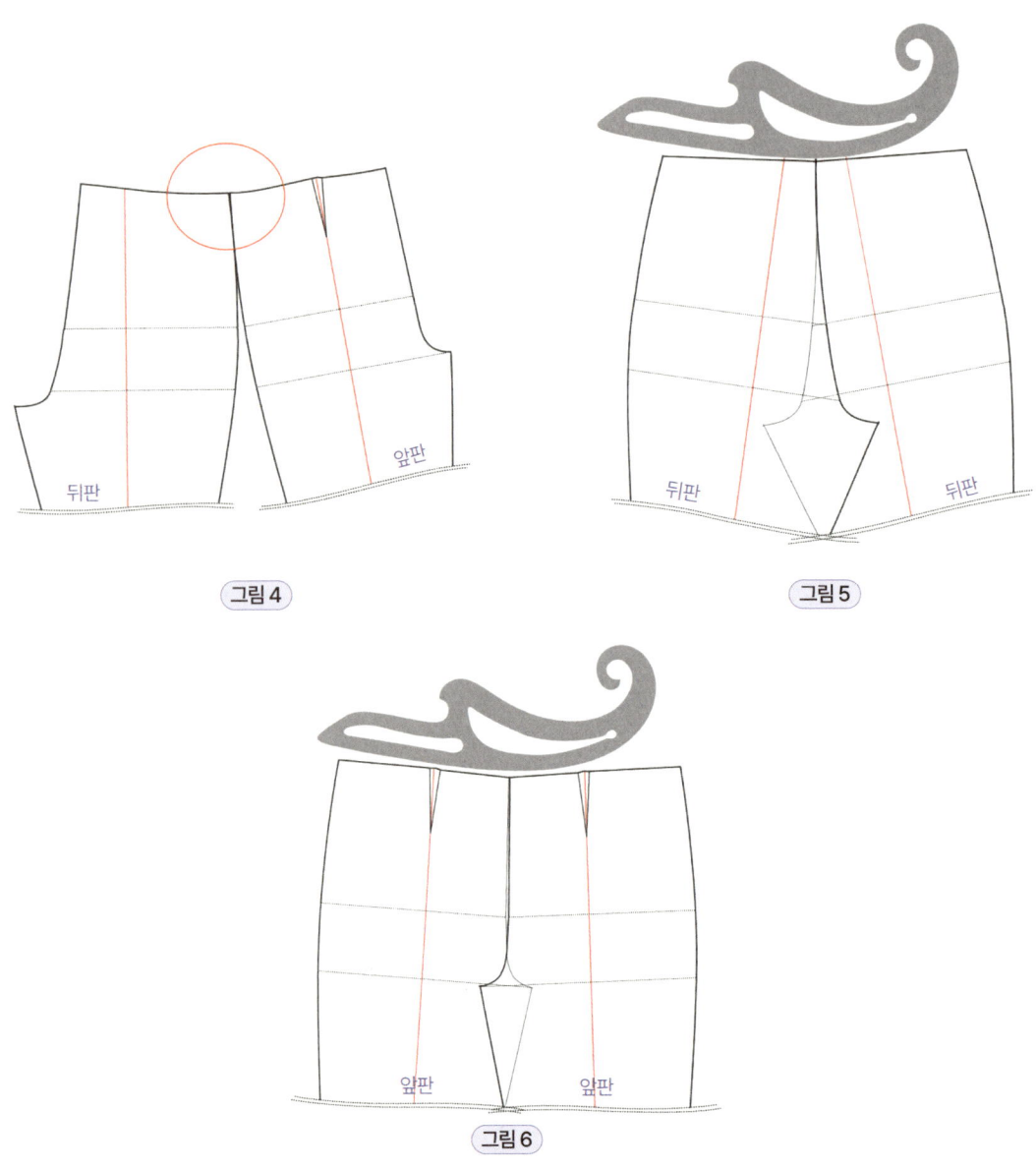

그림 4

그림 5

그림 6

시접

일반적인 시접은 1㎝로 재봉하기에 가장 알맞은 너비다. 하지만 가봉 패턴을 일부 수정하게 될 수 있으므로 2㎝로 늘려도 좋다. 원단에 그린 구성선을 늘리거나 옮겨야 할 경우 조금 더 여유 있게 수정할 수 있다. 시리를 그리는 작업은 꽤 어렵고 가봉하는 동안 시리를 수정하지 못하는 경우는 드물기 때문에 맞춤형 바지를 가봉할 때 시접을 추가로 늘릴 필요가 있다. 미리 정해둔 여유분(초록색)을 유지하며 뒤판과 앞판 도안의 테두리를 따라 시접(그림 1, 검은색 점선)을 넣는다.

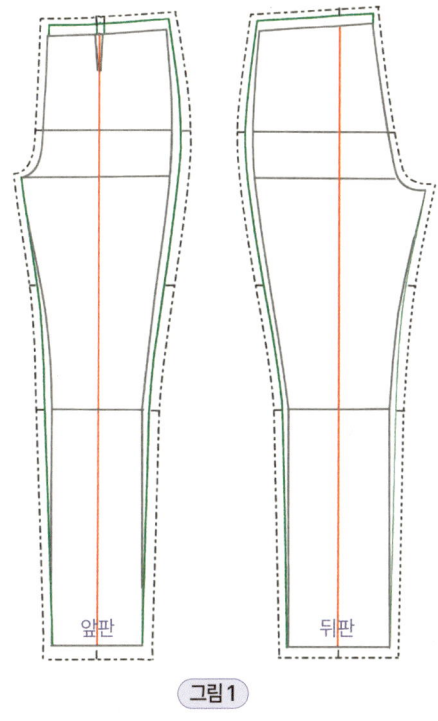

그림 1

재단하기

가봉 패턴은 쉽게 늘어나지 않는 원단을 사용하여 재단한다. 드레이핑에 사용되기도 하는 (수정 사항이 잘 보이는) 단색의 직물 원단이 가장 적합하다. 완전히 똑같은 두 개의 패널(왼쪽과 오른쪽)을 만들기 위해 원단을 접어 두 겹으로 준비한다. 패턴을 (원단의 셀비지와 평행을 이루는) 결선에 맞춘다. 원단 위 패턴의 여러 부분을 고정한 뒤 분필이나 색연필로 패턴의 테두리를 그린다. 다트의 분량과 길이를 적는다(70페이지, 그림 2). 종이 패턴을 떼어낸 뒤 두 겹의 원단이 움직이지 않도록 패턴 안쪽을 핀으로 고정하고 선을 따라 재단한다. 핀을 제거하기 전 패턴 테두리에 넣은 너치를 확인한다.

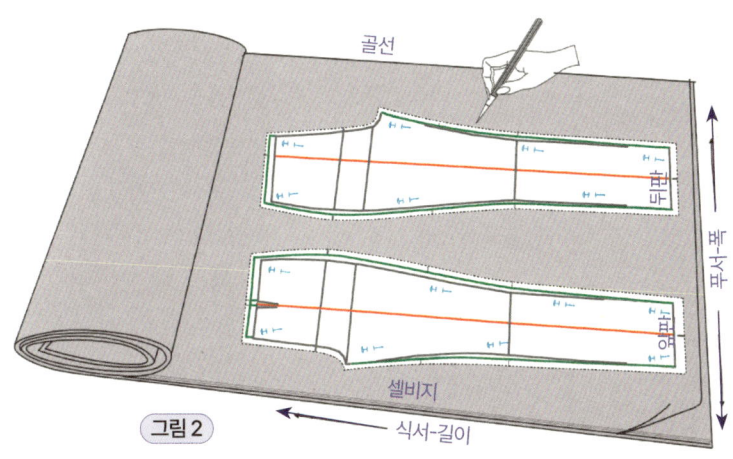

그림 2

패널 연결하기

시접과 결합너치의 이음새에 유의하며 바지 패턴을 이루는 패널을 연결한다. 시리와 옆면의 시접은 뒤쪽으로 누워야 한다. 시접을 미리 평평하게 만들어 두면 좀 더 수월하게 작업할 수 있다(76페이지, 그림 5).

알아두면 좋아요

일반적으로 가봉 패턴을 수정할 때는 쉽고 빠르게 재봉하기 위해 가봉 패턴을 핀으로 연결한다. 하지만 모델이 직접 입고 있는 상태에서 수정하는 단계에서는 안전상의 이유로 바지의 일부 부분에는 핀이 아닌 시침질을 하기도 한다. 시리(뒷판과 앞판)와 인심 부분이 이에 해당한다. 시리와 인심을 수정할 때는 원단에서 수정한 다음 바지를 벗어 시침질을 제거한 후 수정을 진행한다. 그리고 다시 시침질하고 바지를 착용하여 제대로 수정됐는지 확인한다.

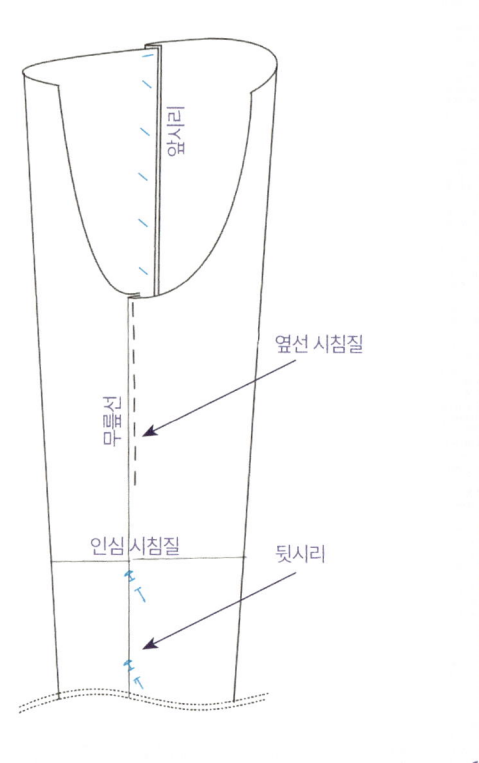

옆선 재봉하기

각 다리의 앞뒤 패널을 따로 연결하며, 옆선부터 연결을 시작한다. 이때 시접은 뒤쪽을 향한다. 72페이지에 나온 기법을 이용한다(그림 1). 뒤판 시접을 접고 앞판 시접에 포갠 뒤 핀으로 고정한다.

인심 재봉하기

바지의 다리를 여민다. 밑 부분 원단이 집히지 않도록 두 겹의 원단 사이에 널빤지나 간편하게 자를 끼워둔다(그림 1). 핀으로 테두리를 고정한 뒤 시리와 무릎선 사이를 시침질한다. 무릎선과 밑단선 사이의 나머지 부분을 재봉하여 고정해도 좋다.

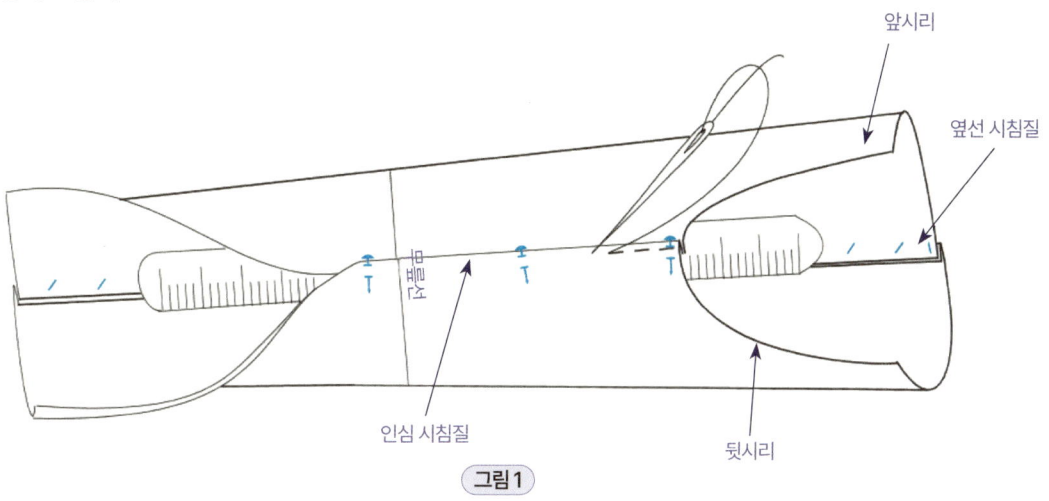

그림 1

시리 재봉하기

바지의 두 다리를 연결하면서 마무리한다. 가봉할 때 핀에 찔리지 않도록 시리는 손으로 시침질하는 것이 좋다. 앞중심의 트임 높이, 여유분, 너치와 인심 시침질의 이음새를 해치지 않도록 유의한다.

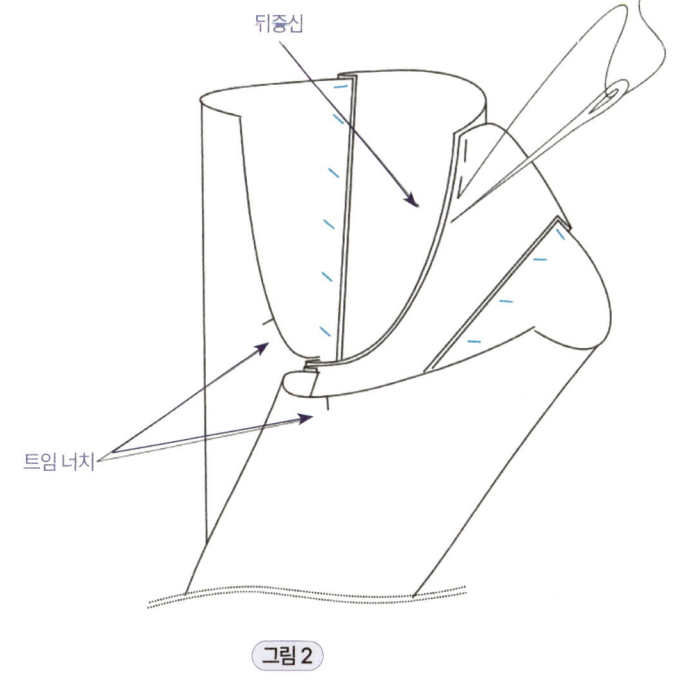

그림 2

가봉하기

바지를 재단할 때 가장 중요한 부분은 시리의 모양이다. 시리의 곡선이 체형에 맞지 않으면 바지가 불편하고 앞판 또는 뒤판 시리 주변에 주름이 생겨 심미적인 효과도 떨어지기 때문이다. (중간 주름이 수직으로 떨어지지 않을 때) 바지핏의 균형이 깨지기도 한다. 바지 시리를 체형에 맞추는 일은 높은 정확도뿐만 아니라 잘못된 부분이 무엇인지 원인을 파악하고 알맞게 수정할 수 있는 어느 정도의 경험치를 요한다. 가봉을 성공적으로 마무리하기 위해서는 모든 지시 사항을 꼼꼼하게 따라야 한다. 발견한 오류에 맞춰 어떻게 수정해야 하는지 파악하는 데 도움이 될 것이다.

가봉용 바지를 입어보기 전에

바지 패널을 연결하고 수정 작업을 위해 바지를 입어보기 전에 첫 번째 확인 작업을 거친다. 두 다리 패널은 중간 주름을 따라 접고 평평한 곳에 둔다. 시접이 초과되거나 주름지는 부분이 없도록 두 다리를 완벽하게 포갠다. 만일 초과분이 있거나 주름이 생겼다면 옆선과 인심에서 다리를 연결할 때 적용했던 시접을 조정한다. 수정할 부분이 없다면 뒤판과 앞판 패턴의 다리 너비를 수정한다.

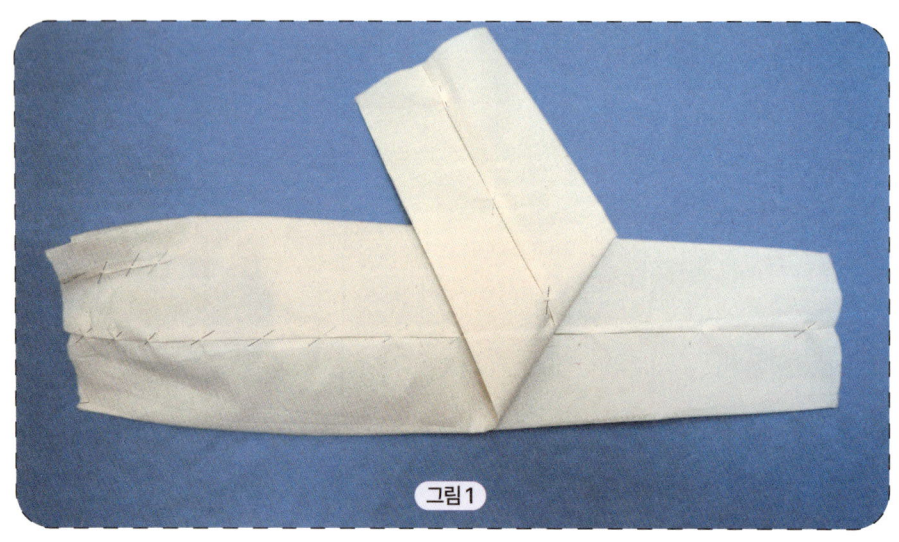

그림 1

바지의 핏

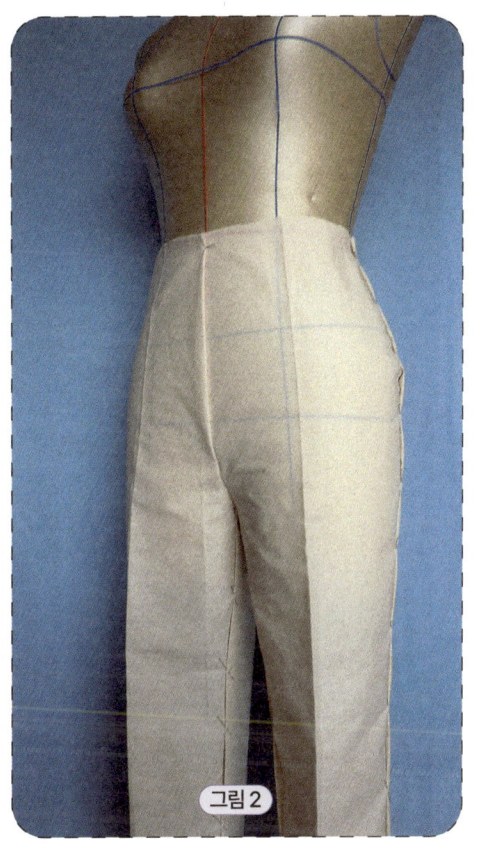

그림 2

잘 설계된 바지의 중간 주름선은 허리에서 밑단까지 깨지거나 끊기지 않고 이어진다. 나중에 만들 바지 샘플에 중간 주름이 두드러지게 들어가지 않는다고 하더라도 가봉용 바지에는 반드시 중간 주름이 포함되어 있어야 한다. 중간 주름선이 곧게 이어진다는 것은 패턴에서 시리의 곡선이 제대로 그려졌다는 뜻이기 때문이다. 시리 부분에 문제가 있을 경우 중간 주름의 수직선에 직접적인 영향을 미친다. 하지만 중간 주름선이 수직으로 떨어지지 않을 땐 완전히 다른 문제, 예를 들어 단순히 다리의 독특한 모양(예를 들어, X자 다리)이 원인일 수도 있다.

두 단계로 나누어 가봉 패턴을 수정하며, 수정할 때는 시리와 중간 주름의 수직핏에 가장 신경 쓴다. 실제로 시리가 잘 맞지 않으면 바지의 수직핏이 달라지지만, 반대로 수직핏은 시리에 어떠한 영향도 주지 않는다. 문제의 원인이 무엇인지 파악해야 가봉 패턴을 효과적으로 수정할 수 있다.

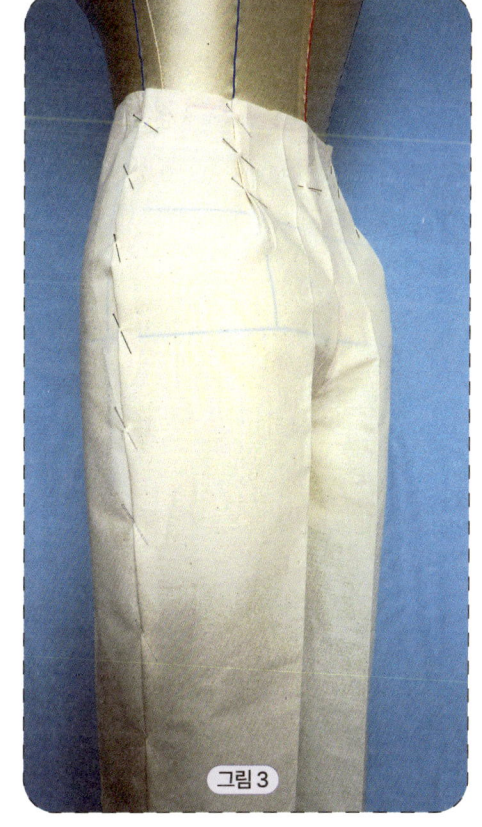

그림 3

뒷시리

맞춤형 패턴을 설계할 땐 뒷시리의 곡선이 엉덩이 모양에 맞춰 정확하게 맞아떨어져야 하기 때문에 뒷시리의 곡선을 제대로 그리기는 작업이 중요하다. 엉덩이 밑으로 주름이 잡히거나 중간 주름이 끊기거나 또는 엉덩이 높이에 벌어지는 부분이 생긴다면(그림 1) 먼저 엉덩이 높이에서 바지의 너비가 충분한지 확인해야 한다. 이런 문제들은 초과분이나 여유분이 부족할 때 생길 수 있다.

하지만 시리의 곡선이 충분히 파이지 않은 경우가 대부분이다. 이를 수정하기 위해서는 시리의 아랫부분부터 주름이 완전히 사라질 때까지 시리의 시접을 조금 더 크게 잡아 핀으로 고정한다(그림 2). 그다음 핀을 따라 색연필로 원단 위에 표시한다(종이 패턴에서 수정할 때 작업이 원활해진다).

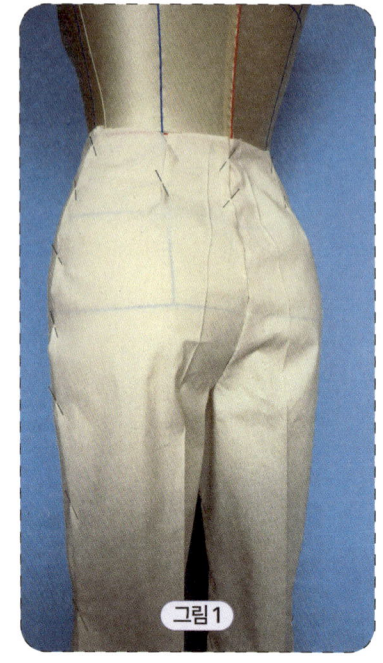

그림 1

그림 2

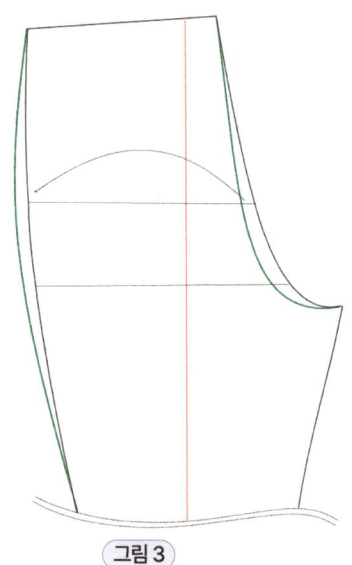

그림 3

패턴에 수정 사항 옮기기

가봉할 때 설정한 시접의 너비를 측정하고 측정값을 패턴에 옮긴다. 시리 곡선의 모양을 그린다(그림 3, 초록색 예시). 곡선의 깊이가 더 깊어졌기 때문에 엉덩이 너비가 줄어들게 된다. 초반에 설정했던 치수대로 엉덩이 너비를 다시 수정해야 한다는 사실을 잊어서는 안 된다.

앞시리

앞시리에서 나타나는 문제(그림 1)에는 여러 가지 원인이 있을 수 있다. 가장 흔한 원인으로 앞중심 트임의 모양이 있다. 패턴에서 앞판의 수직선은 안쪽으로 1㎝ 기울어져 있지만 실제로 이 경사는 체형(복부의 둥근 형태)에 따라 달라질 수 있는 부분이다.

우선 트임분 테두리의 경사를 수정한다. 이로써 시리의 윗부분 옷감이 평평해진다. 뒤판도 동일한 방식으로 작업한다. 트임분을 고정한 핀을 제거하고 주름이 완전히 사라질 때까지 주변의 옷감을 조정하다 보면 벌어진 부분과 중간 주름의 깨진 부분이 사라질 것이다. 새로운 경사를 고정한 핀을 따라 표시를 남긴다.

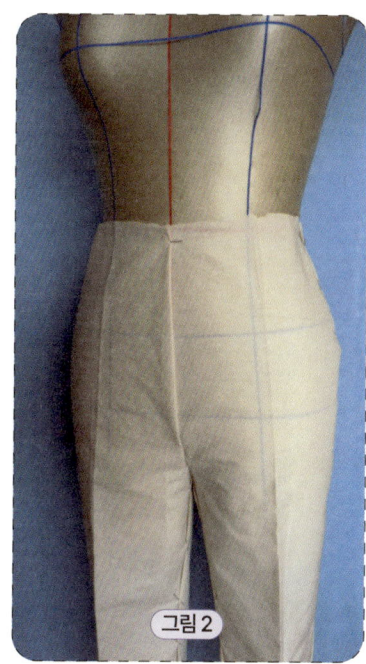

그림 1

그림에도 시리의 아랫부분 주위에 주름이 없어지지 않고 남아있다면 이는 시리의 곡선이 지나치게 깊다는 것을 의미한다. 시리 곡선을 조금 더 얕게 수정하여 그려준다(그림 3, 초록색 선).

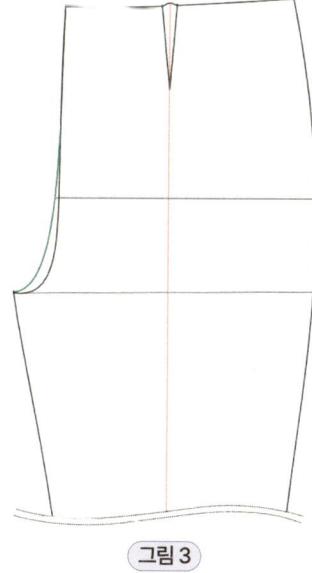

그림 3

다른 이유로 문제가 발생기도 한다. 만약 시리의 아랫부분에 주름이 수평으로 잡혀있다면 시리의 모양이 너무 깊거나 시리의 길이가 너무 짧기 때문이다. 이렇게 만들어진 바지는 걷거나 앉을 때 매우 불편하다. 이 문제는 두 가지로 나누어 수정할 수 있다. 먼저 시리의 곡선을 깊이 만들어주고, 필요하다면(늘 필요한 작업은 아니다) 시리의 곡선을 늘린다.

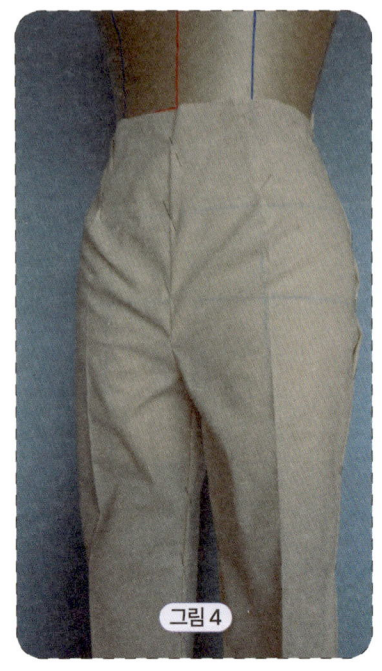

그림 4

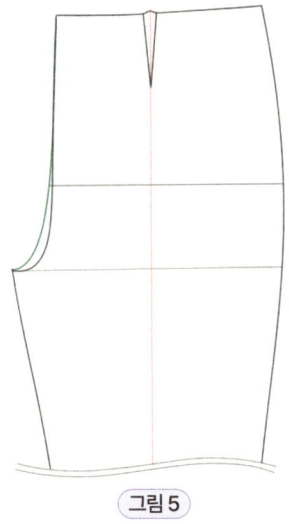

그림 5

옷을 입고 있는 상태에서는 수정하기가 어렵다. 시침질을 풀고 평평한 옷감 조각을 덧댄다(82페이지, 그림 2). 이때 시접 두께가 두꺼워져서는 안 된다. 그다음 덜 파인 모양의 곡선을 그린다(그림 5, 초록색 선). 다시 시침질을 하고 수정한 바지를 입어본다.

원칙대로라면 이렇게 수정했을 때 대부분의 문제가 해결되지만, 그럼에도 시리 부분이 불편하거나 주름이 잡혀있다면 시리를 1~2cm 더 늘인다(그림 6).

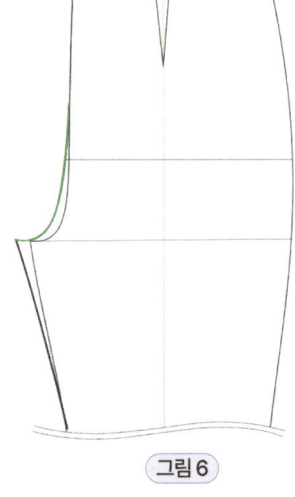

그림 6

가장 자주 발생하는 오류

불편한 시리 바느질

뒷시리와 앞시리가 올바르게 설계됐고, 중간 주름도 수직으로 잘 떨어지지만 시리의 바느질이 꽉 끼여 움직임이 불편한 경우가 있다. 이러한 오류를 수정하려면 시리의 깊이를 살짝 늘려준다. 뒤판과 앞판 패턴을 마주 보도록 두고, 뒤판의 시리 곡선을 1~2㎝ 늘린 뒤 전체적인(뒤판과 앞판) 곡선을 약 1㎝ 내려 그린다(그림 1, 초록색 곡선).

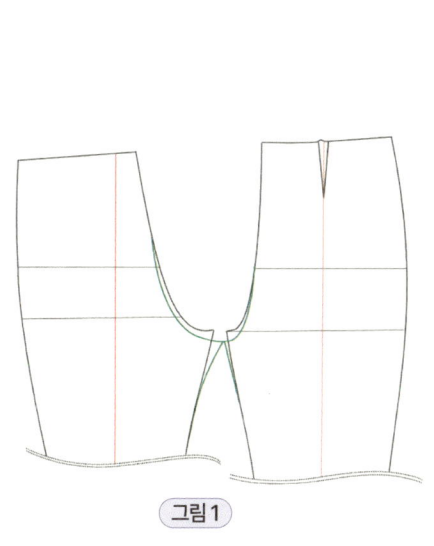

그림 1

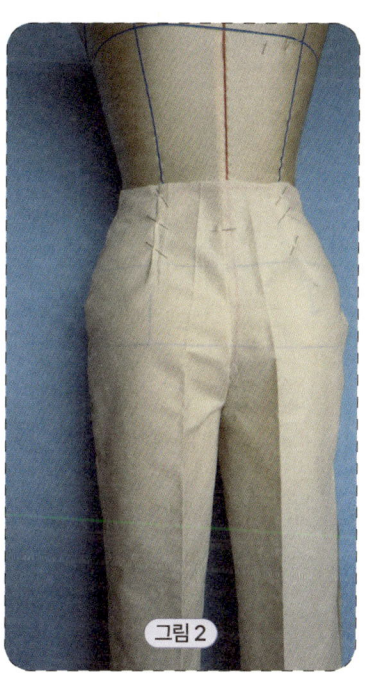

그림 2

알아두면 좋아요

시리의 바느질이 불편해 허리선 위로 1~2㎝를 더해 시리의 높이를 조정하더라도 문제는 해결되지 않을 것이다. 허리의 위치를 바꾸면 엉덩이선, 밑위선, 무릎선 그리고 옆선의 모양까지 함께 바꾸어야 하기 때문이다. 따라서 시리 곡선만 다시 그리는 것이 더 간편한 해결 방법이다.

중간 주름

(가봉하며 수정할 때 가장 먼저 하는) 시리 수정 작업은 중간 주름의 수직핏에 직접적인 영향을 준다. 시리를 수정하면 중간 주름의 떨어지는 핏이 전체 길이를 따라 자동으로 맞춰지기도 하지만 바지의 윗부분(무릎 높이까지)까지만 맞춰질 때도 있다. 중간 주름이 허리부터 수직으로 내려오지 않는다면 패턴 설계가 잘못된 것은 없는지 다시 살펴보아야 한다(140페이지, 그림 1). 반면 중간 주름의 중심이 무릎 높이 또는 무릎 주변에서 밑단까지 어긋나 있다면 체형이나 다리 모양의 문제일 수 있다.

안쪽으로 돌아간 중간 주름

이런 경우 우선 앞판의 바지 밑단에서 주름의 위치를 정확하게 잡아야 한다. 그다음 바지 밑단의 해당 부분부터 이미 원단에 들어있는 납작해진 주름과 맞닿을 때까지 수직선을 그린다(그림 1, 초록색 선). 그리고 두 선이 만나는 지점의 높이를 표시한다(검은색 점선). 원단에 표시한 수정 사항을 종이 패턴 위로 옮긴다(그림 2, 초록색 선). 원래 있던 주름(그림 1, 빨간색)과 수정한 선(초록색) 사이의 거리를 측정한다. 두 선의 높이를 맞추면서(그림 1과 2 사이의 검은색 점선) 인심선부터 치수를 기입해 밑단 너비가 바깥쪽으로 옮겨지도록 한다(그림 2, 파란색).

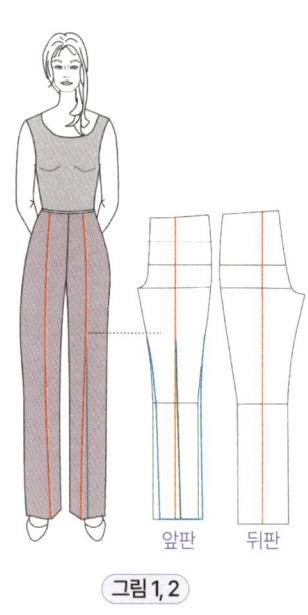

그림 1, 2

바깥쪽으로 돌아간 중간 주름

중간 주름이 바깥쪽으로 돌아갔다면 중간 주름이 안쪽으로 돌아갔을 때 사용했던 방법과 동일하게 바지 밑단의 너비를 옮긴다. 이전 단락에서 진행했던 수정 작업을 똑같이 진행한다. 밑단의 너비를 바깥쪽으로 옮기는 게 아니라 안쪽으로 옮기기만 하면 된다(그림 3, 파란색). 바지 뒤판 아랫부분에서 중간 주름이 수직으로 떨어지지 않는다면 앞판과 같은 방법으로 수정한다.

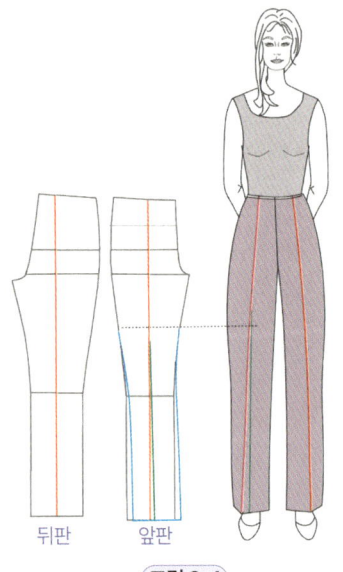

그림 3, 4

옆선

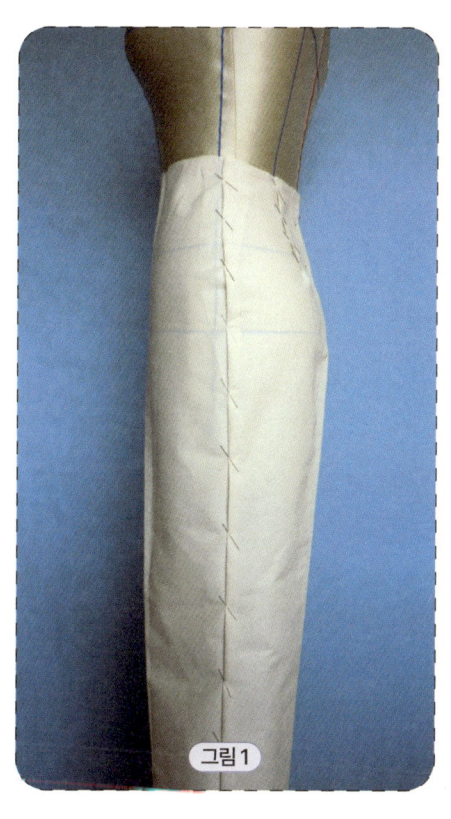

그림 1

시리와 중간 주름의 핏을 조정했다면 옆선을 살펴볼 차례다. 가봉 원단을 어떻게 수정했든 옆선 시침질의 수직선은 절대 건드려서는 안 된다. 옆선이 예쁘게 떨어지는지 눈으로 보며 확인할 수 있고, 긴 실 끝에 직각자나 가위 등 적당한 무게를 매달아 엉덩이 높이에서 늘어트려 확인할 수도 있다. 실이 옆선과 평행을 이룬다면 선이 올바르게 잡혔다는 의미이고, 실이 평행을 이루지 않는다면 색연필로 올바른 위치를 표시한 뒤 다시 그린 선을 따라 바느질한다.

허리선

허리선은 가봉 패턴에서 시리, 중앙선, 옆선을 수정하고 마지막으로 조정한다. 허리선은 옆선과는 다르게 육안으로 확인하며 수정하는 것이 어렵다. 허리에 끈이나 줄자를 묶는다. 특히 둥글게 복부가 나온 체형이라면 끈이나 줄자의 위치를 잘 잡아야 한다. 색연필로 허리둘레를 따라 줄자의 위치를 표시한다.

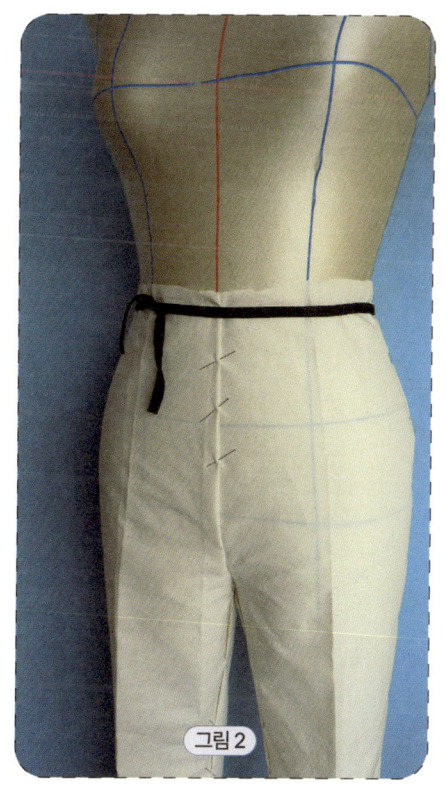

그림 2

도안을 체형에 맞춰 수정하기

패턴을 설계하는 단계에서는 배가 나오거나 엉덩이 볼륨이 있는 등 각기 다른 신체적 특징을 바로 반영할 수 있다. 실제로 볼륨감이나 신체 부위의 모양을 정확하게 측정하는 것은 불가능하다. 따라서 이후에 가봉 원단의 수정 작업을 좀 더 수월하게 진행할 수 있도록 패턴을 설계할 때 미리 필요한 조치를 취하는 것이 좋다.

둥근 복부

이런 실루엣은 기본 원형 패턴을 제도할 때 두 가지 방식(그림 2 혹은 그림 3)으로 반영할 수 있다. 특히 복부 볼륨에 따라 두 가지 방법 중 하나를 선택할 수 있다. 실루엣을 잘 살펴보고 어떤 해결책이 적합할지 판단한다. 만약 체격이 있고 복부의 둥근 모양이 두드러지는 체형이라면 기본 패턴은 맞지 않기 때문에 반드시 패턴 변형이 필요하다. 가봉 단계에서 수정할 수도 있지만 어느 정도의 전문성이 필요하다. 이러한 난관을 해결하기 위해서는 앞판을 약간 변형하는 것이 좋다.

한 가지 수치 즉, 골반선 위 앞판 너비(37페이지, 그림 3)가 추가로 필요하다. 골반선(검은색 점선) 위 앞중심(그림 2, 빨간색)부터 앞판 너비의 절반에 해당하는 지점을 표시한다. 패턴의 윗부분을 조금 더 쉽게 옮기기 위해 운형자로 허리선과 옆선을 엉덩이선까지 베껴 그린다. 그다음 옆선과 엉덩이선이 교차하는 지점에 고정한 트레이싱지가 새로 그린 옆선이 골반 높이에 표시한 점에 닿을 때까지 돌린다. 그리고 앞중심에서 허리선 높이를 0.5~1㎝ 올린다. 이때 허리선과 허리 다트도 함께 옮긴다(그림 2, 파란색).

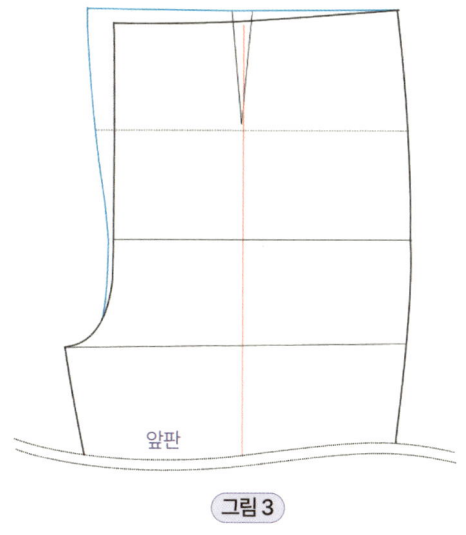

그림 3

반면 실루엣에 굴곡이 거의 없고 복부가 두드러지지 않는 체형이라면, 앞판 너비를 늘리는 것만으로도 충분한 수정 효과를 볼 수 있다. 패턴을 설계할 때 앞중심선을 바깥쪽으로 1~2㎝(그림 3, 파란색 선과 141페이지 <앞중심 다트> 참고) 그리고 위쪽으로도 살짝 늘린다(0.5~1㎝면 충분하다). 이 경우 가봉을 할 때 허리 다트의 위치를 조정한다.

둥근 엉덩이

기본 원형 패턴의 뒤판을 엉덩이 볼륨(엉덩이둘레)에 맞춰 수정할 수 있다. 단, 가봉 단계에서는 수정 작업을 통해서만 엉덩이 모양을 조정할 수 있다. 먼저 시리를 약 1~2㎝ 늘리고, 살짝 아래로 내린 뒤 밑위선부터 시작해 새로운 시리의 깊이를 그린다(그림 5, 파란색). 허리선 역시 1㎝, 더 나아가 2㎝까지 늘린다(정확한 값은 가봉할 때 정해진다). 바지의 윗부분을 높인 허리선에 닿을 때까지 옮긴다(그림 5, 초록색). 작업이 원활하게 수정됐는지 확인하기 위해서는 옆선, 허리선, 밑위까지의 허리선 등 필요한 요소를 트레이싱지에 옮긴다. 그리고 무릎선의 바깥 점을 기준으로 트레이싱지를 돌린다.

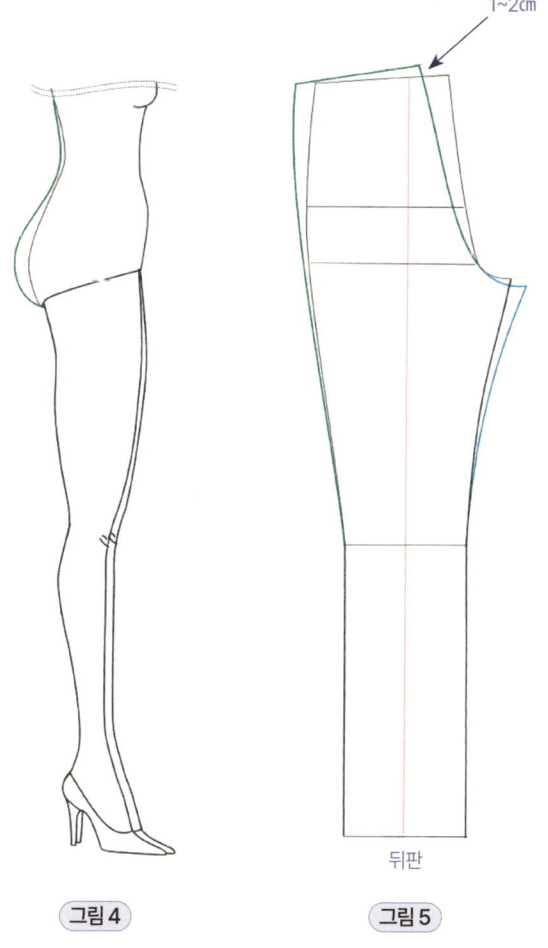

그림 4   그림 5

기본 원형 패턴 변형하기

Transformation des patrons de base

흔히 원하는 모델을 만들기 위해 기본 원형 패턴(실루엣을 평면에 옮긴 옷본)을 수정하는데, 이를 패턴 변형이라고 부른다. 기본 원형 패턴에 적용하는 간단하거나 복잡한 수정 사항은 재단에 사용되는 완성 패턴을 변형시킨다는 사실을 기억하자. 이번 장에서 설명하는 단계와 규칙을 따른다면 기본 원형 패턴 작업을 잘 이해하고 성공적으로 진행할 수 있을 것이다.

시작하기에 앞서

여러 유형의 패턴(기본 원형, 가봉용, 변형 혹은 완성 패턴)이 있지만 그 중에서 원하는 모델의 완성 패턴을 만들기 위해 필요한 수정 작업 용도로 쓰이는 것은 기본 원형 패턴(확장이나 시접이 없는 설계도)이다. 기본 원형 패턴에 표시하는 신체의 가상선(품, 허리, 엉덩이 등)은 모든 변형의 기본이 된다. 옷의 설계가 흐트러지지 않으려면 이 선 위에서 원하는 모델의 체형에 따라 재단하거나 혹은 수직선이 벌어지는 시작점을 표시할 수 있는 다트의 새로운 위치를 표시해야 한다.

다트량 또는 옷의 수직핏처럼 반드시 지켜야 하는 몇 가지를 따른다면 상의, 스커트, 소매, 바지 등 어느 기본 원형 패턴이든 충분히 원하는 스타일로 변형할 수 있다. 기본 원형 패턴 변형은 간단하고 기본적일 수도 있지만 반대로 매우 복잡할 수도 있다. 변형의 난이도는 패턴 작업에 대한 노하우뿐만 아니라 (간단하거나 공들여 만들어야 하는) 옷의 유형, 더 나아가 옷을 입은 모델을 분석하고 변형 단계 순서를 계획하는 능력에 달려있다.

1. 우선 모델에 가장 적합한(기본 다트가 있거나 없는) 패턴을 선택한다.
2. 만들 모델에 필요한 여유분을 더한다.
3. 모델에 따라 변형을 가한다. 예를 들어, 재단선을 그리거나 다트를 옮기고, 안단을 표시하거나 주머니와 요크를 넣는 등 원하는 작업을 추가한다.
4. 이전 단계에서 패턴에 그린 모든 요소를 카본지, 트레이싱지 혹은 룰렛을 이용해 별도로 베낀다.
5. 가장자리의 길이, 너치, 결선, 용어 등 패턴을 구성하는 모든 요소를 확인한다.
6. 마지막으로 시접을 더한다.

확장

기본 원형 패턴에는 반드시 확장이 들어가야 한다. 기본 원형 패턴을 변형할 때 거치는 첫 번째 단계다. 가봉 패턴에 넣는 최소한의 여유분을 제외하고는 각 옷의 스타일과 유형에 더해지는 여유분을 알려주는 용어나 기준표가 별도로 존재하지 않다는 걸 기억하자. 여유분은 여러 기준에 따라 달라진다.

- 옷의 스타일: 와이셔츠, 코트, 조끼 등.
- 원단의 특징과 퀄리티: 얇은, 두꺼운, 흐르는, 유연한 등.
- 마지막으로 가장 중요한 기준: 편안함과 개인적인 취향.

높이 확장하기

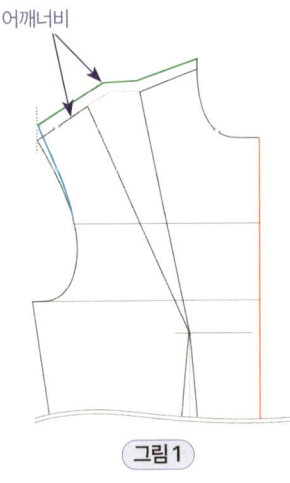

그림 1

높이 확장을 결정짓는 요소는 몸에 꼭 맞는 옷을 만들기 위해 사용되는 옷감의 두께뿐이다. 예를 들어, 안감이 덧대진 조끼를 변형하려면 기본 다트가 포함된 완성 패턴을 활용해야 한다. 완성 패턴에는 유장이 표시되어 있다. 만약 최소 1cm의 여유분(그림 1, 초록색 선)을 더하지 않아 원단 시접과 안감의 두께가 흡수되지 않고, 착용했을때 편안하게 만들어주는 피부와 옷 사이의 간격이 만들어지지 않는다면 만든 옷에서 유장이 올라가게 된다. 결과적으로 가슴 곡선이 왜곡되고 본래 곡선이 있어야 할 자리에 있지 않게 된다.

따라서 그림 1처럼 높이에 더해진 확장분은 반드시 필요하다. 반면 두꺼운 옷감을 재단해 다트가 없는 기본 원형 패턴을 변형하여 벌어지는 조끼(87페이지, 그림 3)를 만든다면 높이에 여유분을 둘 필요가 없다. 이러한 모델(그림 2)의 경우 허리나 유장은 별도로 표시하지 않기 때문이다. 하지만 너비 확장은 반드시 필요하다.

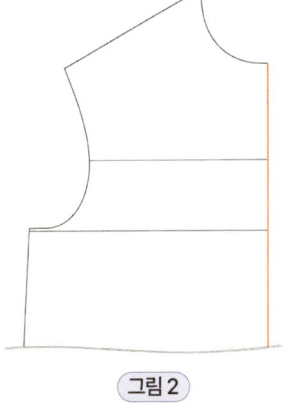

그림 2

너비 확장하기

높이에는 반드시 여유분을 넣지 않아도 되지만, 너비에는 항상 여유분이 있어야 한다. 옷의 모델이나 스타일과는 관계없이 너비를 확장한다. 확장의 기준(옷감 두께, 시접 등)이 기술적으로는 명료하더라도 여유분을 어느 정도 더 해야 하는지에 대해서는 늘 머뭇거리게 된다. 스커트, 원피스, 코트, 바지 또는 점퍼의 너비를 얼마나 늘려야 너무 크거나 끼지 않고 적당할까?

기술적인 기준뿐만 아니라 심미적인 효과와 착용감에 영향을 미치는 요인들이 가장 중요하다. 예를 들어, 살짝 딱 맞는 원피스(그림 1, 초록색 선)를 만든다면 품선에서부터 진동을 1㎝ 내린다. 1㎝를 초과할 경우 팔을 움직일 때 소매 때문에 원피스가 들릴 수 있다. 따라서 가슴둘레를 약 4㎝, 허리둘레를 4~6㎝, 엉덩이둘레는 허리둘레와 같은 정도나 또는 더 많이 늘려주면 원단 무게 덕분에 원피스는 자연스러운 핏으로 떨어지게 된다.

예로, 그림 1은 몸에 거의 붙지 않는 코트(파란색 선)를 만들기 위한 여유분이 표시되어 있다. 어깨너비와 품너비는 1~2㎝ 늘렸고, 진동은 3~5㎝ 내려져 있다. 가슴 높이에서 8~10㎝를 더하고, 코트가 일자로 떨어진다면 이 수치를 밑단까지 유지한다. 그렇지 않을 경우 원하는 너비까지 이 선을 벌린다.

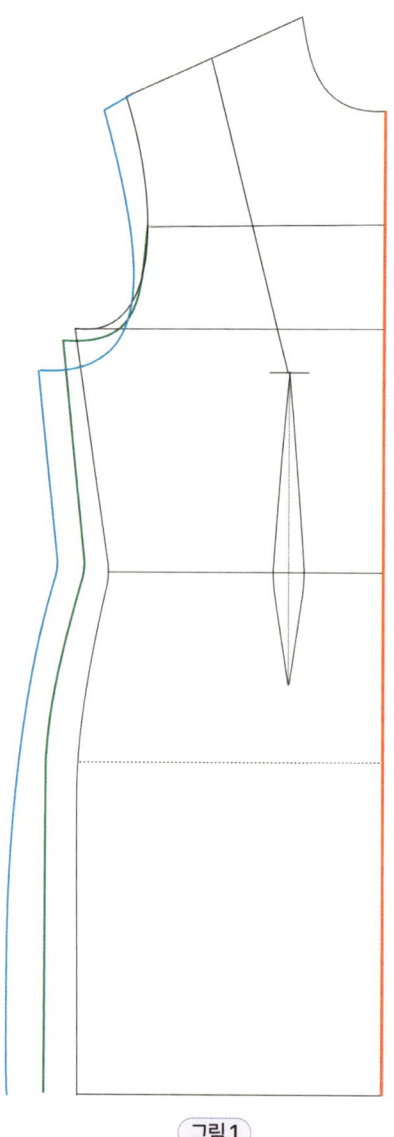

그림1

반면 상의가 어깨끈 높이(그림 2, 초록색 점선)에서 트이는 형태라면 품선에서부터 진동을 약 1㎝ 높인다. 이러한 모델은 어깨가 진동을 잡아주지 않으며, 특히 크레이프(표면에 작은 요철이 있는 직물)와 같이 흐르는 재질이라면 옷이 흘러내릴 수 있다.

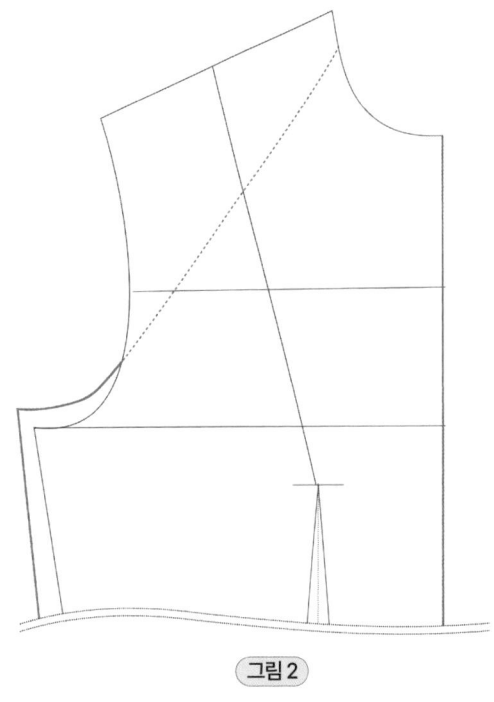

그림 2

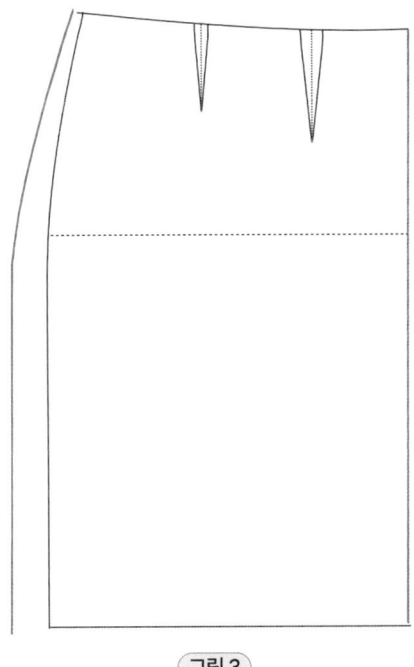

그림 3

스커트나 바지처럼 허리 부분에 고정되는 옷은 여유분을 넣는 것이 매우 드물다. 여유를 준다면 전체 둘레에서 1㎝를 초과하지 않는다. 반면 다리와 엉덩이가 편하게 움직일 수 있도록 엉덩이 높이에서는 더 큰 값의 여유분을 준다. 일반적으로 엉덩이둘레에 최소한 4㎝를 더한다.

패턴 수정하기

기본 원형 패턴을 확장한 뒤 만들고자 하는 모델에 따라 변형 작업을 시작한다. 앞서 살펴봤듯이 패턴을 변형하려면 상의, 바지, 스커트, 소매마다 제각기 다른 몇 가지 규칙을 지켜야 한다. 따라서 옷의 유형별로 기본 원형 패턴 변형을 구분 지어 다룰 것이다.

상의 변형하기

유장과 유폭, 두 가지로 결정되는 가슴의 돌출부를 표시한 점이 재단선이나 다트선의 위치처럼 상의 기본 원형 패턴에 적용되는 모든 변형을 좌우한다. 상의에 어떤 변형을 하든 숄더 다트는 가장 중요한 역할을 한다. 원하는 모델에 따라 숄더 다트를 흔히 놓이는 위치(어깨 위)에 넣을 필요는 없다. 재단할 때 숄더 다트를 옮기거나 다른 위치로 방향을 바꾸기도 한다. 숄더 다트는 유두점 주위의 어떠한 위치로도 쉽게 옮길 수 있다.

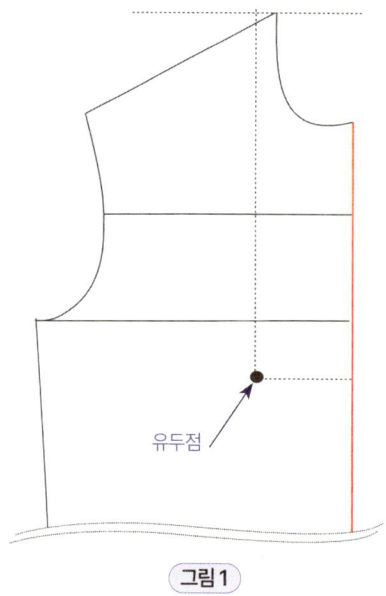

그림 1

다트 방향 바꾸기

다트를 이동할 때 가장 자주 사용되는 방법은 절개다. 절개는 두 단계로 이루어진다.

- 첫 번째로 다트의 새로운 위치를 표시한다. 우선 유두점에서부터 어떤 방향으로든 상관없이 패턴 테두리까지 직선을 긋는다.
- 두 번째 단계에서 숄더 다트를 닫는다. 숄더 다트량을 첫 번째 단계에서 절개한 쪽으로 옮긴다.

암홀 다트

암홀에 위치해 허리 다트로 이어지는 암홀 다트는 흔히 '프린세스 절개'라고 불리는 디자인으로 변형할 수 있다. 모든 체형에 쉽게 적용할 수 있으며 패턴사들이 가장 많이 사용하는 절개법 중 하나다. 숄더 다트를 암홀로 이동시키려면 다음을 참고하자.

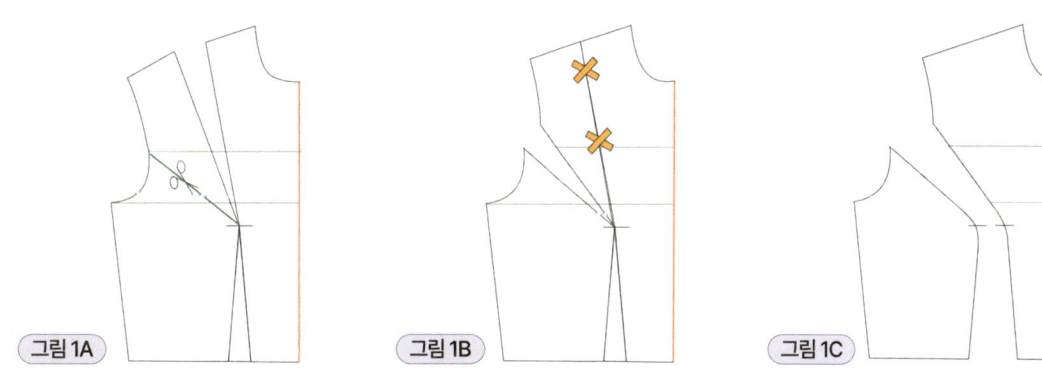

그림 1A   그림 1B   그림 1C

- 다트의 새로운 위치를 표시하고(그림 1A, 초록색 선) 자른다.
- 테이프로 숄더 다트를 닫아(그림 1B) 숄더 다트량을 없앤다.
- 앞판의 두 부분을 나누고, 유두점을 둥글게 만든다. 반드시 두 패널의 가슴 너치를 유지해야 한다. 가슴 너치는 패널을 연결할 때 필요하다.

암홀 다트의 위치는 미적인 부분뿐만 아니라 기술적인 측면에서도 정확해야 한다. 일반적으로 암홀 다트는 품선 높이에서 시작한다(그림 1A, 초록색 선). 암홀 다트가 조금 더 아래인 진동 곡선에 위치한다면 이후 재봉할 때(다트, 안감 혹은 소매 재봉) 진동 곡선의 모양이 왜곡될 수 있다.

암홀 다트가 진동 곡선에 있으면 안 되는 또 다른 이유는 가슴 부분에 뾰족한 모양이 만들어질 수 있기 때문이다. 반면 품선 위에 암홀 다트를 넣는 것은 기술적으로는 가능하지만 미적으로는 보기에 좋지 않다. 가슴이 평평해지고 몸통 부분이 늘어져 보일 수 있다.

사이드 다트

사이드 다트는 진동에서 엉덩이선 사이 옆선의 어느 곳이나 들어갈 수 있다(그림 2, 파란색 점선). 하지만 재봉이 겹쳐지지 않으려면 진동 곡선 밑에 적어도 3㎝ 거리를 두어야 한다. 사이드 다트가 허리와 엉덩이 사이에 놓이면 옷감을 많이 잡아먹는다는 단점이 있다. 하지만 미적인 관점에서는 두드러지는 복부를 가려주고 허리를 돋보이게 한다는 장점을 가지고 있다.

유두점에서 옆선의 원하는 지점까지 직선을 그리고(예를 들어, 그림 2, 초록색 선) 자른다. 테이프로 숄더 다트를 닫는다(그림 3). 책에서 소개하는 모델에서는 허리 다트를 고려하지 않았지만 허리 다트는 그대로 둘 수 있고, 체형이 발달한 경우라면 허리 다트량의 절반을 사이드 다트에 더할 수 있다.

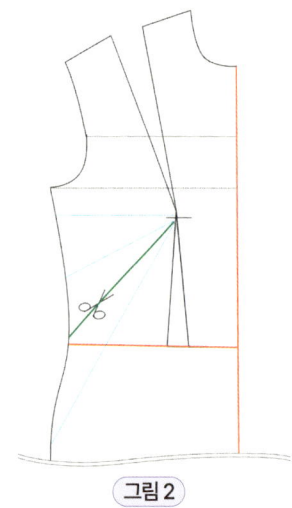

그림 2

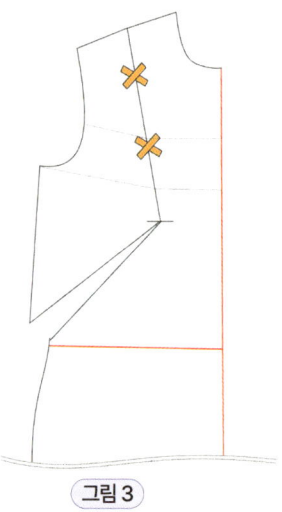

그림 3

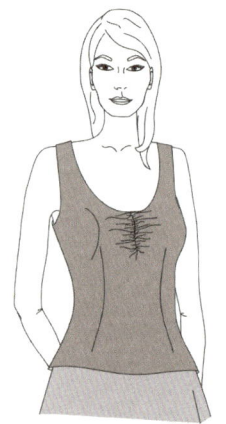

가슴 다트

디올Dior 또는 가슴 사이 다트로도 불리며, 가슴 다트는 늘 V 네크라인이나 앞중심 절개에 들어간다. V 네크라인과 앞중심 절개는 가슴 다트를 연 뒤의 중심선 경사에 따라 달라진다. 가슴 다트는 웨이브 혹은 수직으로 잡힌 주름의 형태로 나타난다.

앞중심과 유두점(그림 1A, 초록색 선) 사이에 다트를 넣을 수 있도록 선을 그리고 자른다. 숄더 다트를 접어 핀이나 테이프로 고정한다. 가슴 다트는 자연스럽게 벌어진다(그림 1B). 허리 다트는 그림 1에서는 열려 있지만 가슴 다트량을 늘린다면 허리 다트는 닫아도 좋다(그림 2).

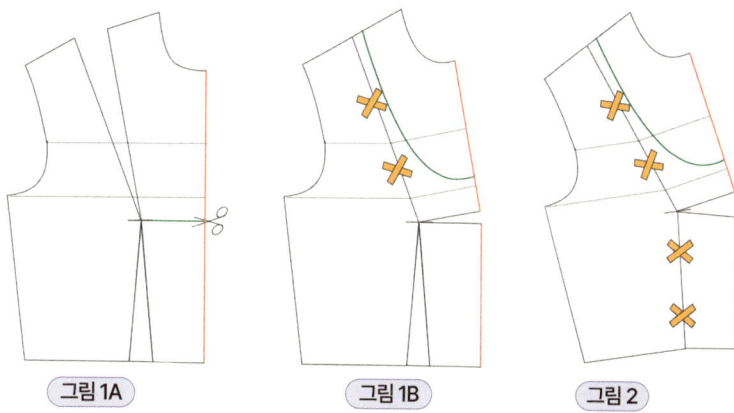

네크라인 다트

네크라인의 어느 위치에 들어가도 무방하다. 네크라인 다트량은 주로 개더나 셔링으로 표현된다. 투피스 재킷에서 숄더 다트는 네크라인으로 옮겨져 깃에 가려지는 경우가 많다. 다트의 새로운 위치를 나타내는 선(그림 1, 초록색)을 그리고 유두점까지 자른다. 테이프로 숄더 다트를 닫는다. 네크라인 다트가 자연스럽게 벌어진다(그림 2).

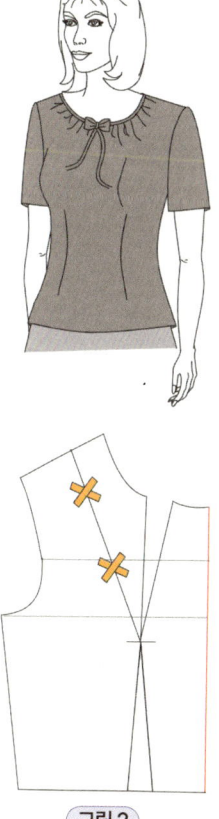

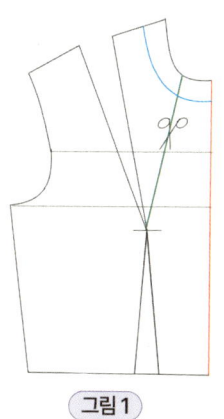

절개선

패턴에 절개선을 그리는 것은 옷 전체를 후에 시접으로 연결할 두 부분으로 자르는 것과 같다. 기술적으로 필요하거나 심미적인 이유에 따라 옷에 절개선을 그린다.

기술적 절개

기술적 절개선의 위치는 만들고자 하는 샘플과 패턴 설계 법칙에 따라 달라진다. 요크가 들어가는 치마는 요크를 골반 높이(10㎝)에 넣어야 요크의 길이와 동일한 허리 다트를 닫을 수 있다. 요크 절개선이 골반 높이보다 더 높거나 낮으면 다트를 완전히 흡수시키기 어렵다.

어깨 프린세스 절개가 들어간 벌어진 원피스를 다른 예로 들어보자. 이러한 유형은 샘플 작업을 할 때 절개선이 반드시 유두점을 지나야 한다. 그래야만 다트가 절개에 완전히 합쳐질 수 있기 때문이다. 절개선이 다른 위치에 있다면 다트 시접을 절개선 바로 옆에 만들어야 하는데 이 경우 샘플과 맞지 않는 원피스가 만들어지고, 미적으로 만족스럽지 않은 결과물이 나온다.

심미적 절개

옷의 아름다움을 높여주는 절개는 어디든 들어갈 수 있다. 절개의 위치는 때로 옷감을 절약하기 위해서 사용되기도 하지만 고유의 창작력을 표현하는 수단으로 이용되기도 한다. 예를 들어, 다른 색깔의 두 옷감을 조화롭게 표현할 수 있다. 절개 시접은 대개 박음질이나 두 패널 사이에 들어가는 밴드로 알아본다.

예시 속 가슴 부분(상의 샘플의 윗부분 요크, 파란색)은 설계 규칙을 따르지 않고 만든 것이다. 절개선이 유두점을 지나지 않고 어떠한 다트도 들어가지 않았다. 이 디자인은 샘플을 풍성하게 만들고 개인의 취향에 맞추기 위해 단순히 장식적인 요소로 추가된 것이다.

소매 변형하기

오른쪽 소매 패턴 변형은 상의 패턴 변형만큼 복잡하지 않기에 따라야 할 규칙도 많지 않다. 변형을 진행하는 동안 소매의 떨어지는 수직핏과 소매의 뒤판과 앞판의 비율을 잘 유지하기만 하면 된다. 샘플에 상관없이 소매를 만들 때는 매우 효율적이면서 간단한 방법인 절개법을 활용할 수 있다. 절개선을 그리고 자른 패널을 떼어낸 뒤 원하는 소매 모양을 만든다. 아래와 같은 세 가지 절개법이 있다.

- 수직 절개법: '버터플라이' 소매
- 수평 절개법: '벌룬' 소매
- 경사를 따르는 절개법(앙 쏠레이en soleil-'햇빛이 비치는'이라는 뜻의 프랑스어): 소매산에 개더가 들어간 소매.

다음 페이지에서 오른쪽 소매 패턴 변형의 예시를 살펴볼 것이다. 단계별로 소개하고 있어 절개를 통한 변형 기법을 이해하는 데 도움이 될 것이다.

버터플라이 소매

'버터플라이' 소매 샘플을 만들기 위해 절개선을 어떻게 넣어야 할지 알아보기에 앞서 우선 샘플을 분석해 보자. 소매산이 암홀에 잘 들어맞기 때문에 소매산의 모양은 살짝 변형할 수 있지만 길이는 건드리지 않는다. 소매는 아래쪽으로 내려갈수록 우아하게 넓어진다. 수직 절개가 '버터플라이' 소매 샘플을 만드는 가장 최적의 절개법이라는 것을 알 수 있다.

소매 아래 너비에 대략 비슷한 간격으로 수직선을 그리고(그림 1) 아래부터 소매산 가장자리로 약 2㎝ 떨어진 지점까지 잘라 조각들이 서로 떨어지지 않도록 한다. 뒤판과 앞판은 기존 비율을 유지하며 오린 부분들을 일정한 간격으로 벌린다(그림 2).

변형하는 과정에서 생긴 각을 둥글게 만들어주면서 소매의 윤곽을 그린다. 기준 너치와 결합 너치 넣는 것을 잊지 말자. 둘레를 따라 시접 1㎝를 넣고 옷단 높이를 표시한다. 버터플라이 소매는 바이어스 방향으로 재단해야 예쁘게 떨어지는 핏이 나온다. 원단결선을 45° 경사로 둔다(그림 3).

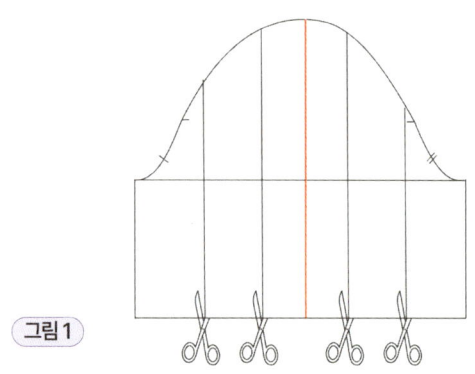
그림 1

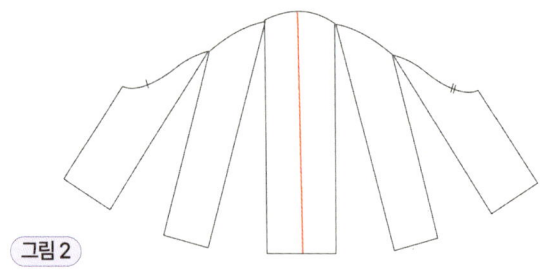
그림 2

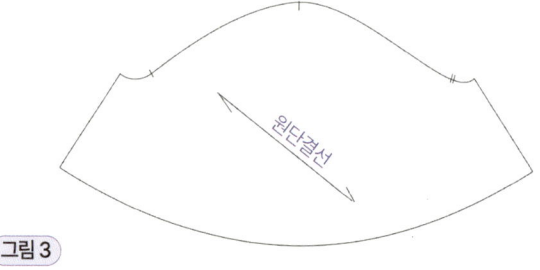
그림 3

소매산에 개더가 들어간 소매

이전 샘플과는 다르게 소매산에는 개더가 들어가 있고 소매 아랫부분은 곧게 뻗어있다. 절개선(수직, 수평 또는 '앙 쏠레이')을 넣는 방법을 선택할 때는 볼륨감을 고려해야 한다. 이런 스타일의 소매는 너비에 여유를 주어 개더를 만들고, 높이에도 여유를 줘야 개더가 평평하지 않고 충분히 '볼록'해진다. 이 두 가지 기준을 충족시키기 위해서는 먼저 진동선 아래로 약 2㎝ 떨어진 지점에 절개선을 넣어 소매산 아랫부분을 분리한다(그림 1). 개더를 넣을 만큼 충분한 길이를 확보하고 진동선 둘레를 벌리기 위해 가장 좋은 방법은 '앙 쏠레이' 절개법이다. 앞으로 우리가 시도해 볼 방법이다.

우선 수직선을 그린다. 수직선은 소매의 떨어지는 핏인 동시에 오려낸 조각 사이 간격을 나타낸다(그림 2, 빨간색 선). 조각들을 소매 뒤판에서 수평이나 수직이 되도록 벌린다. 빨간색 선까지의 거리를 측정한다. 소매 앞판에도 동일한 치수를 적고 나머지 조각의 위치를 잡는다. 소매 윤곽을 그리고 기준 너치와 결합 너치를 넣는다. 원단결선을 표시한다. 마지막으로 시접을 넣어 옷단 높이를 설정한다.

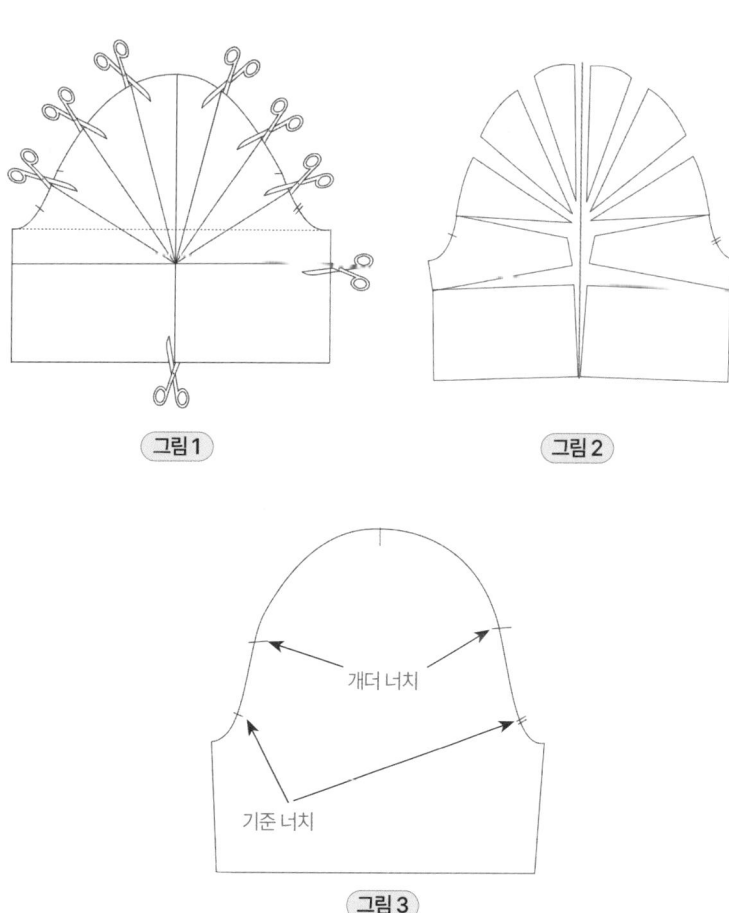

그림 1

그림 2

그림 3

벌룬 슬리브

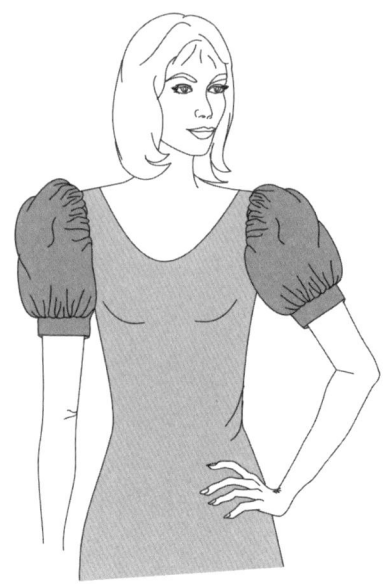

소매산과 소매 밑단에 개더가 들어가는 샘플이다. 소매를 변형할 때 너비와 높이, 소매 전면에 균등한 부피감을 주어야 한다. 너비와 높이에 볼륨감을 주기 위해서는 수직 절개와 수평 절개, 두 가지 방법을 조합하는 것이 가장 좋다.

첫 번째 절개선을 진동선 아래로 약 2~3㎝ 떨어진 지점에 수직으로 넣는다. 품선 위치에 그다음 절개선을 넣는다. 수직선은 뒤판 중심과 앞판 중심에 들어간다. 수직선과 수평선을 자른다(그림 1).

다른 종이에 수직선을 긋는다. 변형된 소매의 수직으로 떨어지는 핏을 나타내는 선이다(그림 2, 빨간색). 소매 뒤판의 아래 두 조각을 원하는 거리만큼 가로로 벌어진 위치에 둔다. 소매 뒤판의 또 다른 조각을 가로, 세로가 동일한 간격을 유지하도록 옮긴다.

좌우 대칭이 되도록 소매 앞판 조각들의 위치를 잡는다(그림 2). 소매 윤곽을 그리고, 기준 너치와 결합 너치, 원단결선을 표시한다. 마지막으로 시접을 넣고 옷단 높이를 설정한다(그림 3).

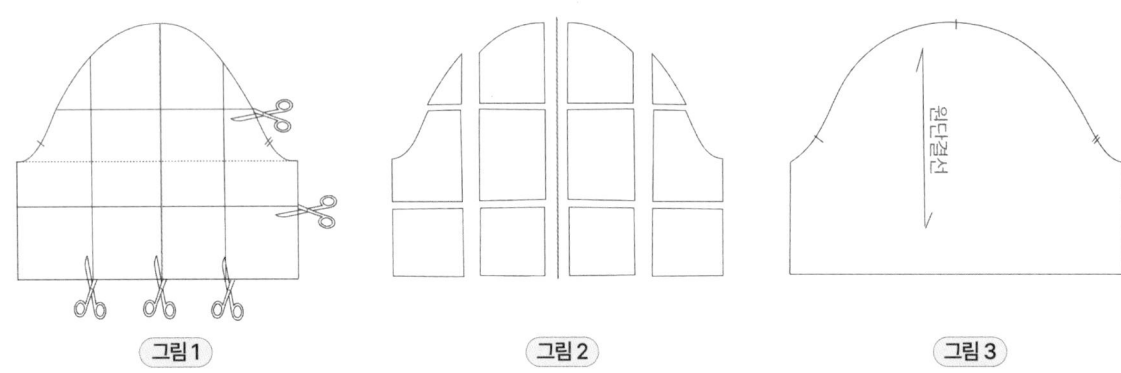

그림 1　　　　그림 2　　　　그림 3

중요한 팁 몇 가지

소매를 변형할 때 알아두어야 할 유용한 팁 몇 가지를 소개한다.

- 기존의 소매에서 설정했던 비율이 유지되려면 뒤판과 앞판에서 오려낸 조각 사이의 간격과 개수가 동일해야 한다.
- 먼저 소매 한쪽(예를 들어, 뒤판)에서 절개선의 위치와 오려낸 조각들 사이의 간격을 설정한 뒤 다른 한쪽(따라서 이때는 앞판) 역시 동일한 방법으로 작업한다.
- 소매의 진동선에 절개선을 넣지 않는다. 절개선을 넣어야 한다면 소매보다 살짝 위 혹은 아래에 넣어야 진동곡선과 길이선이 결합되는 부분의 전체 모양이 흐트러짐 없이 유지된다.
- 소매를 재단한 뒤 재봉할 때는 수직으로 떨어지는 소매핏부터 시작한다. 따라서 다른 종이에 수직선을 먼저 그리고 나서 오려낸 조각들의 위치를 잡는다.
- 소매에 개더나 셔링이 들어가 있다면 볼륨감은 항상 세로 방향으로 준다. 복잡한 샘플을 포함하여 세 가지 절개(수직, 수평, 경사)로 상상할 수 있는 모든 변형이 가능하며 어떠한 소매 패턴이든 만들 수 있다.

개더 너비 계산하기

개더를 만들기 위해 변형할 때 오려낸 조각들을 어느 정도 간격으로 벌려야 원하는 주름이 나올지 감 잡기가 어려울 것이다. 이때 간단한 방법으로 주름이 들어갈 원단의 정확한 길이를 계산할 수 있다. 예를 들어, 20cm 옷감을 준비해 원하는 (충분히 촘촘하게) 주름을 만든다. 주름이 만들어진 뒤 길이를 측정한다. 해당 예시에서는 12cm가 나온다(그림 1).

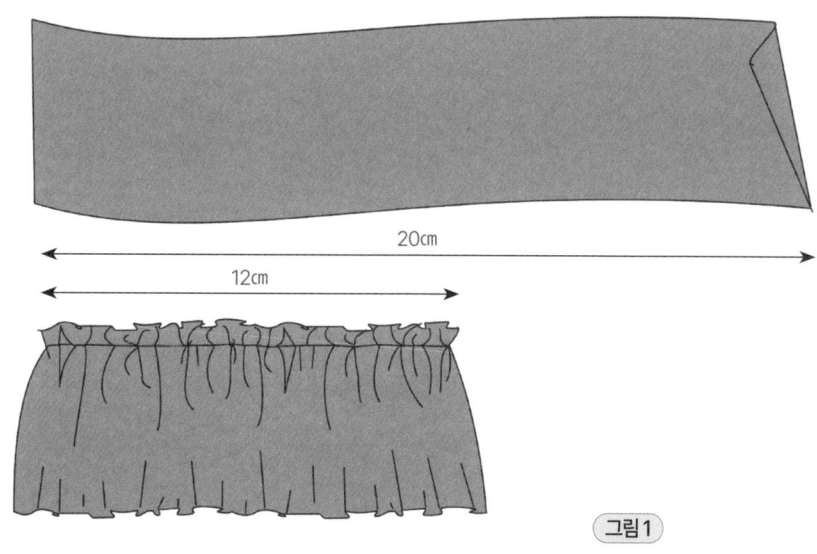

그림1

소매 전체의 길이를 기준 단위(여기서는 주름이 들어간 원단의 너비인 12cm)로 나누어 전체 소매 너비가 되려면 주름이 들어간 기준 단위가 얼마나 필요한지 살펴본다. 예를 들어, 소매 전체 너비=36cm / 12cm=3이다. 따라서 기준 단위 3개가 필요하다(그림 2).

기준 단위 3개×20cm(주름이 없을 때 길이)=60cm다. 따라서 주름을 넣어야 하는 소매 밑단의 총길이는 60cm가 된다.

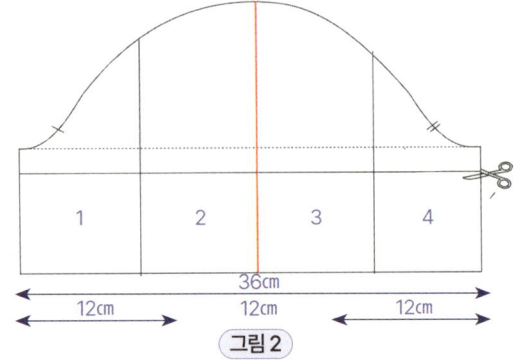
그림 2

밑단 너비에 24cm를 더한다. 60cm(얻고자 하는 총길이)-36cm(이전 총길이)=24cm. 해당 예시에서 3번의 절개가 필요하다(그림 2, 1과 2 사이, 2와 3 사이, 3과 4 사이).

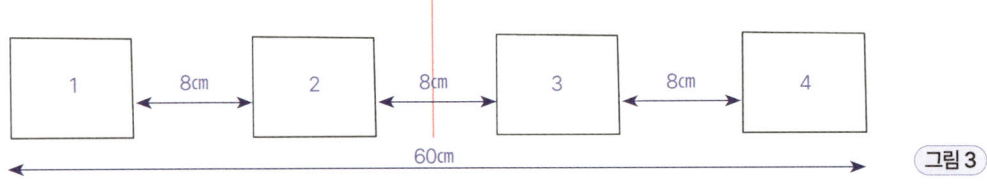
그림 3

밑단 너비에 24cm를 더했기 때문에 24cm는 세 절개 사이에 균등하게, 각각 8cm(24 / 3)씩 배분된다(그림 3).

주름의 너비

주름을 넣을 때 더해야 하는 수치를 정확하게 계산하는 방법은 개더의 너비를 계산하는 방법보다 더 간단하다. 옷감 또는 종이를 원하는 주름의 너비만큼 접는다. 개더 너비를 넣고 주름을 펼친 뒤 너치 사이의 길이를 잰다. 설명한 예시처럼 5cm 너비의 플랫 플리트flat pleat를 넣으려면 10cm를 추가해야 한다(그림 4A). 10cm 너비의 박스 플리트box pleat를 만들려면 20cm를 더해야 한다(그림 4B). 따라서 추가해야 하는 분량은 플랫 플리트든 박스 플리트든 상관 없이 주름 너비의 2배가 된다.

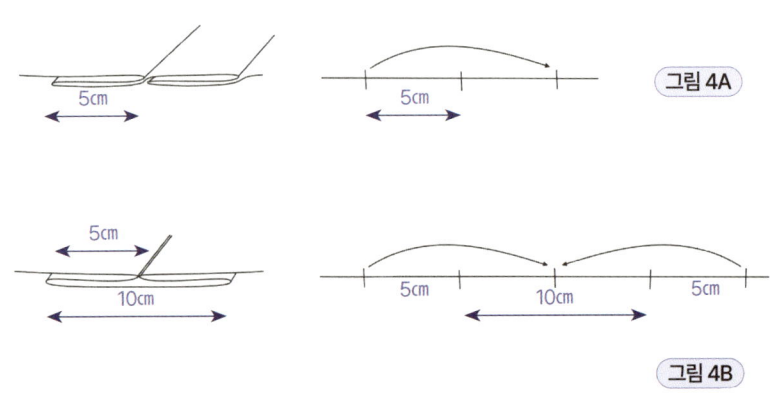
그림 4A

그림 4B

스커트 변형하기

일반적으로 일자 치마의 패턴을 변형할 땐 골반선과 엉덩이선만을 이용한다. 예를 들어, 요크나 주머니를 넣거나 허리선을 낮출 때는 골반선을 활용한다. 엉덩이선은 스커트의 옆선을 벌릴 때 기존의 너비를 유지해 주는 역할을 한다. 반면 스커트의 길이는 엉덩이선부터 얼마든지 변형이 가능하다. 규칙을 따를 필요도 없고 심지어 핏이 수직으로 떨어지지 않아도 괜찮다. 자유롭게 표현할 수 있으니 머릿속에 어떤 아이디어가 떠오르더라도 실현해 볼 수 있다.

알아두면 좋아요

스커트 기본 원형 패턴에 대해 제공되는 조언은 직조된 직물로 만든 샘플을 대상으로 한다. 늘어지는 옷감으로 만든 샘플과는 무관하다.

그럼에도 스커트를 성공적으로 변형하기 위해서는 몇 가지 사항을 지켜야 하며, 이어지는 페이지에서 관련 설명을 찾아볼 수 있을 것이다. 그뿐만 아니라 변형 작업을 진행하며 참고할 만한 조언 몇 가지를 함께 담았다. 스커트 기본 원형 패턴의 변형 샘플을 만들 때 아이디어를 얻을 수 있을 것이다. 단, 상의나 소매를 만들 때와 마찬가지로 특정 방법을 준수했다는 사실을 전제로 스커트 변형이 가능하며, 작업 순서를 정하기 전에 샘플을 먼저 분석해야 한다.

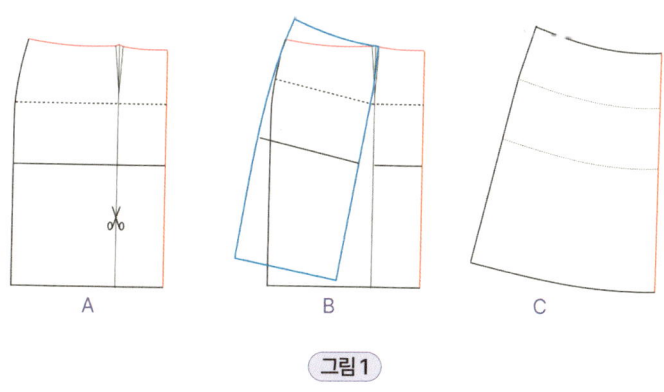

그림 1

다트 삭제하기

상의에서는 다트를 옮기거나 방향을 전환할 수 있고, 더할 수도 있지만 절대로 삭제할 수는 없다. 반면 스커트에서는 허리 다트를 완전히 없애는 것이 가능하다. 허리 다트를 없애는 변형에 따라 스커트 밑단 너비가 결정된다. 스커트는 허리 다트를 닫으면서 벌어진다. 다트의 축을 스커트 밑단까지 늘리고 그린 선을 자른 뒤 다트량을 삭제한다(그림 1A). 만약 기본 원형 스커트의 허리에 두 개의 다트가 포함되어 있다면(124페이지) 다트가 하나일 때와 동일한 방법으로 작업한다. 다트 다리가 겹쳐지도록 허리 다트를 닫으면서 스커트 옆 부분의 방향을 돌린다(그림 1B, 파란색). 변형을 하면서 생긴 각은 둥글게 만들면서 스커트의 새로운 모양을 따라 그린다(그림 1C).

스커트 옆선 벌리기

다트를 없애 만든 플레어스커트 예시에서 스커트 밑단의 너비는 자동으로 정해진다. 스커트 밑단의 너비는 다트량에 달려 있다. 다트량이 높을수록 스커트의 너비는 넓어지고, 다트량이 낮을수록 너비는 줄어든다. 이때 스커트 밑단의 너비를 더 넓히고 싶더라도 옆선을 4㎝ 이상 벌려서는 안 된다. 스커트 둘레를 따라 볼륨의 균형이 깨질 수 있기 때문이다. 옆선만 벌어지고 스커트 앞쪽은 평평해진다(그림 2). 다트를 닫았을 때보다 더 퍼진 치마를 만들고 싶다면 절개를 해야 한다.

치마 둘레를 따라 볼륨감을 일정하게 나눌 수 있다(그림 3). 이를 위해서는 각 조각에 동일한 값을 분배하여 (그림 4A, 이미 있는 선인 다트축을 유지하며) 절개선을 그린다. 앞중심 조각에서 시작해 조각을 일정한 간격으로 벌린다(그림 4B). 마지막으로 변형을 하며 생긴 각을 둥글게 다듬으며 스커트의 윤곽을 그린다(그림 4C).

그림 2   그림 3

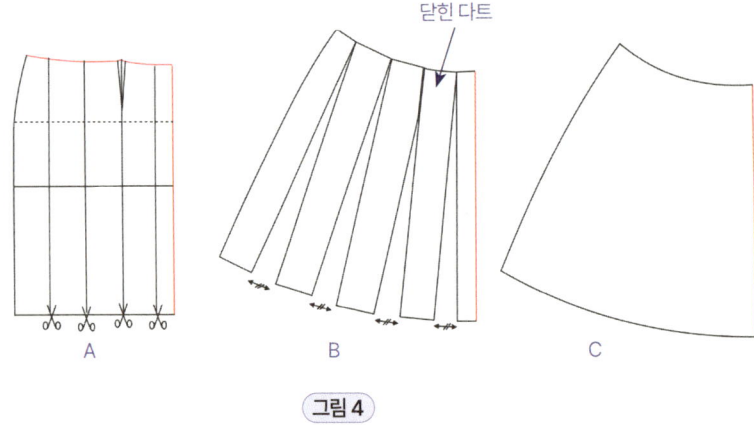

그림 4

알아두면 좋아요

절개로 스커트를 변형할 땐 여러 절개선을 이용하면 오려낸 조각을 벌린 뒤 윤곽을 따라 그리기가 더욱 쉬워지는데, 이는 벌어진 조각 사이에 생기는 각이 작기 때문이다. 절개선의 개수가 적다면 벌려야 할 조각이 크고, 각도도 커진다. 따라서 기존의 형태를 따라 그리기가 더 어렵고, 허리선도 그리기 어려워진다.

요크

전에 살펴본 것처럼 스커트의 윗부분, 좀 더 정확히 말하면 골반선은 스커트 기본 원형 패턴 변형에서 중요한 역할을 한다. 기본 원형 패턴 설계에서는 중요하지 않지만 변형을 할 땐 반드시 필요하다.

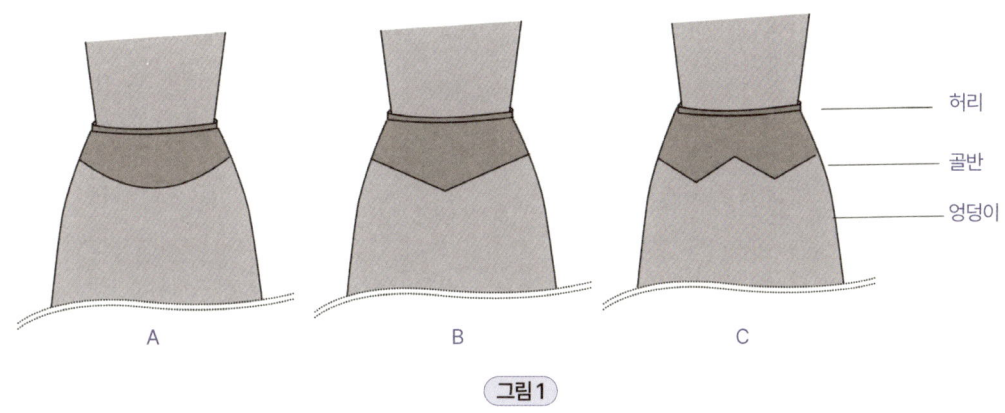

그림 1

골반 높이에 (좀 더 편안한 이용을 위해) 주머니를 넣고, 기술적인 필요에 따라(예를 들어, 허리 다트 닫기) 혹은 심미적인 효과를 위해 구상한 모든 형태의 요크(그림 1A, B, C)를 넣을 수 있다.

뒤판 허리 다트를 없애기 위해 뒤판 허리 다트를 절개선에 넣는 경우가 많다(그림 2, 초록색). 뒤판은 이처럼 다트를 수평으로 옮길 수 있지만 앞판은 '절대로' 수평으로 옮기지 않는다. 앞판에서 스커트 윗부분 다트를 없애려면 우선 스커트를 벌리면서 다트를 닫은 뒤 절개선을 그려야 한다(그림 3, 초록색).

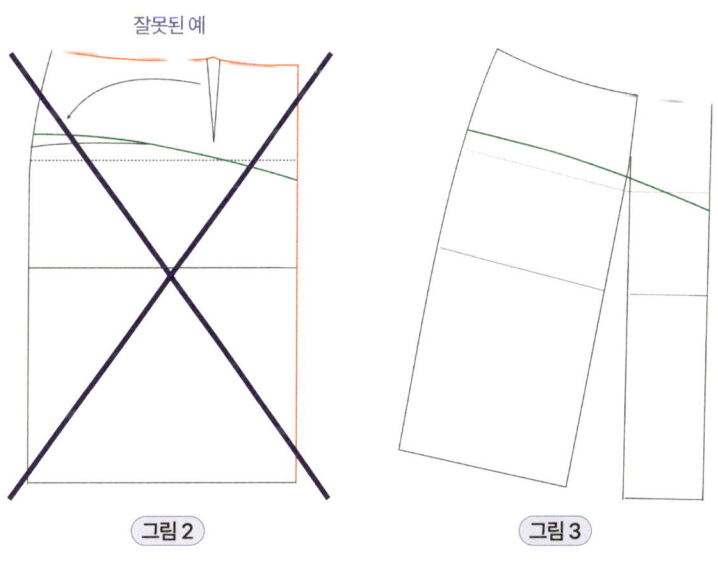

그림 2   그림 3

바지 변형하기

바지의 기본 원형 패턴 변형에서는 두 가지 규칙을 지켜야 한다.

- 시리 곡선은 절대 변형하지 않기.
- 다리 너비의 기존 비율 유지하기.

스커트, 상의, 소매를 변형할 때처럼 가장 좋은 방법은 절개법이다. 일반적으로 바지의 위쪽 혹은 아래쪽을 넓히거나 좁게 만들기 위해 변형한다.

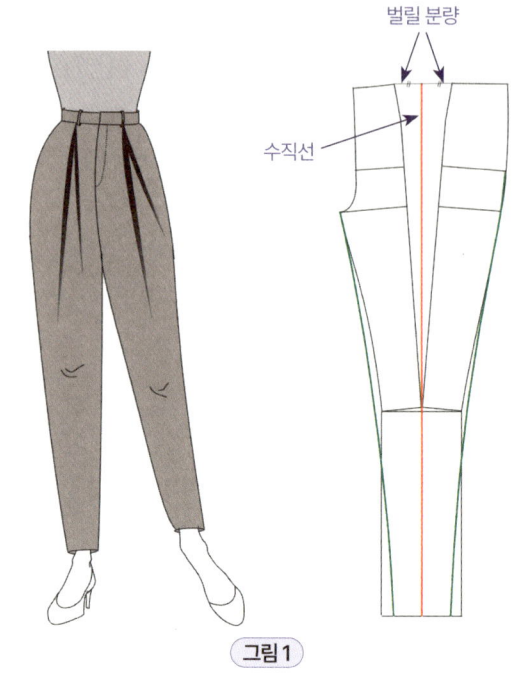

그림 1

그림 2

바지 윗부분을 넓힐 땐 주로 허리 부분에 주름을 넣는다. 이런 변형에서는 무릎 높이에 첫 번째 절개선을, 중간 주름선에 다음 절개선을 그린다. 비율을 유지하기 위해 바지 윗부분에 넓힐 부분을 중간 주름의 양쪽으로 균등하게 나눈다(그림 1). 그리고 바지의 아랫부분에서 넓힐 부분의 바깥 선을 (아래가 핏되는) 바지 샘플에 따라 무릎 아래의 바깥 선까지 연장한다.

바지의 아랫부분을 넓히는 것은 윗부분보다 더 간단하다. 넓히고 싶은 너비만큼 중간 주름선과 거리를 둔 채로 앞시리부터 시작해 바지 아래에 이미 그려둔 선까지 직선을 그린다. 그다음 뒤판에서 중간 주름선까지 같은 거리를 두고 엉덩이선까지 직선을 그린다(그림 2, 초록색). 허리선이 낮은 바지 샘플은 치마와 동일한 방식으로 변형을 진행한다.

패턴 제도에 사용되는 도구들

패턴을 제도할 때는 여러 가지 기능적인 도구를 사용한다. 반드시 필요한 도구 목록은 다음과 같다.

패턴을 제도할 **종이**. 표면이 매끄럽고, 단색이며, 내구성이 좋아야 한다. 충분히 두툼하고(90~100g/㎡) 최소한 70×70㎝의 크기라면 어떠한 종이라도 괜찮다. 패턴 제도에 가장 적합한 종이로는 원통 혹은 낱장으로 판매하는 크래프트지가 있다.

신체 계측을 위한 **줄자**.

패턴의 구성선을 그리기 위한 **연필**. 경우에 따라 쉽게 지워지는, 너무 단단하지 않은 연필을 사용하기도 한다. 예를 들어, 2B 연필이 적합하다.

기본 원형 패턴에 그린 수정 사항을 구분할 수 있도록 도와주는 **색연필**. 파란색, 초록색, 빨간색이 이상적이다.

 곡선, 직선 혹은 평행선을 그리기 위한 **자**, **운형자**, 직각자. 자는 일본 자를 추천한다.

트레이싱지, **카본지** 혹은 **룰렛**. 변형 후 패턴을 베낄 때 이 중 한 가지가 필요하다.

원단 위에 섬세한 줄을 그을 때 사용할 **마커**, **초크**, **제도용 연필**. 원단의 퀄리티에 따라 어떤 도구를 사용할지 선택한다. 매끄럽고 얇은 옷감에는 초크를 사용할 수 있지만 두껍고 부드러운 옷감에는 연필이 더 적합하다.

가위 두 개. 하나는 종이를, 다른 하나는 옷감을 자르는 용으로 사용한다. 두 가위를 혼용해 사용하지 않는다. 가위에는 저마다 구체적인 쓰임새가 있다.

 패턴에 기준 너치와 결합 너치를 넣을 때 사용하는 **너치 펀치**.

실을 자를 때 유용하게 쓰이는 **쪽가위**.

 얇고 긴 **핀**. 사용하기에 더 편하다.

프랑스 패션 스쿨의 기초 패턴 수업
초보자도 차근차근 쉽게 배우는 옷 패턴 설계 가이드

초판 발행	2025년 7월 25일
펴낸곳	유엑스리뷰
발행인	현호영
지은이	테레자 길레츠카
옮긴이	박민정
편 집	송희영, 황현아
디자인	곰곰사무소
주 소	서울특별시 마포구 월드컵북로58길 10, 더팬빌딩 9층
팩 스	070.8224.4322
ISBN	979-11-94793-12-0

Original French title:

Les patrons de base sur mesure

© 2019, Éditions Eyrolles, Paris, France

이 책의 한국어판 저작권은 저작권자와의 독점계약에 따라 골드스미스가 소유합니다.
사전 서면 허가 없는 무단전재 및 복제를 금합니다.

* 출판사의 허가 없이 본 도서를 편집 또는 재구성할 수 없습니다.
* 잘못 만든 책은 구입하신 서점에서 바꿔 드립니다.

> 좋은 아이디어와 제안이 있으시면 출판을 통해 가치를 나누시길 바랍니다.
> uxreviewkorea@gmail.com